Global Energy Interconnection
Development and Cooperation Organization
全球能源互联网发展合作组织

全球能源互联网报告2023

全球能源互联网发展合作组织

中国电力出版社
CHINA ELECTRIC POWER PRESS

图书在版编目（CIP）数据

全球能源互联网报告.2023 / 全球能源互联网发展合作组织组编. —北京：中国电力出版社，2023.9

ISBN 978-7-5198-8050-7

Ⅰ. ①全… Ⅱ. ①全… Ⅲ. ①互联网络—应用—能源发展—研究报告—世界—2023 Ⅳ. ①F416.2-39

中国国家版本馆CIP数据核字（2023）第152584号

审图号：GS 京（2023）1533 号

出版发行：中国电力出版社
地　　址：北京市东城区北京站西街 19 号（邮政编码 100005）
网　　址：http://www.cepp.sgcc.com.cn
责任编辑：孙世通（010-63412326）　柳　璐
责任校对：黄　蓓　常燕昆
装帧设计：锋尚制版
责任印制：钱兴根

印　　刷：北京瑞禾彩色印刷有限公司
版　　次：2023 年 9 月第一版
印　　次：2023 年 9 月北京第一次印刷
开　　本：889 毫米 ×1194 毫米　16 开本
印　　张：14.5
字　　数：250 千字
定　　价：108.00 元

《全球能源互联网报告2023》

编 委 会

前言

能源是人类生存和发展的重要物质基础。为应对日益严峻的气候变化、环境污染、资源匮乏、贫困加剧等全球性挑战，以能源绿色低碳转型为核心推动和引领世界可持续发展已成为全球共识。建设清洁主导、电为中心、互联互通、多能协同、安全可靠、经济高效的全球能源互联网，将为推动能源转型提供系统方案和实现途径。联合国秘书长古特雷斯表示，全球能源互联网是实现人类可持续发展的核心和全球包容性增长的关键。

能源绿色低碳转型是一项复杂艰巨的系统工程，其发展态势和发展进程受到经济、资源、技术、产业、政策、国际关系等诸多因素影响。各国、各地区在发展阶段、资源禀赋等诸多方面存在差异，需要因地制宜应用新技术、发展新模式、实施新工程。全球能源互联网的建设过程就是世界各国推动能源绿色低碳转型的综合实践。为推动能源转型、加快构建全球能源互联网，全球能源互联网发展合作组织（GEIDCO）研究发布《全球能源互联网报告2023》。

本报告是面向全球能源发展的年度性分析、评估与展望报告，分为五部分。**第一部分年度评述。**从宏观环境、能源转型、能源互联网发展、技术创新四方面分析评述全球能源绿色转型的现状和特点。**第二部分热点分析。**选取2022年度影响全球能源发展的热点问题，采用访谈调研、情景分析等方式展开分析，提出对全球能源电力系统发展的启示与建议。2022年度选取地缘冲突与能源安全、极端天气对电力安全的挑战、绿氢与电制燃料发展三个专题。**第三部分发展指数。**运用全球能源互联网发展指数，从绿色低碳、发展安全、互联互通、经济高

效四方面系统评估全球、10大区域和140多个国家的能源绿色转型绩效、排名和特点，量化全球整体能源转型的发展进程和发展差距。**第四部分创新实践。**着眼于综合影响大、创新价值高、转化推广好、工程示范强，从清洁能源、电网发展、智能电网、终端用能四个领域，选取和展示2022年度全球能源互联网二十个创新实践案例。**第五部分发展展望。**聚焦经济社会、能源供需、能源安全、互联互通、技术创新和国际合作六个主题，对全球能源转型近中期态势和发展方向进行展望。

报告将不断丰富和完善全球绿色转型数据、模型、指数、方案，期待能为政府、组织、企业、机构等各方研究能源转型政策、制定能源电力规划、推动重大技术创新和工程落地提供参考和借鉴。全球能源互联网发展合作组织愿与社会各界一道，加快推动全球能源转型，构建清洁主导、电为中心、互联互通、多能融合的现代能源体系，为实现《巴黎协定》温控目标和联合国可持续发展目标不懈努力！

目录

前言

1 全球绿色转型年度评述

1.1 宏观环境 002

1.1.1 经济社会 002

1.1.2 气候政策 005

1.1.3 绿色投资 007

1.2 能源转型 011

1.2.1 供应总量 011

1.2.2 消费结构 017

1.2.3 碳市场与电力市场 021

1.2.4 碳排放 026

1.3 能源互联网发展 028

1.3.1 清洁能源 028

1.3.2 智能电网 030

1.3.3 互联互通 033

1.4 技术创新 036

1.4.1 技术进步 036

1.4.2 成本变化 041

2 全球能源发展热点分析

2.1 地缘冲突与能源安全 044

2.1.1 全球性能源和经济的蝴蝶效应 044

2.1.2 地缘冲突带来的发展启示 048

2.2 极端天气对电力安全的挑战 052

2.2.1 极端天气事件 053

2.2.2 电力系统安全挑战 054

2.2.3 气候适应型电力系统 056

2.3 绿氢与电制燃料发展 059

2.3.1 绿氢技术及发展 059

2.3.2 电制燃料技术及发展 065

2.3.3 电-氢协同的零碳能源系统 068

3 全球能源互联网发展指数

3.1 全球能源互联网理念 072
3.1.1 理念内涵 072
3.1.2 发展愿景 073
3.2 指数体系 075
3.2.1 指标体系 077
3.2.2 评价方法 080
3.2.3 评价流程 080
3.3 全球能源互联网发展指数 081
3.3.1 全球能源互联网总指数 081
3.3.2 绿色低碳指数 084
3.3.3 发展安全指数 086
3.3.4 互联互通指数 087
3.3.5 经济高效指数 089
3.4 区域特征 091
3.4.1 欧洲 092
3.4.2 北美 095
3.4.3 大洋洲 097
3.4.4 东亚 098
3.4.5 中南美洲 099
3.4.6 东南亚 101
3.4.7 南亚 105
3.4.8 俄罗斯和中亚 106
3.4.9 西亚和北非 107
3.4.10 撒哈拉以南非洲 111
3.5 国家排名 114
3.5.1 全球能源互联网发展指数国家排名 114
3.5.2 分项指数排名 117

4 全球绿色转型创新实践

4.1 清洁能源 120
4.1.1 英国北海海上风电Hornsea 2 120
4.1.2 中国三峡能源“光伏+”模式实践 122
4.1.3 尼日利亚宗格鲁水电站 124
4.1.4 中国丰宁抽水蓄能电站 125
4.1.5 越南海上风电金瓯1号 126
4.2 电网发展 128
4.2.1 中国准东—华东（皖南）±1100千伏特高压直流工程 128
4.2.2 埃塞俄比亚—肯尼亚±500千伏直流输电工程 130
4.2.3 中国张北柔性直流工程 131
4.2.4 英国—挪威全球最长海缆互联工程 133
4.2.5 中国白鹤滩—江苏/浙江±800千伏特高压直流工程 134
4.3 智能电网 136
4.3.1 中国雄安智能电网 136
4.3.2 沙特智能电能表 138
4.3.3 中国国网新能源云 139
4.3.4 美国加州虚拟电厂 141
4.3.5 中国江苏镇江储能电站 142

4.4 终端用能 144
4.4.1 中国深圳电动汽车与电网互动运营管理平台 145
4.4.2 壳牌Refhyne电制氢项目 146
4.4.3 中国兰州液态太阳燃料合成示范项目 148
4.4.4 中国江苏怡宁能源微碳慧能科创产业园 149
4.4.5 中国远景鄂尔多斯零碳产业园 152

5 全球能源转型发展展望

5.1 经济社会 157
5.1.1 人口规模 157
5.1.2 经济增长 160
5.1.3 低碳产业 161
5.1.4 绿色投资 163
5.2 能源供需 164
5.2.1 能源生产 164
5.2.2 能源消费 166
5.3 能源安全 168
5.3.1 供应安全 168
5.3.2 贸易安全 169
5.3.3 市场安全 170
5.4 互联互通 171
5.4.1 电力配置系统 172
5.4.2 绿氢配置系统 174
5.5 技术创新 175
5.5.1 清洁发电技术 176
5.5.2 新型储能 178
5.5.3 先进输电技术 180
5.5.4 电能替代技术 182
5.5.5 绿氢及绿色化工技术 183
5.5.6 碳捕集利用及封存技术 184
5.6 国际合作 186
5.6.1 机制建设 186
5.6.2 绿色金融 187

附录A 全球绿色转型年度评述研究方法 189
附录B 全球能源互联网发展指数模型与方法 190
附录C 全球能源展望综合评估模型 216

图目录

图1.1　2000—2022年全球GDP增速　003
图1.2　全球气候治理进程示意图　005
图1.3　2017—2022年全球能源投资分布　008
图1.4　2017—2022年全球清洁能源投资　008
图1.5　2019—2022年化石能源供应投资变化　009
图1.6　2015—2022年主要国家和地区电网投资　010
图1.7　各地区清洁能源投资与年变化　010
图1.8　2000—2022年全球煤炭供应　012
图1.9　2019—2022年全球天然气供应总量　013
图1.10　2019—2022年重点国家天然气供应量　013
图1.11　2019—2022年全球石油供应量　014
图1.12　2020—2022年重点国家石油供应量　015
图1.13　2020—2022年全球电力供应　016
图1.14　2022年全球各区域电力供应占比　016
图1.15　2000—2022年全球煤炭消费量　017
图1.16　2019—2022年全球天然气消费总量　018
图1.17　2019—2022年重点国家天然气消费总量　019
图1.18　2020—2022年全球石油消费总量　019
图1.19　2020—2022年全球电力消费量　020
图1.20　2020—2022年重点国家和区域用电量　020
图1.21　2021—2022年度全球各碳市场月度碳配额交易价格变化（统一转换为欧元）022
图1.22　2018—2022年全球碳市场交易额变化　022
图1.23　2021年各碳市场所覆盖的行业　023
图1.24　2022年与2017—2021年的平均批发电价　025
图1.25　全球化石燃料二氧化碳排放变化趋势　027
图1.26　全球化石燃料二氧化碳分能源种类排放变化趋势　027
图1.27　2020—2022年全球可再生能源发电量　029
图1.28　2020—2022年全球新增可再生能源装机容量　030
图1.29　美国和欧洲虚拟电厂发展历程　031
图1.30　2022年中国公共充电桩保有量　032

图1.31　2015—2021年按充电速度和地区划分的轻型车公共充电桩　032
图1.32　2022年全球电力储能项目累计装机分布　033
图1.33　光伏发电系统示意图　037
图1.34　不同类型海上风电基础结构示意图　038
图1.35　锂离子电池原理示意图　039
图1.36　液流电池原理示意图　040
图2.1　欧洲主要国家德、法、英电力现货市场价格波动情况及重要节点事件　045
图2.2　2020年欧盟天然气和石油进口结构　047
图2.3　全球温室气体排放预测　052
图2.4　1965—2022年大停电总次数与极端天气诱发的大停电次数　053
图2.5　极端高温干旱事件影响可再生能源出力机理框架　054
图2.6　气候适应型电力系统组成部分　057
图2.7　气候适应型电力系统应对过程示意图　058
图2.8　单极碱性电解槽制氢成本构成　060
图2.9　不同输氢技术适用的场景　062
图2.10　电制甲烷成本构成　066
图2.11　Jupiter 1000项目甲烷化装置　066
图2.12　电-氢协同的零碳能源系统示意图　069
图3.1　全球能源互联网系统构成示意图　073
图3.2　全球能源互联网发展指数总体架构　075
图3.3　全球能源互联网发展指数体系框架　077
图3.4　指数体系指标属性及评估方法　079
图3.5　全球能源互联网发展指数评价流程　080
图3.6　全球能源互联网总指数与专项指数发展进程和发展差距　082
图3.7　全球能源互联网发展指数指标转型进程　083
图3.8　绿色低碳指数与指标发展进程　084
图3.9　绿色低碳指标发展差距　085
图3.10　绿色低碳指数区域发展差距　085
图3.11　发展安全指数与指标发展进程　086
图3.12　发展安全指标发展差距　087
图3.13　发展安全指数区域发展差距　087
图3.14　互联互通指数与指标发展进程　088
图3.15　互联互通指标发展差距　088
图3.16　互联互通指数区域发展差距　089

图3.17　经济高效指数与指标发展进程　090
图3.18　经济高效指标发展差距　090
图3.19　经济高效指数区域发展差距　091
图3.20　全球区域分数与排名概览　092
图3.21　欧洲各国能源转型发展水平分布态势　093
图3.22　欧洲各国全球能源互联网发展指数指标分布　093
图3.23　北美各国能源转型发展水平分布态势　096
图3.24　北美各国全球能源互联网发展指数指标分布　096
图3.25　大洋洲各国能源转型发展水平分布态势　097
图3.26　大洋洲各国全球能源互联网发展指数指标分布　098
图3.27　东亚各国能源转型发展水平分布态势　099
图3.28　东亚各国全球能源互联网发展指数指标分布　100
图3.29　中南美洲各国能源转型发展水平分布态势　101
图3.30　中南美洲各国全球能源互联网发展指数指标分布　102
图3.31　东南亚各国能源转型发展水平分布态势　103
图3.32　东南亚各国全球能源互联网发展指数指标分布　104
图3.33　南亚各国能源转型发展水平分布态势　105
图3.34　南亚各国全球能源互联网发展指数指标分布　106
图3.35　俄罗斯和中亚各国能源转型发展水平分布态势　107
图3.36　俄罗斯和中亚各国全球能源互联网发展指数指标分布　108
图3.37　西亚和北非各国能源转型发展水平分布态势　109
图3.38　西亚和北非各国全球能源互联网发展指数指标分布　110
图3.39　撒哈拉以南非洲各国能源转型发展水平分布态势　112
图3.40　撒哈拉以南非洲各国全球能源互联网发展指数指标分布　112
图3.41　全球能源互联网发展指数排名（前100名）　116
图3.42　绿色低碳指数国家排名（前80名）　117
图3.43　发展安全指数国家排名（前80名）　117
图3.44　互联互通指数国家排名（前80名）　118
图3.45　经济高效指数国家排名（前80名）　118
图4.1　Hornsea 2海上风电场风机　121
图4.2　中国库布齐沙漠光伏治沙项目　122
图4.3　尼日利亚宗格鲁水电站　124
图4.4　中国丰宁抽水蓄能电站下水库　125
图4.5　越南金瓯海上风电工程现场　127

图4.6　中国准东—华东（皖南）±1100千伏特高压直流工程换流站　129
图4.7　埃塞俄比亚—肯尼亚±500千伏直流输电工程线路　130
图4.8　中国张北柔性直流工程北京换流站　132
图4.9　英国—挪威海底互联工程示意图　133
图4.10　中国白鹤滩—江苏±800千伏特高压直流工程换流站　135
图4.11　中国雄安剧村城市智慧能源共生体航拍图　137
图4.12　沙特智能电能表项目　138
图4.13　中国国网新能源云生态圈　140
图4.14　典型虚拟电厂功能模块示意图　141
图4.15　中国江苏镇江建山储能电站　143
图4.16　中国粤港澳大湾区首个车网双向互动示范工程（深圳市龙华区民兴苑停车场）145
图4.17　壳牌Refhyne项目制氢厂外景　147
图4.18　液态太阳燃料合成示范项目　148
图4.19　中国江苏怡宁能源微碳慧能科创产业园全貌　150
图4.20　中国远景能源零碳产业园区外景　152
图5.1　全球能源转型发展展望框架　156
图5.2　全球各大洲人口预测　157
图5.3　全球及各区域城镇化率预测　158
图5.4　全球用电不均衡分布趋势　159
图5.5　全球一次能源消费总量及结构预测　165
图5.6　全球电力生产“风光水火储”互补格局　165
图5.7　工业和建筑部门“电氢冷热气”消费格局　167
图5.8　2050年全球电力流格局示意图　173
图5.9　欧洲电力流格局示意图　173
图5.10　远期全球绿氢供需及输送规模示意图　175
图5.11　技术减排贡献分解图　176
图5.12　陆上风电度电成本预测　177
图5.13　海上风电度电成本预测　177
图5.14　光伏发电度电成本预测　178
图5.15　光热发电度电成本预测　178
图5.16　第二代储能技术（EVx）概念图　179
图5.17　绿色蓄能调水工程结构示意图　180
图5.18　热泵普及率与空调每百户保有量预测　183
图5.19　全球碳移除总量及结构　185

图A.1　研究思路与方法框架　189
图B.1　综合赋权法及权重多情景分析流程　190
图B.2　全球能源互联网发展指数对标分析工具　191
图B.3　国家排名差距矩阵***A***　192
图B.4　瑞典排名及专项指数　195
图B.5　芬兰排名及专项指数　195
图B.6　瑞士排名及专项指数　196
图B.7　挪威排名及专项指数　196
图B.8　法国排名及专项指数　196
图B.9　丹麦排名及专项指数　197
图B.10　英国排名及专项指数　197
图B.11　德国排名及专项指数　197
图B.12　奥地利排名及专项指数　198
图B.13　美国排名及专项指数　198
图B.14　比利时排名及专项指数　198
图B.15　冰岛排名及专项指数　199
图B.16　爱尔兰排名及专项指数　199
图B.17　加拿大排名及专项指数　199
图B.18　荷兰排名及专项指数　200
图B.19　斯洛文尼亚排名及专项指数　200
图B.20　韩国排名及专项指数　200
图B.21　西班牙排名及专项指数　201
图B.22　卢森堡排名及专项指数　201
图B.23　爱沙尼亚排名及专项指数　201
图B.24　葡萄牙排名及专项指数　202
图B.25　意大利排名及专项指数　202
图B.26　新西兰排名及专项指数　202
图B.27　乌拉圭排名及专项指数　203
图B.28　日本排名及专项指数　203
图B.29　立陶宛排名及专项指数　203
图B.30　拉脱维亚排名及专项指数　204
图B.31　斯洛伐克排名及专项指数　204
图B.32　澳大利亚排名及专项指数　204
图B.33　巴西排名及专项指数　205

图B.34　捷克排名及专项指数　205
图B.35　哥斯达黎加排名及专项指数　205
图B.36　罗马尼亚排名及专项指数　206
图B.37　希腊排名及专项指数　206
图B.38　以色列排名及专项指数　206
图B.39　中国排名及专项指数　207
图B.40　匈牙利排名及专项指数　207
图B.41　克罗地亚排名及专项指数　207
图B.42　智利排名及专项指数　208
图B.43　保加利亚排名及专项指数　208
图B.44　黑山排名及专项指数　208
图B.45　巴拉圭排名及专项指数　209
图B.46　阿根廷排名及专项指数　209
图B.47　越南排名及专项指数　209
图B.48　哥伦比亚排名及专项指数　210
图B.49　墨西哥排名及专项指数　210
图B.50　土耳其排名及专项指数　210
图B.51　斯里兰卡排名及专项指数　211
图B.52　巴拿马排名及专项指数　211
图B.53　萨尔瓦多排名及专项指数　211
图B.54　危地马拉排名及专项指数　212
图B.55　俄罗斯排名及专项指数　212
图B.56　亚美尼亚排名及专项指数　212
图B.57　秘鲁排名及专项指数　213
图B.58　阿尔巴尼亚排名及专项指数　213
图B.59　马来西亚排名及专项指数　213
图B.60　波兰排名及专项指数　214
图B.61　格鲁吉亚排名及专项指数　214
图B.62　津巴布韦排名及专项指数　215
图B.63　马其顿排名及专项指数　215
图C.1　全球能源展望综合评估框架　216

表目录

表2.1 国际大宗商品价格波动对比情况 046

表2.2 三种电解水制氢技术特性和参数对比 060

表2.3 主要储氢技术特点对比 061

表2.4 主要输氢技术特点对比 062

表2.5 全球部分吉瓦级绿氢规划项目 063

表3.1 全球能源互联网发展指数指标分值及发展时期 083

表3.2 欧洲各国全球能源互联网发展指数排名 094

表3.3 北美各国全球能源互联网发展指数排名 096

表3.4 大洋洲各国全球能源互联网发展指数排名 098

表3.5 东亚各国全球能源互联网发展指数排名 100

表3.6 中南美洲各国全球能源互联网发展指数排名 102

表3.7 东南亚各国全球能源互联网发展指数排名 104

表3.8 南亚各国全球能源互联网发展指数排名 106

表3.9 俄罗斯和中亚各国全球能源互联网发展指数排名 108

表3.10 西亚和北非各国全球能源互联网发展指数排名 110

表3.11 撒哈拉以南非洲各国全球能源互联网发展指数排名 113

表3.12 全球能源互联网发展指数排名（前100名） 114

表5.1 IMF对全球各地区GDP增速预测 160

表5.2 全球主要国家和地区新能源汽车产业支撑政策和相关法案 161

表B.1 对标对象全球国家排名五档分布 192

表B.2 G20国家列表及关键指标全球比重 193

专栏目录

专栏2.1 全球部分绿氢项目规划情况 063

1 全球绿色转型年度评述

2022年，全球能源体系处于广泛而深刻的变革当中。能源安全性、经济性、环境可持续性的三角关系呈现出复杂交织、相互制约、动态平衡的特点。一方面，地缘冲突加剧、经济增速放缓、能源供应紧张、能源价格攀升等因素推动越来越多国家进一步强化能源安全的战略前提，持续加强煤炭、石油、天然气等化石能源的保底供应作用；另一方面，清洁能源快速发展、绿色投资不断增加、互联互通加速推进、气候变化形势加剧、能源电力技术持续进步，客观上加速了全球绿色转型的进程。总的来看，全球绿色转型的总体方向和态势没有改变。化石能源危机既是绿色转型的短期挑战，也成为推动清洁发展的重要动力。全球能源体系将在清洁能源逐步替代化石能源的主旋律中，迈向更加清洁、低碳、安全、高效的现代能源体系。全球绿色转型年度评述研究思路和框架见附录A。

1.1 宏观环境

2022年全球宏观环境受地缘冲突加剧、能源资源短缺、供应链瓶颈持续、发达经济体货币政策紧缩等多重因素影响，主要经济体经济增速显著放缓，通胀大幅攀升。为应对全球气候变暖和能源危机，全球气候政策更聚焦在与能源安全和经济增长协同的领域。能源投资对解决当前能源危机至关重要，尽管经济复苏具有不确定性，但能源领域投资仍呈现全面增长态势。

1.1.1 经济社会

全球经济增速显著放缓，经济“滞胀”风险不断加大。2022年，在地缘政治冲突加剧、能源短缺、供应链瓶颈持续、发达经济体货币政策紧缩等多重因素影响下，主要经济体经济增速明显下行，通胀大幅攀升。2022年全球GDP（gross domestic product，国内生产总值）增速呈现逐季下行态势，全球经济增长约3%，较2021年下降3个百分点（见图1.1）。美元指数和美债收益率走高，跨境资本加速回流美国，离岸美元流动性持续收紧，金融市场剧烈波动。

图1.1 2000—2022年全球GDP增速❶

地缘政治博弈加剧。地缘政治冲突逐渐改变了过去全球合作的基础，全球将在较长时间内处于低增长和高通胀叠加困境。关税、出口管制、边境冲突和制裁措施使得全球贸易成本上升，大宗商品价格上涨，关键零部件和能源市场分割。地缘冲突仍在继续造成人员伤亡和实体资本的破坏，所带来的能源价格上涨、消费者信心减弱、供应链持续扰动和投入品成本上升等因素导致欧洲主要经济体制造业增势放缓，欧洲地区天然气和电力短缺问题突出。

经济增长动力不足。全球经济增长形势逐渐逆转，再次进入波动下行阶段。2021年全球经济强势反弹，超过54%的经济体实际GDP恢复至疫情前水平。然而，进入2022年后，在地缘政治冲突爆发、供应链瓶颈持续、大宗商品价格上涨等多重因素影响下，全球经济增长形势逐渐逆转，再次进入波动下行阶段，普遍面临“经济增速放缓，通胀抬升”压力，“滞胀”特征明显。截至2022年10月，摩根大通全球制造业和服务业PMI指数（purchasing managers’index，采购经理指数）分别较一季度高点下降4.3、4.8个百分点❷。从同比增速看，2022年全球GDP增速呈现逐季下行态势，特别是四季度下行压力较大，部分经济体逐渐陷入衰退。

❶ 资料来源：世界银行。

❷ 资料来源：中国银行研究院，全球经济金融展望报告，2022。

全球通胀超出预期。全球主要经济体通胀上升，主要经济体货币政策紧缩逗度加快，引发全球融资环境急剧收紧。贸易保护主义导致全球贸易品价格上升，随后在供应链受阻和地缘冲突导致的能源短缺等因素影响下，逐渐呈现“能源大宗商品通胀”特点，通胀压力逐渐由供给端向消费端蔓延，限制了货币政策对通胀的抑制作用。包括美联储、欧洲央行、英国央行等在内的发达经济体央行加快收紧货币政策，2022年年内分别累计加息375、200、275个基点。尽管货币政策紧缩速度加快，但各国通胀压力未见明显缓解。美国整体CPI（consumer price index，居民消费价格指数）同比增速虽然自2022年6月以来持续下降，但核心CPI增速在8月和9月连续回升，10月虽再度下降，但仍然处于6.3%的高位[1]。欧盟CPI和核心CPI增速不断创出新高，通胀形势愈加严峻。

贸易增速明显下滑。全球贸易规模整体保持增长，但价格因素影响大于数量因素，2022年增速明显下滑。2021年全球经济能够实现快速恢复，其重要推动因素在于国际贸易的繁荣，全球贸易额创下历史最高纪录。2022年上半年全球贸易继续实现较快增长，以一季度为例，全球贸易额达到创纪录的7.7万亿美元，比2021年一季度增加1万亿美元。然而，如果进一步区分价格因素和数量因素，显然国际贸易规模的快速增长在很大程度上是由商品价格上涨驱动的。根据荷兰经济分析局测算，2022年8月的国际贸易数量指数仅比年初高1.9%，增幅低于国际贸易价格指数（3.1%）。不过进入三季度后，受需求回落和各国紧缩货币政策影响，价格指数逐渐承压，主要经济体出口表现也逐渐转弱，2022年全球贸易增长降至2.7%[2]。

[1] 资料来源：中国银行研究院，全球经济金融展望报告，2022。

[2] 资料来源：世界贸易组织，全球贸易展望与统计，2023。

1.1.2　气候政策

全球气候治理面临复杂挑战，受经济下行和能源危机叠加影响，全球气候政策更聚焦于能源安全和经济增长的协同，需关注碳关税或产生新的绿色壁垒。2022年气候变化带来的自然灾害频发，同时通货膨胀和能源短缺等全球性危机不断加剧，各国政府都在努力采取有效气候政策加以应对。COP27大会在埃及顺利召开，各国政府继续加强国际合作，建立损失和损害基金，共同推动气候变化问题的解决。

1．全球治理行动

全球气候治理进程。20世纪80年代以来，全球逐渐认识并日益重视气候变化问题。为应对气候变化，各国以《联合国气候变化框架公约》（UNFCCC）（简称《公约》）为平台开展全球气候治理，形成《京都议定书》和《巴黎协定》两阶段气候治理进程（见图1.2）。全球应对气候变化进程大致可分为三个阶段：第一阶段以1992年《联合国气候变化框架公约》签署为标志；第二阶段从1997年《京都议定书》签署到2020年履约期完成；第三阶段以2015年《巴黎协定》签署为标志，为2020年后全球气候治理树立了新的治理框架。《巴黎协定》和国家自主贡献以减缓、适应、资金、技术、能力建设、透明度等六大议题为基本框架，鼓励缔约方和国际社会深入合作、务实行动，合力实现全球温升控制目标，应对全球性气候危机。

COP27加强国际合作，重点建立损失和损害基金。为推动以《巴黎协定》为标志的全球气候治理框架全面有效实施，2022年11月，第27届联合国气候大会（简称COP27）在埃及沙姆沙伊赫举行。本次大会以落实各方责任为主题，有

图1.2　全球气候治理进程示意图

90多个国家元首或者政府首脑现场参会，最终达成约60项决议，主要取得了四个方面的成果。一是重点转向实施。大会通过一揽子注重实施的决定，旨在加强各国减少温室气体排放和适应气候变化影响的行动，加强金融和技术支持，以及发展中国家需要的能力建设。二是设立损失和损害专项基金。考虑到发展中国家存在巨大的适应需求和适应资金缺口，COP27首次就气候损失损害作出“建立新的资金安排和专项基金”的开创性决定，以帮助发展中国家应对损失和损害。三是动员更多资金支持发展中国家。发达国家出资力度和意愿不足，无法兑现其气候资金目标。COP27呼吁发达国家为绿色气候基金的第二次增资提供资源，同时考虑发展中国家的资金需求和优先事项。四是纳入非国家主体减排责任。设计机制让非国家主体（主要为企业和机构）承担减排责任，提升部门、企业和机构减排承诺的透明度，这将是2023年联合国气候变化的优先事项。

2．各国减排进展

绿色转型成为各国经济增长的新动力。在通货膨胀和能源短缺等全球性危机不断加剧之际，充分考虑能源安全和全球竞争力，加速推动绿色转型仍是各国重大关切。欧盟5月公布的欧洲能源供应调整计划把清洁能源作为解决成本、安全和环境可持续性的能源三重困境的办法，从现在到2027年间增加投资2100亿欧元，以摆脱对俄罗斯的化石燃料依赖。美国的《通胀削减法案》通过高额投资与补贴推动电动汽车和绿色技术在本国生产与应用，促进其经济发展，但这也会对全世界新能源产业链形成冲击，影响贸易全球化。中国将经济与能源安全以及低碳增长相结合，2022年7月公布的城镇化和农村发展的减排蓝图，包括提高建筑物能效、实现建筑物和交通系统电气化、在新建工厂和公共建筑上强制安装屋顶太阳能装置等一系列措施。印度公布的国家电力计划以清洁能源为核心，意味着未来10年印度可再生能源发电量将激增250%，并出台了有利于建筑物和交通系统电气化的政策。

欧盟等运用碳关税机制设置新的绿色壁垒。碳关税将会影响国际贸易公平性，全球需建立更完善的碳交易机制，促进产业链整体低碳转型。欧盟碳边境调节机制（CBAM，即碳关税）法案已正式生效，议会达成协议于2023年10月起试运行该机制，成为世界上第一个征收碳关税的经济体。根据最新协议，适用范围在水泥、钢铁、铝、化肥、电力等产品基础上，增加了氢气、特定条件下的间接排放及一些下游产品，如螺钉和螺栓等类似钢铁的制品。美、英、加等国都在考虑采取类似的单边措施。美国民主党参议员向参议院金融委员会提交了一个设立碳边境调节机制的立法提案，名为《清洁竞争法案》，明确表示将考虑把碳边境调节税纳入贸易议程，对以美国产品的平均碳含量为基准线，对碳含量超过基准线的进口产品和美国产品均征收关税。

各国积极推进碳市场体系不断完善。碳交易市场是碳减排的核心政策工具，各国积极推进碳交易体系建设，充分发挥市场机制对碳减排的引导作用。欧盟碳交易机制（ETS）是全球最大的碳排放总量控制与交易体系，2022年是其运行的第四阶段。中国建立全国碳排放交易市场，2022年全年，中国碳市场碳排放配额（CEA）总成交量逾5088.9万吨，总成交额28.14亿元。

1.1.3　绿色投资

欧美对俄制裁引发化石能源供需格局剧烈调整，国际能源合作更加聚焦能源安全的根本性作用。能源投资对解决当前能源危机至关重要，尽管经济复苏的不确定性增加，但能源领域投资仍呈现全面增长态势，其中电力行业增长最快，主要由可再生能源和电网引领。

世界能源投资呈较快增长态势，清洁能源投资明显加快，但仍远低于净零排放路径需求。2022年全球能源投资达2.4万亿美元，同比增长8%。清洁能源投资约1.4万亿美元，增速达12%，远高于2015—2019年的2%。2017—2022年全球能源投资分布如图1.3所示。清洁能源投资强劲增长得益于全球主要经济体加大对可再生能源应用、储能技术创新、电网规划建设等领域的财政支持力度。根据国际能源署预测，将温度升幅控制在2℃以下，21世纪20年代的清洁能源投资需要翻一番[1]。

可再生能源发电、电动汽车、终端能效提升是重要投资领域。2022年，电力投资接近1万亿美元，可再生能源发电、电网和储能占电力投资的80%以上，其中光伏占可再生能源发电新增投资的一半。2017—2022年全球清洁能源投资如图1.4所示。能效提升及终端部门投资超过6000亿美元，其中电动汽车投资约1000亿美元，能效提升和其他终端部门投资约5000亿美元。

受全球地区冲突以及能源危机影响，化石能源投资小幅增加。2022年对化石

[1] 资料来源：IEA，世界能源投资报告2021，2021。

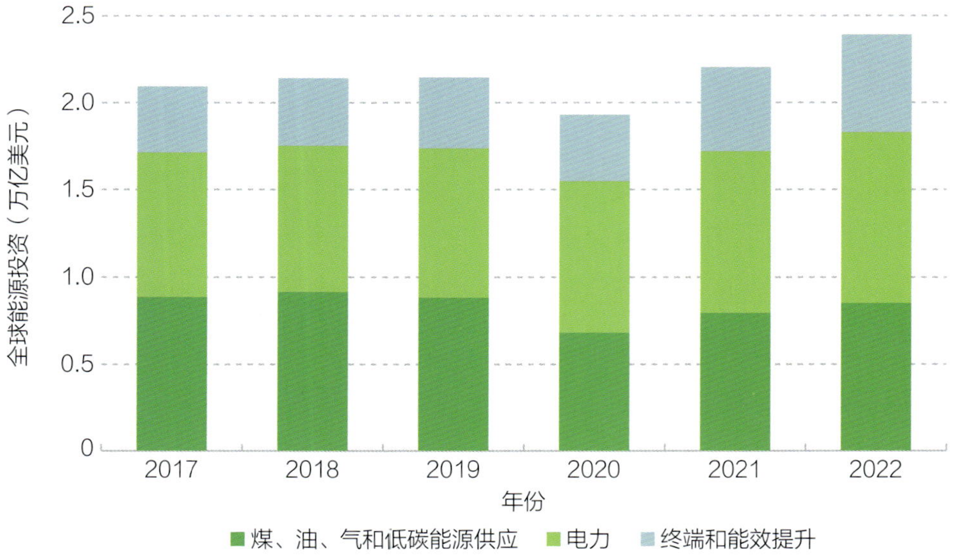

图1.3 2017—2022年全球能源投资分布

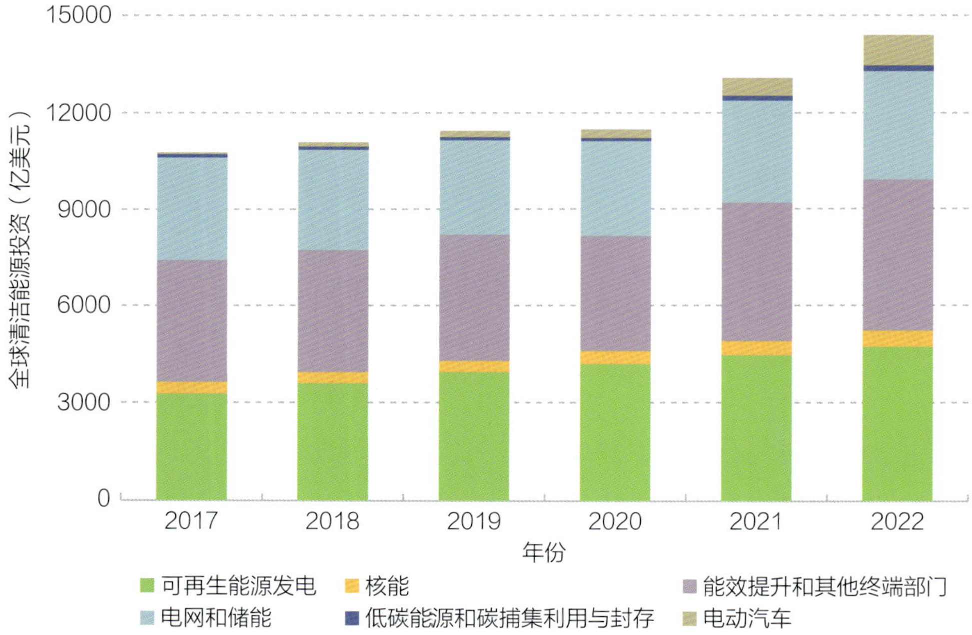

图1.4 2017—2022年全球清洁能源投资

燃料的投资总额呈上升趋势，约1万亿美元，但仍比《巴黎协定》签署时低近30%。2022年，煤炭供应链投资超过1100亿美元，同比增长10%，主要由中国和印度贡献，欧洲等其他市场也正在使用更多的煤炭，但由于煤炭供应受到日益严格的金融监管，煤炭投资不会显著增加。石油和天然气由于能源价格走高，相应投资也有所增加，中东地区的国家石油公司和俄罗斯石油公司均宣布计划在2022年增加投资支出。2019—2022年化石能源供应投资变化如图1.5所示。

各主要国家和地区电网投资持续复苏，主要来源于欧洲、美国和中国基础设施投资规划。2022年，全球电网投资约3000亿美元，同比增长约3%。美国电网投资增长趋缓，主要用于设备升级和系统强化，以抵御天气相关灾害；欧洲投资继续增加，以解决可再生能源消纳问题，包括海上风电并网、电网改造和数字化等；中国投资将持续加大，重点用于特高压项目建设、配电网升级和电网数字化。2015—2022年主要国家和地区电网投资如图1.6所示。

发达经济体和中国是推动全球清洁能源投资增长的最主要力量。发达经济体和中国的清洁能源投资保持增长趋势，2022年投资额分别为520亿美元和300亿美元，但其余新兴和发展中经济体的清洁能源投资仍停留在2015年的水平，虽然印度的大规模可再生能源开发、巴西的风能和分布式光伏开发等表现亮眼，但大部分发展中国家的清洁能源投资相对疲软。各地区清洁能源投资与年变化如图1.7所示。

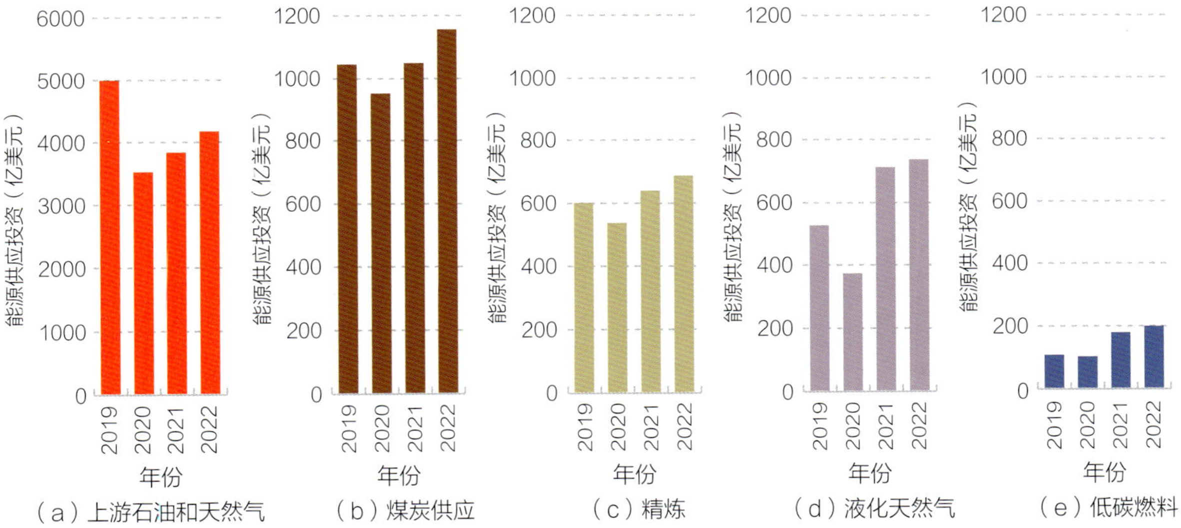

图1.5 2019—2022年化石能源供应投资变化[1]

[1] 2022年为预测值。

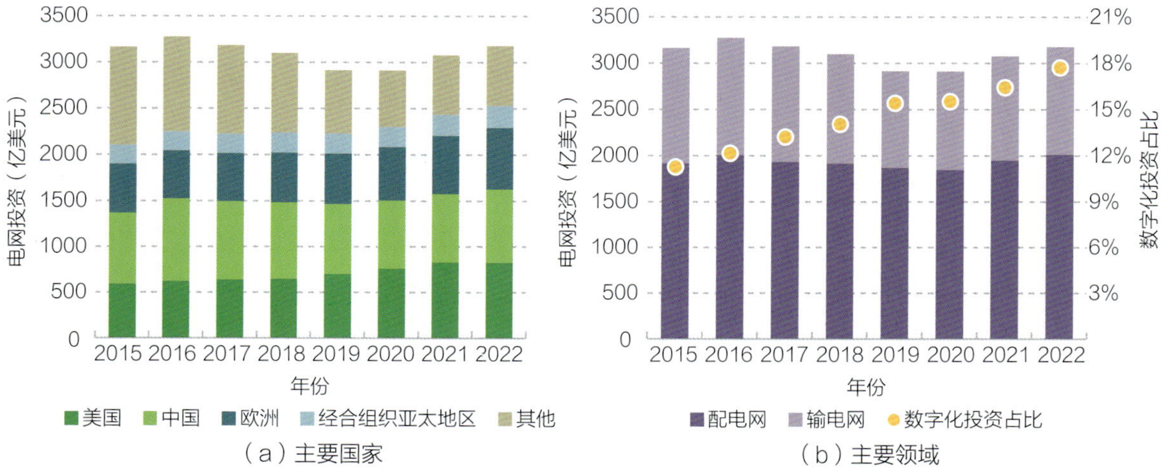

图1.6　2015—2022年主要国家和地区电网投资②

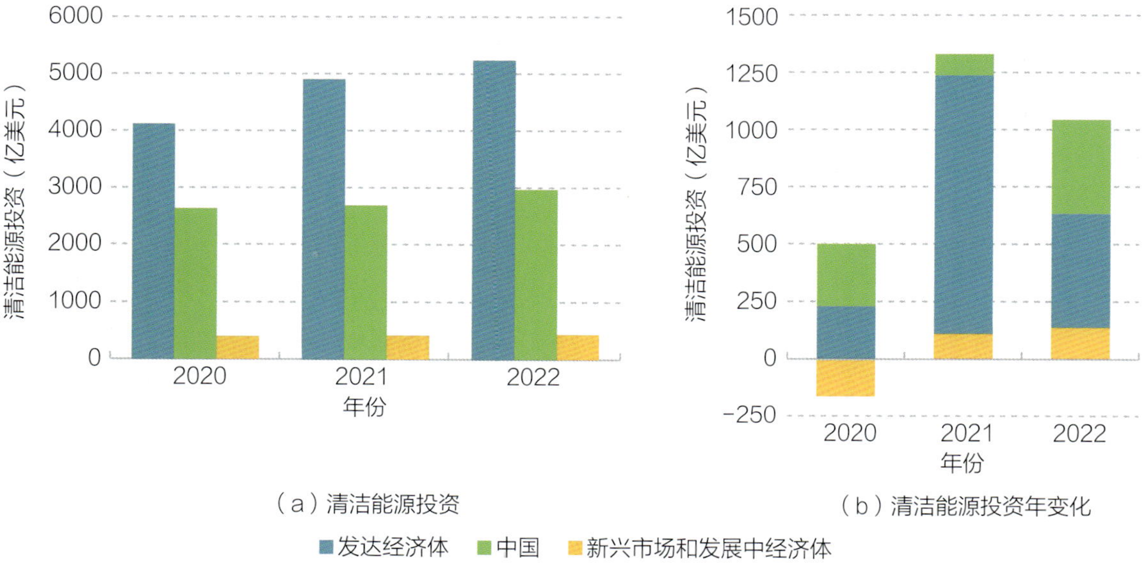

图1.7　各地区清洁能源投资与年变化①

①，② 2022年为预测值。

1.2 能源转型

2022年能源转型在曲折中前进，能源供需紧张导致能源价格上涨，引发碳市场和电力市场震荡。总体上，全球能源供应总量呈上涨趋势，能源消费增速减缓，能源价格上涨，能源相关二氧化碳排放创下新高。碳市场总交易量下降，但由于碳价上涨，总交易额上升。电力市场经历深刻变革，电力价格深受化石能源供需影响。

1.2.1 供应总量

全球能源供应总体增长，其中煤炭供应创历史新高，天然气供应小幅下降，石油供应大幅增加，电力供应增速放缓。能源危机推动化石燃料投资、能源价格上涨，石油、天然气、煤炭等化石燃料价格均在2022年内创下历史新高。

1．煤炭

全球煤炭供应创历史新高。2022年全球煤炭产量为83.18亿吨标准煤，较2021年增长5.4%，远高于2019年创纪录的79.59亿吨标准煤，主要原因是煤电发电量需求显著上升助推了煤炭供应增加。受天然气价格上涨和能源危机影响，欧洲多国增加了煤电发电量，同时增加了可再生能源的部署。中国夏季大热浪造成了低水电出力也推高了煤炭发电量，煤电发电需求上升助推了煤炭供应的增加。

分地区看，中国、印度和印尼煤炭供应回升。2022年，中国、印度、印尼煤炭产量分别达到42.37亿、8.93亿、6.22亿吨，较2021年增长7.5%、10.9%、9.3%。作为全球最大的煤炭生产国和消费国，中国和印度为应对价格上涨和供应短缺加快了煤炭自给自足的进程。世界第三大生产国印度尼西亚由于出口增加也扩大了2022年产能。美国和欧洲煤炭供应有所增加，俄罗斯和澳大利亚供应有所减少。2000—2022年全球煤炭供应如图1.8所示。

全球煤炭贸易开始逐步恢复。2022年全球煤炭贸易总量为13.51亿吨，约占全球煤炭供应的16%，较2021年增长1.4%。分地区看，印度尼西亚的煤炭出口量较2021年增加了8.5%，达到4.73亿吨，成为全球最大的煤炭出口国。分品种看，动力煤、褐煤的贸易量为10.4亿吨，主要出口国是印度尼西亚、澳大利亚和俄

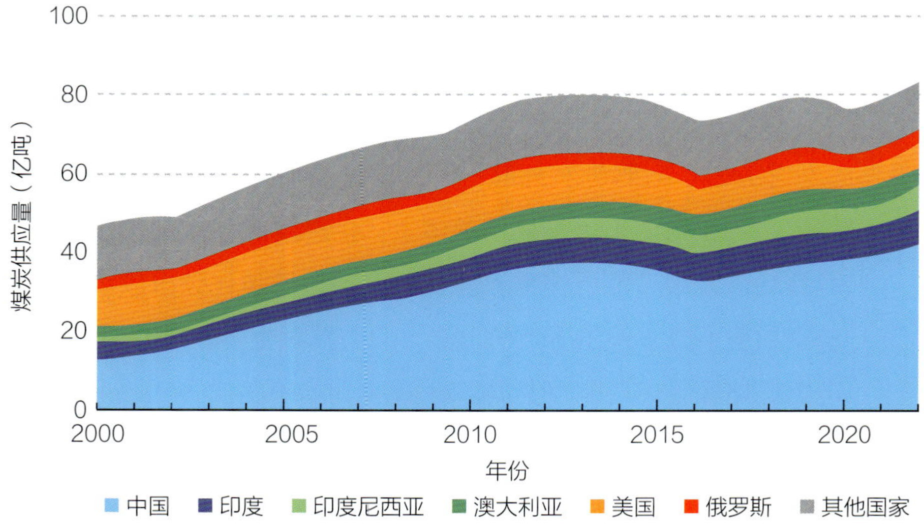

图1.8 2000—2022年全球煤炭供应

罗斯，主要进口国是中国、印度和日本。冶金煤贸易量为3.07亿吨，主要出口国是澳大利亚，主要进口国及地区是印度和欧洲。

煤炭价格触底反弹并保持高位。动力煤价格从2021年开始强劲反弹，反映出新冠疫情后的供需失衡。2022年1月，印度尼西亚政府暂停出口煤炭，初步推高现货动力煤价格。地区冲突引发全球煤炭价格在2022年3月飙升至380美元/吨的历史新高。随着北半球采暖季的结束，动力煤价格在4月份短暂走软。5月，煤价因澳大利亚洪水再次回升，并因为欧洲和日本煤炭需求增加保持高位，一度超过400美元/吨。由于欧洲为采暖季提前做好了准备，9月后煤炭价格下降，11月，随着采暖季的开始，欧洲和澳大利亚的价格扭转了下跌趋势。

2. 天然气

全球天然气供应紧张，产量小幅下降。2022年全球天然气产量40710亿立方米，较2021年下降了0.49%。地区冲突引发天然气供应巨大的不确定性和压力，并对全球液化天然气市场产生连锁反应，天然气供应出现结构性调整，液化天然气在抵消俄罗斯天然气供应短缺方面发挥了关键作用。2019—2022年全球天然气供应总量如图1.9所示。

分地区看，美国为增产主力，俄罗斯产量明显下降。从主要天然气净供给国来看，美国天然气产量达到1.01万亿立方米，较2021年增加了3.8%；俄罗斯天然气产量为6510亿立方米，较2021年下降了14.6%。除俄罗斯外，非洲、亚太、欧洲、中东、美洲等区域的天然气产量较

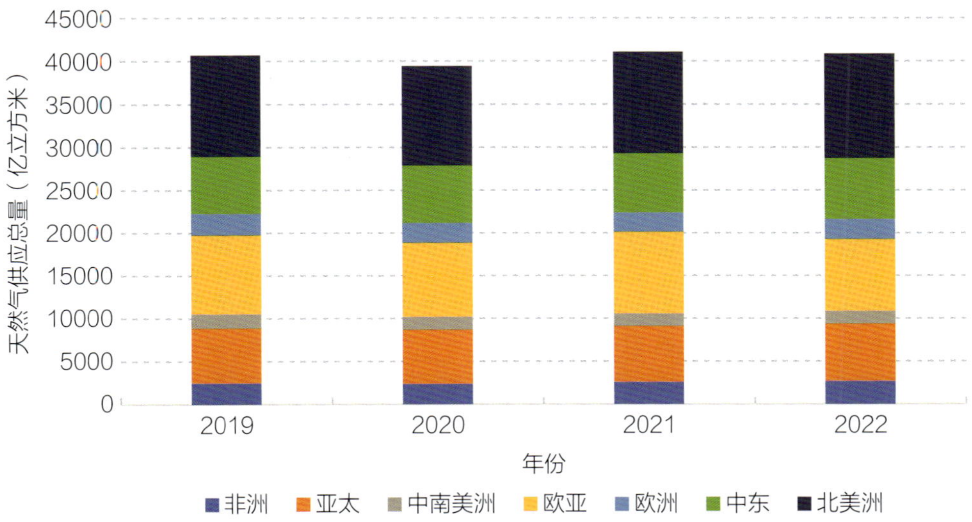

图1.9　2019—2022年全球天然气供应总量

2021年均有所增加。2019—2022年重点国家天然气供应量如图1.10所示。

欧盟液化天然气进口量激增。2022年的前8个月，全球液化天然气贸易同比增长近6%，欧盟液化天然气进口量同比增长了近70%约350亿立方米，现有再气化终端的扩建和浮式储存及再气化装置（FSRU）的租赁进一步使得欧盟在采暖季再气化能力扩大了15%。2022年前8个月，受液化天然气高价格、经济活动减弱、冬季气温相对温和以及煤电和可再生能源发电增长等因素影响，亚洲地区液化天然气进口量下降了7%。

天然气价格创历史新高后震荡回落。

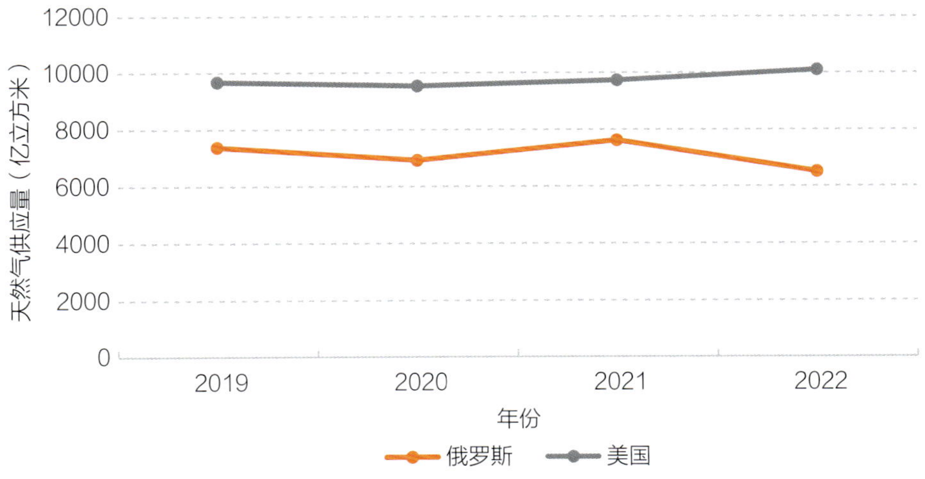

图1.10　2019—2022年重点国家天然气供应量

俄罗斯对欧洲管道天然气供应的急剧下降和电力供应紧张推动欧洲天然气价格在8月26日飙升至340欧元/兆瓦时（99美元/百万英热单位）的历史新高，第三季度TTF价格平均超过55美元/百万英热单位，比第二季度翻了一番，并间接对亚洲现货液化天然气产生类似影响。在美国，供需紧张加上低天然气存储水平，将第三季度价格推至2008年以来的最高水平。11月下旬以来，国际天然气市场供应整体稳定，天然气价格整体呈现震荡回落态势。

3. 石油

全球石油供应增长明显。2022年全球石油供应量新增460万桶/日，达到9990万桶/日，较2021年增长了4.8%。受新冠疫情引发的需求冲击和清洁能源投资势头强劲，过去两年石油产能扩张受到影响，上游投资和扩张计划被削减或者延期。受经济疲软、需求不确定和地区冲突影响，2022年石油供应增速远高于2021年1.6%的增速。2019—2022年全球石油供应量如图1.11所示。

分地区看，美国、沙特阿拉伯石油供应显著增加。2022年OPEC+集团新增石油供应300万桶/天，总量达到5200万桶/日，占全球供应的52%，较2021年增加了6.1%。作为全球三大石油供应国，美国、沙特阿拉伯供应增长明显，俄罗斯供应仅略有增长。2022年美国石油供应量增加110万桶/日，达到1800万桶/日，较2021年增长了6.5%；沙特阿拉伯石油供应量增加140万桶/日，达到1060万桶/日，较2021年增长了15.2%；俄罗斯石油供应量仅增加10万桶/日，为970万桶/日，较2021年增长了1.0%。2020—2022年重点国家石油供应量如图1.12所示。

图1.11　2019—2022年全球石油供应量

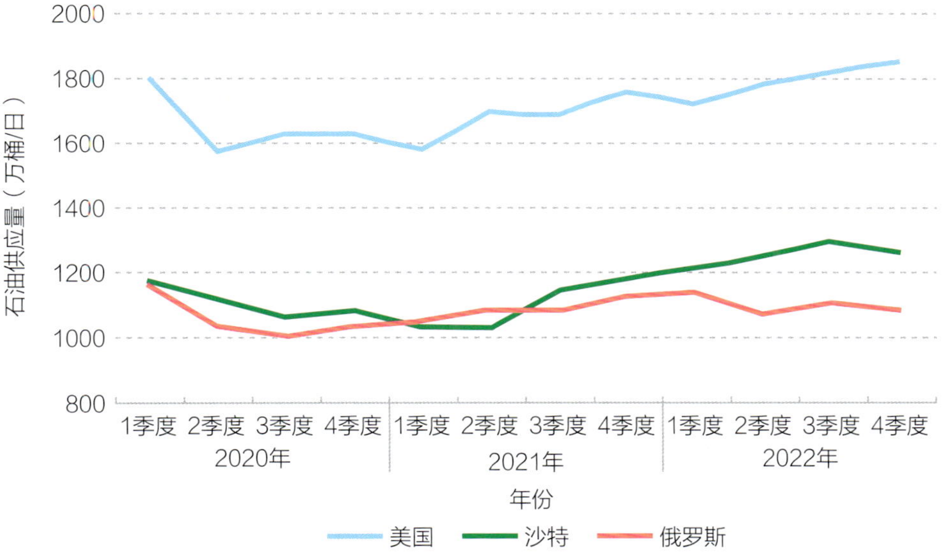

图1.12 2020—2022年重点国家石油供应量

石油价格波动不断，冲高回落。2022年上半年，现货市场吃紧和轻质低硫原油的稳定需求推高了市场标价，西德州原油（WTI）和布伦特原油（brent crude）期货价格在6月超过120美元/桶，北海即期原油价格在6月13日达到每桶127.9美元。但由于经济预期恶化和市场情绪不振，到2022年底，基准原油期货自6月的峰值以来持续下跌，布伦特原油价格下跌至81.34美元/桶。“欧佩克+”减产立场坚定，西方国家对俄罗斯原油实行价格上限等措施将对全球石油市场造成打击，导致石油市场的进一步失衡和分裂。俄罗斯正在积极调整出口方向，美国等国释放战略石油储备可暂时缓解供应压力，但不能解决市场结构性失衡问题，各方博弈将导致市场波动进一步加大。

4. 电力

全球电力供应增速放缓，可再生能源发电与煤电有所增长。2022年全球发电量28.6万亿千瓦时，较2021年增长了1.8%，2022年全球发电量增速远低于2021年增速（6%）。能源需求放缓、高能源价格、地区冲突以及极端天气等因素叠加，使得电力供应结构有所变化。分品种看，煤电发电量为10.3万亿千瓦时，占总发电量比重36.0%，较2021年增长了1.5%；气电发电量为6.5万亿千瓦时，占总发电量比重22.7%，与2021年基本持平；可再生能源发电量为8.3万亿千瓦时，占总发电量比重29.1%，较2021年增长了5.7%；核电发电量为2.7万亿千瓦时，占总发电量比重9.4%，较2021年下降了4.3%。2020—2022年全球电力供应如图1.13所示。

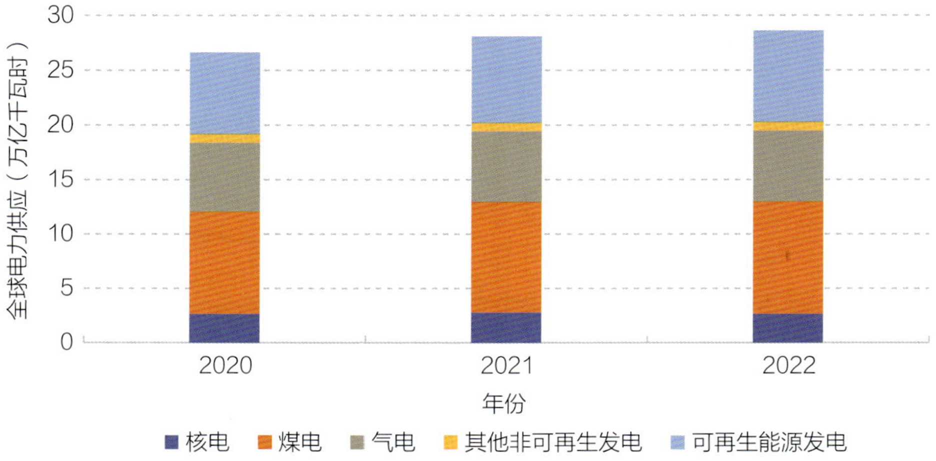

图1.13　2020—2022年全球电力供应

分地区看，欧洲可再生能源发电比例最高，美洲和亚太地区可再生能源发电增速较快。2022年，欧洲、亚太、美洲、欧亚、中东和非洲地区的发电量占全球发电量比重分别为13.7%、49.6%、23.8%、5.1%、4.7%和3.0%，与2021年相比，增速分别为-2.9%、3.0%、2.6%、1.5%、2.3%和0.1%。可再生能源发电占比最高的地区是欧洲（40.5%），煤电占比最高的地区是亚太（56.9%），气电占比最高的是中东（72.3%），核电占比最高的是欧洲（19%）。2022年全球各区域电力供应占比如图1.14所示。

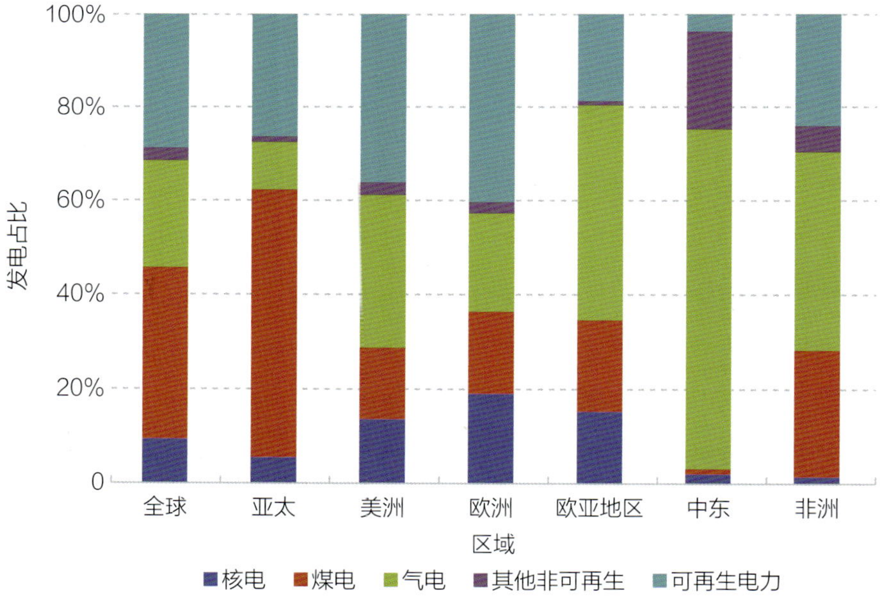

图1.14　2022年全球各区域电力供应占比

1.2.2　消费结构

全球能源消费增速放缓，其中煤炭、石油、电力消费增长，天然气消费下降，主要原因是经济下行导致需求不足，国际局势推动油气转换和石油、煤炭替代天然气发电。

1．煤炭

全球煤炭消费总量已恢复至疫情前水平。2022年全球煤炭消费总量为80.25亿吨标准煤，较2021年增长1.2%，达到历史新高。化石燃料价格大幅上涨，引发了煤炭替代天然气的浪潮，煤炭成为相对天然气更具竞争优势的化石燃料，但同时全球经济增速放缓、煤炭价格上涨、可再生能源投资增加和能源效率提高等多重因素叠加，一定程度抑制了煤炭总需求的增长，考虑多种因素相互抵消，煤炭消费总体维持在80亿吨标准煤水平。2000—2022年全球煤炭消费量如图1.15所示。

分地区看，欧盟和印度煤炭消费有所回升。受煤炭发电增长影响，煤炭消费量增速最快的国家和地区是印度和欧盟，较2021年分别增长了7000万吨和2900万吨，增速分别为7%和6%。美国的煤炭消费量下降明显，较2021年下降了6.3%，主要是因为燃煤发电机组退役改造以及可再生能源和天然气发电占比持续增高。

2．天然气

全球天然气消费总量略有下降。2022年，全球天然气消费总量为40710亿立方米，较2021年下降0.8%。全球天然气消费在2021年有较为强劲的复苏，但受地区冲突和经济下行引发的能源危机影响，天然气价格高涨，市场供应紧张，2022

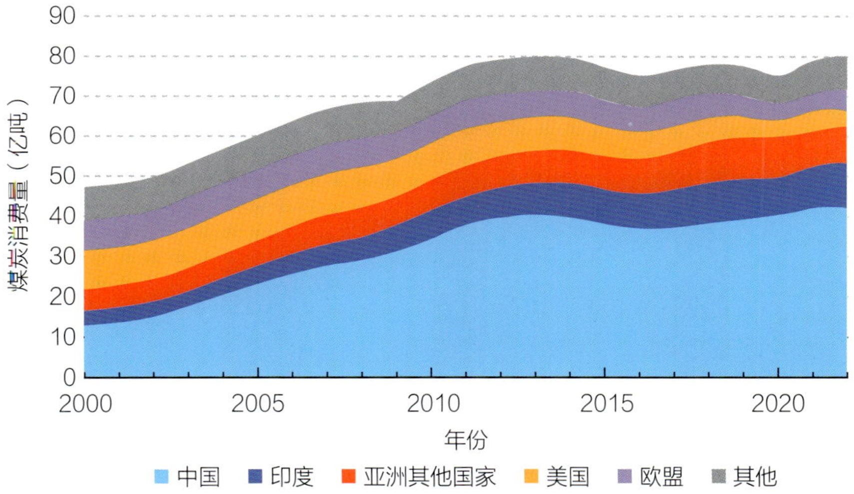

图1.15　2000—2022年全球煤炭消费量

年大部分国家和地区的天然气消费量下降。2019—2022年全球天然气消费总量如图1.16所示。

分地区看，欧洲天然气消费总量下降明显，亚洲主要天然气市场增长有限或负增长，北美洲是少数天然气增长的地区之一。2022年，俄罗斯输往欧洲的天然气急剧下降，欧盟成员国开始了多元化从非俄罗斯管道进口天然气，并通过了15%的自愿削减天然气需求目标，欧洲天然气消费总量为5480亿立方米，较2021年下降了9.3%。中国和日本的天然气消费量基本持平，印度和韩国略有下降，亚洲地区天然气消费量8950亿立方米，与2021年持平。受到北美洲发电部门和建筑部门用气需求增长影响，北美洲天然气消费约为1.1万亿立方米，较2021年增长了2.8%。2019—2022年重点国家天然气消费总量如图1.17所示。

3. 石油

发电和油气转换推动全球石油消费增长。2022年，全球石油需求总量约为9980万桶/日，较2021年增长了2.1%。经济增速放缓使得工业活动减弱。欧洲能源危机、产品价格飙升和美元走强，也在一定程度上影响了石油需求进一步增长。同时，航空航运基本恢复到疫情前水平，航空燃料和煤油较2021年增长了16.9%，天然气和电力价格飙升刺激了一些国家的天然气向石油转换，全球炼油厂产量增加至260万桶/日，达到疫情后最高水平。2020—2022年全球石油消费总量如图1.18所示。

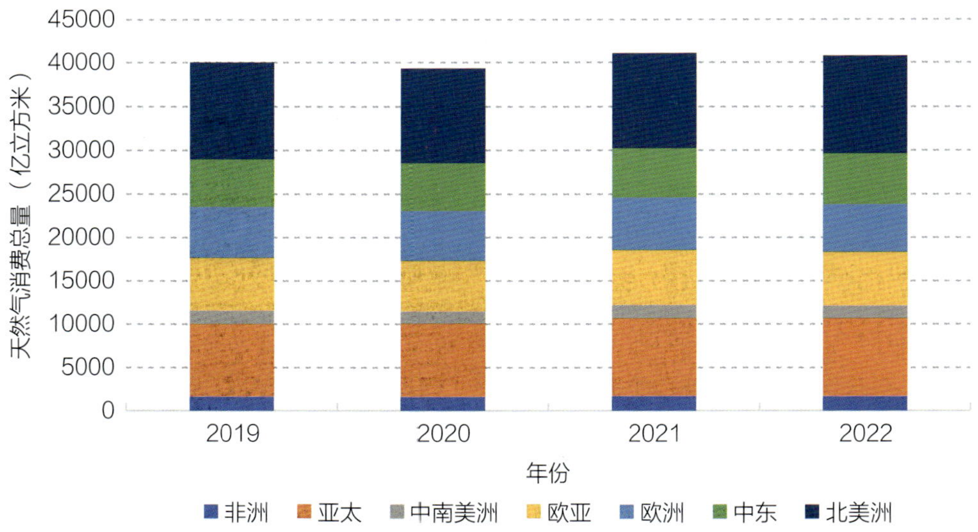

图1.16 2019—2022年全球天然气消费总量

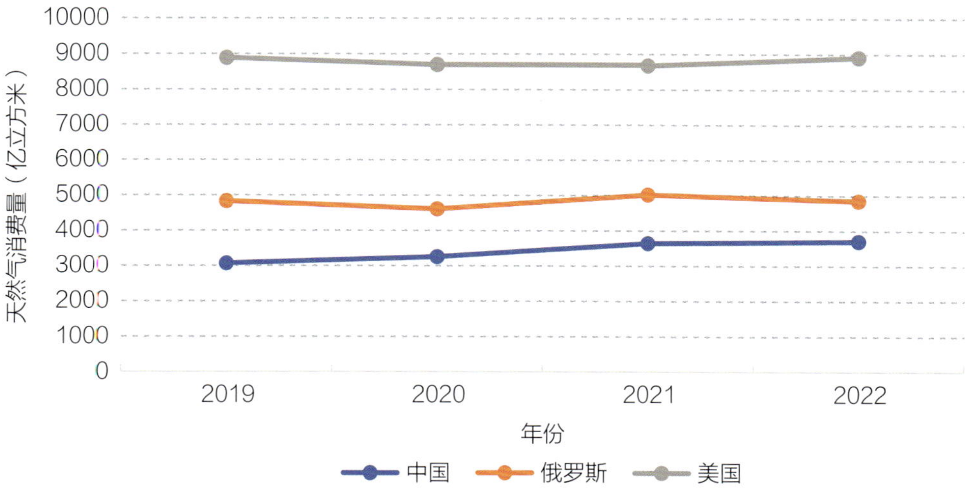

图1.17　2019—2022年重点国家天然气消费总量

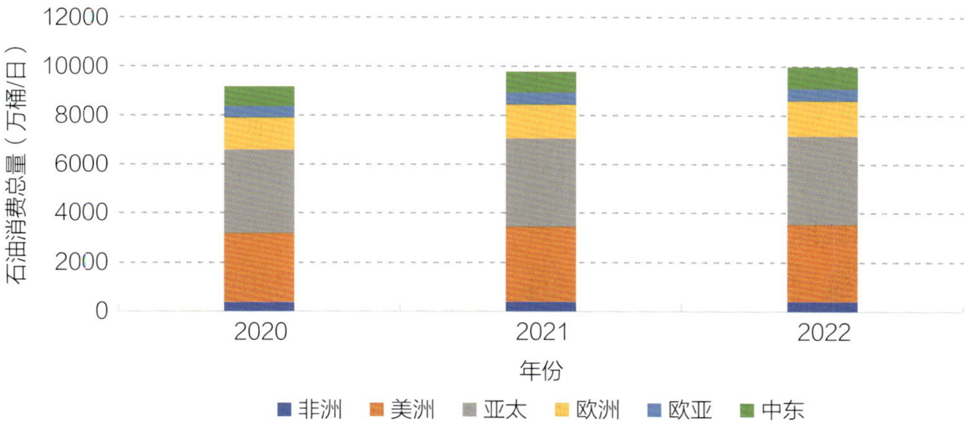

图1.18　2020—2022年全球石油消费总量

分地区看，美洲、欧洲和中东是主要的石油消费增长地区。2022年，美洲新增石油消费82万桶/日，达到3100万桶/日，较2021年增长了2.7%。欧洲新增石油消费55万桶/日，达到1440万桶/日，较2021年增长了3.9%。中东新增石油消费51万桶/日，达到850万桶/日，较2021年增长了6%。美洲、欧洲和中东合计占2022年新增石油消费量的89%。亚太地区和欧亚地区石油消费量与2021年基本保持不变。

4. 电力

全球用电量增长高于预期。2022年，全球用电量26.78万亿千瓦时，较2021年增长了1.9%。2022年全球交通和供暖行业的电气化进程继续加速，电动汽车和热泵销量创历史新高，推动了电力消费增长，但同时，地区冲突引发全球能源危机，天然气、煤炭等能源商品价格飙升，导致部分地区发电成本急剧上升。虽然高电价在一定程度上抑制了部分地区电力消费增长，但综合考虑全球经济复苏以及电气化发展，全球电力消费保持了超过预期的增长速度。2020—2022年全球电力消费量如图1.19所示。

分地区看，欧洲用电量下降明显。 2022年，欧洲用电量3.7万亿千瓦时，较2021年下降了3.7%，欧洲是受到高能源价格影响最为严重的区域之一，受经济放缓和高电价影响，工业用电量需求大幅下降，异常温和的冬季进一步推动了用电量下降。美国用电量4.3万亿千瓦时，较2021年增长了2.6%，增速与2021年持平，主要是经济活动和建筑用电增加，以及夏季更热和冬季更冷的制冷和供暖需求增加影响。2020—2022年重点国家和区域用电量如图1.20所示。

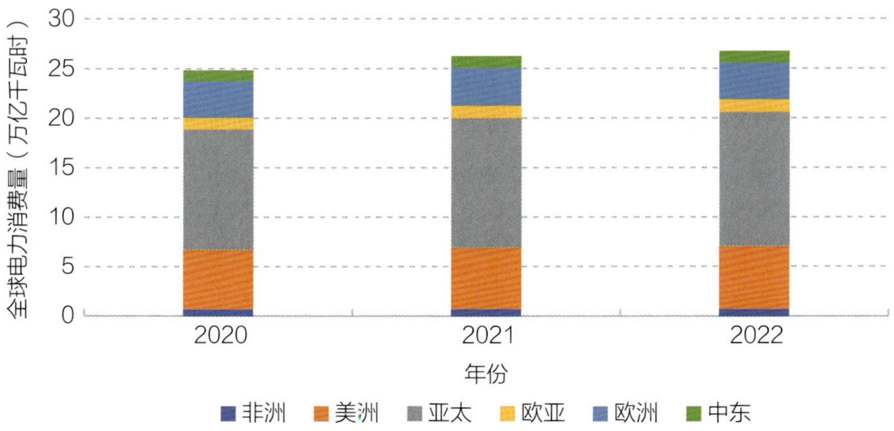

图1.19 2020—2022年全球电力消费量

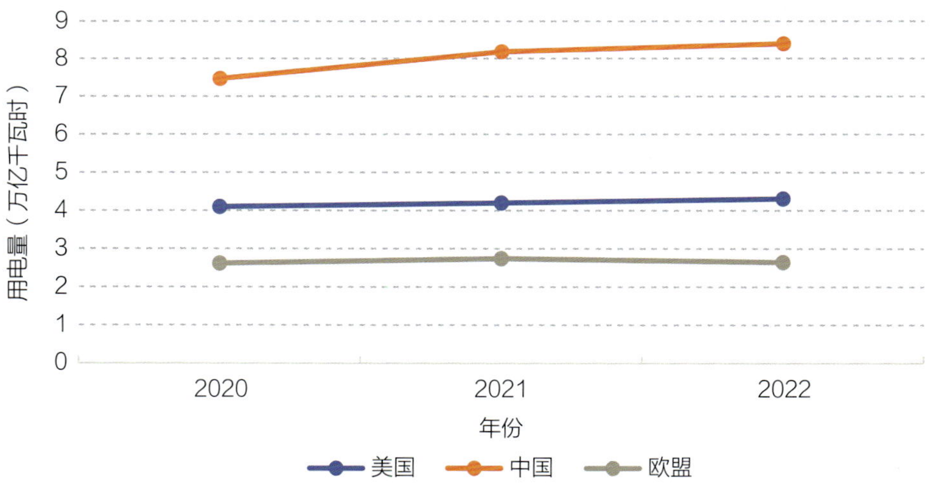

图1.20 2020—2022年重点国家和区域用电量

1.2.3 碳市场与电力市场

全球碳市场不断发展，覆盖全球近1/3人口。各主要碳市场碳价呈上涨趋势，交易额达到6.3万亿元。全球主要电力批发市场价格同比翻番。

1．碳市场

碳市场在全球范围内不断发展，数量不断增加，覆盖范围不断扩大。截至2022年1月，全球共有25个碳市场正在运行，包括欧盟碳交易体系（ETS）、美国区域温室气体减排倡议（RGGI）、韩国碳市场、中国碳市场等，覆盖温室气体排放量占全球总排放量的17%，是2005年的3倍。还有7个碳市场正在计划实施，主要分布在南美洲和东南亚。中国全国碳市场于2021年启动，成为全球配额发放规模最大的碳市场，覆盖45亿吨二氧化碳排放。全球有近1/3人口生活在有碳市场的地区。

各碳市场交易价格差异较大，碳价呈上涨趋势。2022年，受全球地区冲突导致的俄罗斯天然气断供，欧洲能源市场陷入混乱等因素影响，包括碳配额在内的能源相关商品交易波动较大。全球地区冲突爆发后，欧盟碳市场的价格在一周内从95欧元/吨骤降至55欧元/吨，不过很快恢复至80欧元/吨的价格水平。2022年，美国RGGI、新西兰分别从8、22欧元/吨上涨到12、44欧元/吨，韩国从15欧元/吨下降至11欧元/吨。中国已顺利完成第一个碳市场履约周期的配额分配和清缴工作，配额履约完成率高达99.5%。2021—2022年度全球各碳市场月度碳配额交易价格变化如图1.21所示。

全球碳市场交易量下降，但交易额上升。2022年尽管碳交易量较2021年减少了21%，达到125亿吨碳配额，但由于碳价持续上涨，全球碳市场交易额仍实现了可观增长，达到8650亿欧元（约合人民币6.3万亿元）。欧盟的碳市场交易规模目前位居全球首位，2022年，欧盟ETS的碳配额交易量下降了24%，但碳交易额上涨了10%，达7514.59亿欧元，占全球总量的87%。北美两大区域碳市场的总成交额达到626.77亿欧元，占全球总量的7%。英国碳市场的交易额为466.26亿欧元，占全球总量的5%。2018—2022年全球碳市场交易额变化如图1.22所示。

电力、钢铁等工业行业是各国碳市场覆盖的主要部门。从覆盖范围看，欧盟ETS对电力、工业、航空进行控排，涵盖排放总量占比约39%；韩国对电力、工业、建筑、废弃物、航空进行控排，涵盖排放总量占比约73%；北美魁北克省、俄勒冈州、新斯科舍省均对电力、工业、建筑、交通进行控排，覆盖排放总量占比分别为78%、43%、85%。美国RGGI仅覆盖电力行业，与中国碳市场初期一致。2021年各碳市场所覆盖的行业如图1.23所示。

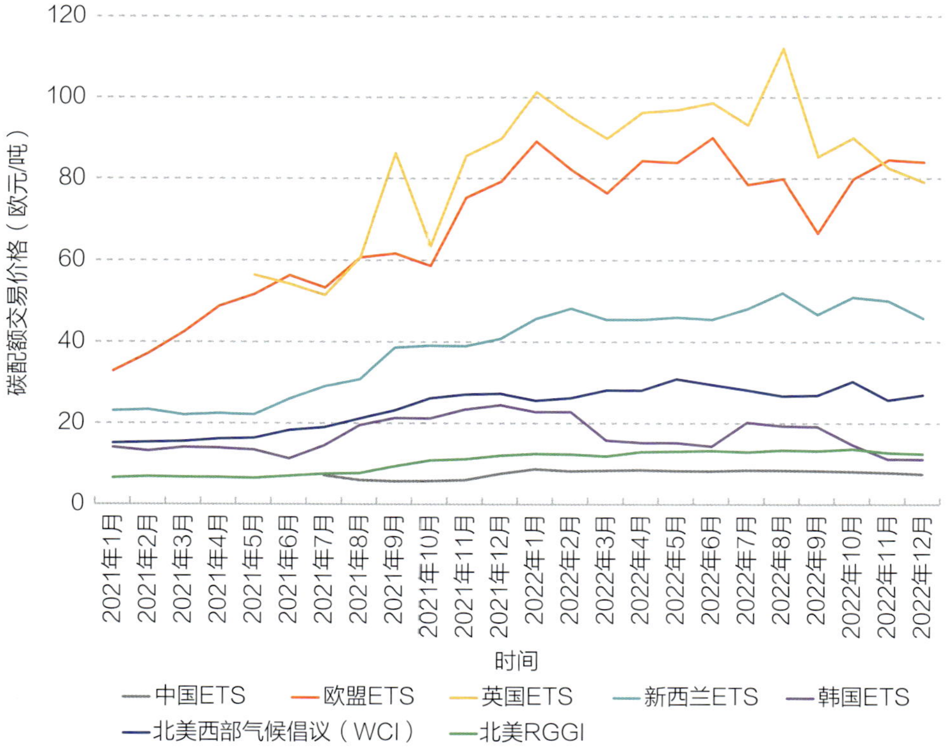

图1.21　2021—2022年度全球各碳市场月度碳配额交易价格变化（统一转换为欧元）[1]

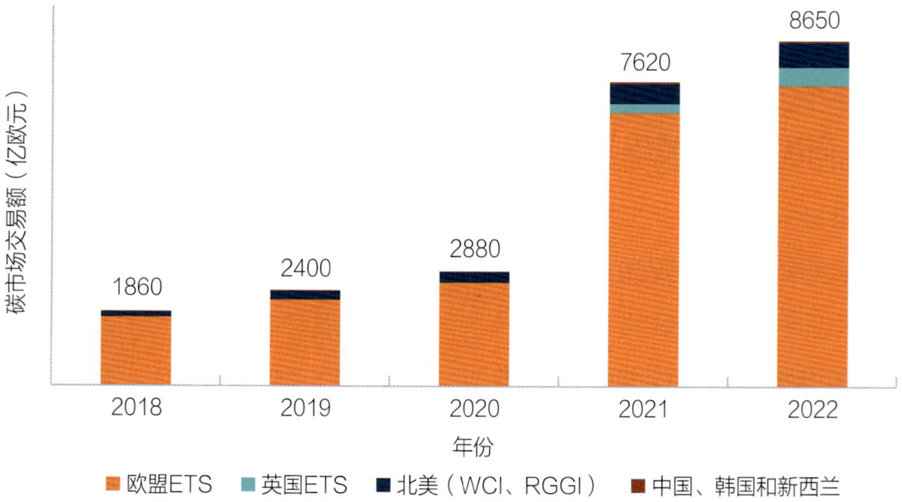

图1.22　2018—2022年全球碳市场交易额变化[2]

---

❶，❷ 资料来源：路孚特。

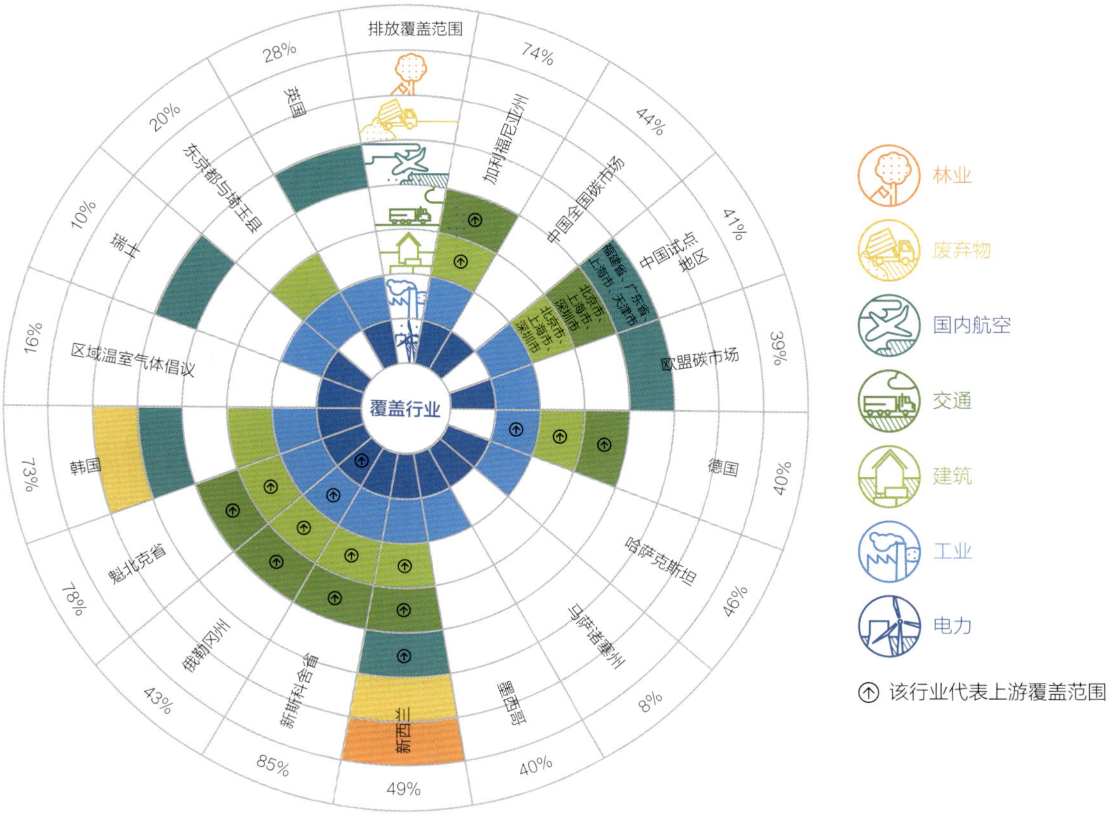

图1.23　2021年各碳市场所覆盖的行业[1]

2．电力市场

（1）各主要国家地区改革进展。

欧盟采取措施应对能源危机，酝酿电力市场改革。2022年，欧洲市场的电力交易总量为1077太瓦时[2]。欧洲电力交易所（EPEX SPOT）及其子公司在13个欧洲国家经营实体短期电力市场，覆盖中欧和西欧、瑞士、英国、北欧地区和波兰，并致力于打造泛欧电力市场。2022年，欧盟为缓解能源危机而采取了几项紧急措施，包括在选定的高峰时段将特定电力负荷减少5%，将市场收入上限设定为最高1.41元/千瓦时（180欧元/兆瓦时），并要求成员国将天然气消费量削减约15%，批准对石油和天然气公司征收临时暴利税等。这些措施比以往欧洲层面的干预措施更深入、更广泛，是控制价格飙升、解决供需双方问题的新尝试。近期，

[1] 当行业有至少一部分控排企业面临明确的履约义务时，该行业将被视为覆盖行业。中国的碳市场和区域温室气体倡议（RGGI）的覆盖数字仅反映二氧化碳排放量。

[2] 资料来源：https://www.nordpoolgroup.com/en.

欧盟委员会计划全面改革欧盟电力市场，拟将可再生能源与燃气发电价格脱钩，鼓励更低成本的可再生能源。

美国多个电力市场进一步促进改革，容量市场改革促进新能源更广泛参与市场。美国约有2/3的电力负荷处于ISO/RTO服务区，在ISO/RTO市场框架下，所有的电量都在实时市场交割，市场参与方都会建立对实时电价的预期，并基于这一预期进行远期决策，对实时电价的预期决定了日前电价和远期电价。2022年，美国联邦能源管理委员会（FERC）发布了一系列命令，修改适用于以市场为基础的能源、容量或辅助服务的公司的法规和政策。2022年8月发布的《通胀削减法案》旨在促进美国本土可再生能源发展，并将间接促进电力市场进一步改革。美国联邦监管委员会（FERC）2021年取消了对新能源参与容量市场的最低报价规定，新能源因此在容量市场变得更有竞争性。PJM最近的容量市场拍卖结果显示，成交的新能源（主要是核能和太阳能）大量增加，容量市场价格与一年前相比降了1/3，减少进入容量市场的障碍，有助于新能源更广泛地参与市场。

印度电力市场交易量上涨，通过电力监管调控电价。印度的现货市场电力交易量占总发电量的14%，中长期市场电力交易量占总发电量的6%，电力市场交易量呈上涨趋势。印度能源交易所（IEX）的交易量在2022财年（2021年4月—2022年3月）同比增长38%。除了IEX和Power Exchange India Ltd（PXIL）之外，印度第三家电力交易所Hindustan Power Exchange于2022年7月开始运营。在2022年夏季供应短缺期间，电力交易价格上涨，为维护消费者利益，中央电力监管委员会（CERC）宣布市场清算价格上限为1.04元/千瓦时（12印度卢比/千瓦时）。

中国电力市场建设持续向纵深推进。2022年全国各电力交易中心累计完成市场交易电量5.25万亿千瓦时，同比增长39%，占全社会用电量比重为60.8%，同比提高15.4个百分点。其中，跨省跨区市场化交易电量首次超1万亿千瓦时，同比增长近50%，市场在促进电力资源更大范围优化配置的作用不断增强[1]。2022年1月，中国国家发展改革委、国家能源局联合印发《关于加快建设全国统一电力市场体系的指导意见》（发改体改〔2022〕118号），提出到2025年，全国统一电力市场体系初步建成，到2030年，全国统一电力市场体系基本建成。

---

[1] 资料来源：国家能源局。

（2）各主要电力市场价格情况。

2022年，全球能源危机、能源价格猛涨、疫情反弹和供应链危机等导致多地电力批发价格大幅上涨。

欧洲电力市场受冲击最大。2022年全球电价上涨在欧洲最为明显，同比增长一倍多。欧洲多地2022年下半年平均电价达到了2019—2021年同期的四倍，德国和法国关停核电加剧电力市场供应紧张，德国批发电价达到2.6元/千瓦时（330欧元/兆瓦时），法国超过2.52元/千瓦时（320欧元/兆瓦时）。2022—2023年欧洲暖冬对抑制电价有所帮助，但与以前相比，欧洲电价仍居高不下。2022年与2017—2021年的平均批发电价如图1.24所示。

美国电价前期上涨相对温和，年底电价猛涨。2022年下半年平均批发电价约0.66元/千瓦时（91美元/兆瓦时），是2019—2021年同期的两倍多，上涨原因主要是天然气价格上涨。美国多地在12月持续经历暴雪、大风等极端天气，休斯敦地区的电价一度飙升至26.6元/千瓦时（3700美元/兆瓦时），较前一天0.41元/千瓦时（57美元/兆瓦时）的高点上涨了65倍。在圣诞周周末期间，极寒风暴向东移动，从芝加哥到弗吉尼亚，再到新英格兰地区，美国大片地区的电价水涨船高，达到了7.2元/千瓦时（1000美元/兆瓦时）大关。在得克萨斯州，电网运营商承包了至少两倍于通常代表消费者的备用电量，以避免2021年致命停电的重演[1]。

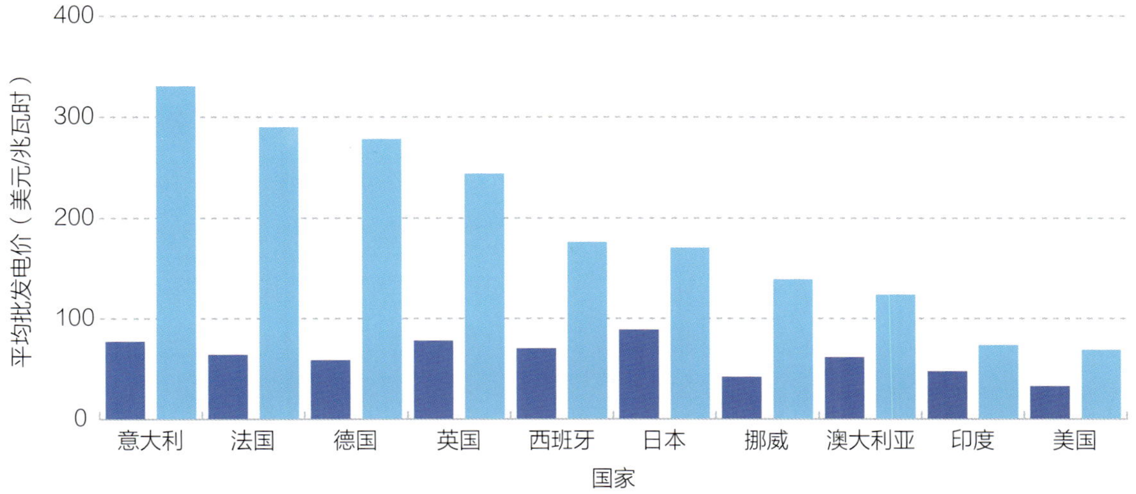

图1.24　2022年与2017—2021年的平均批发电价

[1] 资料来源：https://www.guancha.cn/economy/2022_12_28_673176.shtml.

日本的电价出现强劲上涨。日本由于能源自给率低，受化石能源上涨影响较大，2022年下半年批发电价约1.22元/千瓦时（155欧元/兆瓦时），是2021年同期的3倍多。日本各电力公司以及大小企业面临的能源成本不断加大，自2022年11月以来，日本东京电力株式会社（Tokyo Electric Power Company, TEPCO）、东北电力株式会社（Tohoku Electric Power Company）、中部电力株式会社（Chubu Electric Power Company）等5家大型电力公司都相继向政府提出10%左右的涨价申请。

中国电力价格市场化改革持续推进。2021年10月中国国家发展改革委印发了《关于进一步深化燃煤发电上网电价市场化改革的通知》（发改价格〔2021〕1439号），提出全面放开燃煤发电上网电价和工商业目录销售电价，调整和明确了煤电上网电价、用户销售电价、电网代理购电等机制。2022年，中国燃煤发电机组市场平均交易价格达0.449元/千瓦时（57欧元/兆瓦时），较平均基准电价上浮约18.3%，有力缓解了煤电价格矛盾，有助于保障电力供应安全。

1.2.4 碳排放

全球能源相关二氧化碳排放量创下历史新高。2022年全球碳排放总量将达406亿吨二氧化碳当量，其中化石燃料燃烧导致的二氧化碳排放量达366亿吨，较2021年水平增长1%，再创历史新高。全球化石燃料碳排放总量的上一个峰值出现在2019年，2022年的碳排放量再破纪录，意味着全球化石燃料碳排放已然复苏，各国需进一步加快能源清洁转型步伐，尽最大可能延缓全球温升速度。全球化石燃料二氧化碳排放变化趋势如图1.25所示。

煤炭和石油碳排放量是增长主体。从能源品种来看，煤炭和石油使用的强劲增长是2022年排放增加的主要原因，煤炭占2022年全球二氧化碳排放总量增长的40%以上。煤炭、石油、天然气燃烧产生的二氧化碳排放量分别达151亿、121亿、79亿吨。由化石燃料导致的二氧化碳排放中，煤炭贡献最大，占化石燃料碳排放总量的41.2%，较去年增长1%。由于2022年全球交通运输业（主要是航空业）的复苏，石油排放量增长约2.2%，占化石燃料碳排放总量的33.1%，但仍低于2019年水平。天然气排放量小幅下降，占化石燃料碳排放总量的21.6%。全球化石燃料二氧化碳分能源种类排放变化趋势如图1.26所示。

陆地和海洋碳汇量约占据大气中二氧化碳排放量的一半。研究表明，尽管受到气候变化带来的负面影响，陆地和海洋碳汇已经累计分别减少17%、4%，但仍

图1.25 全球化石燃料二氧化碳排放变化趋势❶

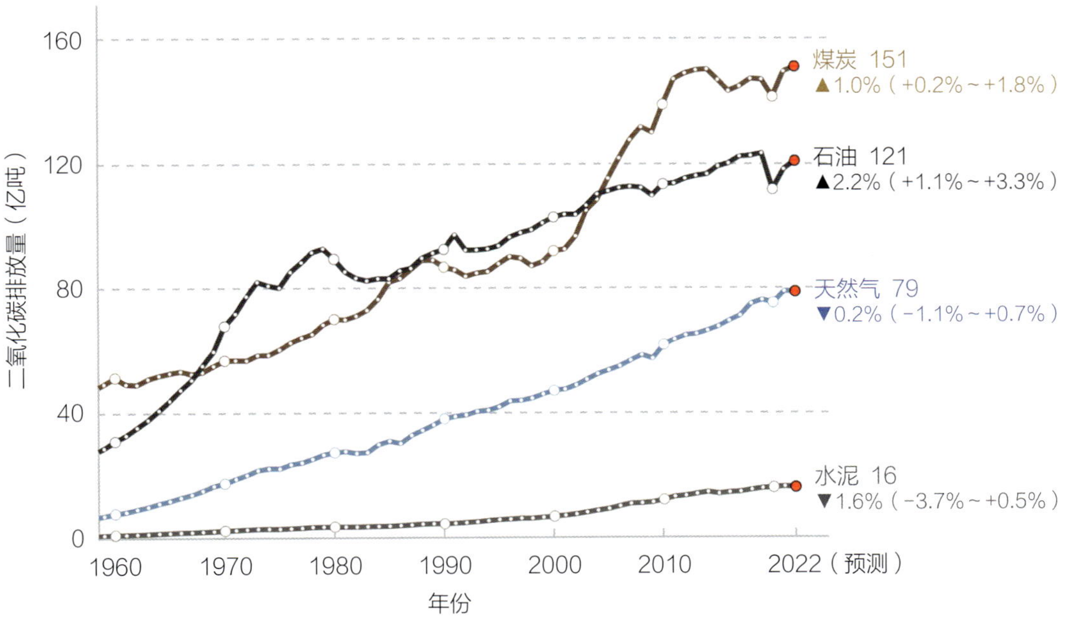

图1.26 全球化石燃料二氧化碳分能源种类排放变化趋势❷

❶，❷ 资料来源：Global Carbon Project, Global Carbon Budget 2022, 2022.

占到碳排放总量的一半左右（过去十年平均为53%）。由于大气中二氧化碳的增加，陆地碳汇在2022年吸收量约为124亿吨二氧化碳，海洋碳汇在2022年吸收量为105亿吨二氧化碳[1]。全球就保持和加强自然碳汇方面不断采取新举措，中国积极响应2022年世界经济论坛发起的“全球植万亿棵树”领军者倡议，加强现有森林资源的保育，同时力争10年内植树700亿棵。

1.3 能源互联网发展

能源互联网是实现全球清洁能源电力高效优化配置的平台，依托特高压和智能电网等先进技术，全球能源配置逐步由局部平衡向跨国跨洲全球配置转变。2022年，全球清洁能源持续保持高水平增长仍是主流态势，可再生能源发电量和装机增长远超预期，光伏发电达到历史新高。虚拟电厂、分布式发电、新型储能、充电基础设施等领域项目在欧洲、美国、日本、中国、澳大利亚等国家和地区快速发展。全球电网规模逐步增长，众多大型输电项目陆续进入规划、中标、可研、投运阶段，有力推动全球能源绿色转型。

1.3.1 清洁能源

当前多国遭遇的能源危机虽然在短期内增加了对化石燃料的需求，但从长期来看，清洁能源仍是解决人类能源问题的关键，2022年全球清洁能源发展远超预期，可再生能源发电量增长5.7%，新增装机增长8%，光伏发电达到历史新高，中国继续保持领先。

可再生能源发电量增长远超预期。2022年，全球可再生能源发电量达到8.34万亿千瓦时，较2021年增长了5.7%。地区冲突引发全球能源危机背景下，可再生能源发展势头强劲，更多国家将可再生能源视为能源安全的重要补充并加强了相关政策。同时，全球范围内较高的化石燃料价格，增加了太阳能光伏和风力发电相对于其他燃料的竞争力，推动可再生能源发

[1] 资料来源：Global Carbon Project, Global Carbcn Budget 2022, 2022.

电进一步增加。2020—2022年全球可再生能源发电量如图1.27所示。

分地区看，亚太和美洲地区贡献了98%的新增可再生能源发电量。2022年欧洲、亚太、美洲、欧亚、中东和非洲地区的可再生能源发电量分别为1.6万亿、3.8万亿、2.5万亿、0.3万亿、0.05万亿、0.2万亿千瓦时，较2021年分别增长了0.9%、6.6%、9.1%、-5.8%、13.6%和1.5%。2022年全年新增可再生能源发电量0.45亿千瓦时，其中亚太地区和美洲分别新增0.23亿千瓦时和0.21亿千瓦时，合计占比约98%。

可再生能源发电装机增长势头强劲。2022年，全球新增可再生能源发电装机容量约3.2亿千瓦，首次突破3亿千瓦大关，较2021年增长了8%，全球可再生能源发电装机累计达33.8亿千瓦。尽管新冠疫情引发了供应链紧张、建设延误和原材料及大宗商品价格上涨，高水平增长的可再生能源装机仍然是新常态，2021、2022年新增可再生能源装机占全球新增电力装机的90%。分品种看，新增光伏装机容量约1.9亿千瓦，占全球新增可再生能源装机的60%，较2021年增长了25%，主要是中国和欧盟的政策环境推动了太阳能快速部署。新增风电装机容量约0.9亿千瓦，占全球新增可再生能源装机的28%，较2021年下降了5%，主要是海上风电下降明显，陆上风电略有增加。2020—2022年全球新增可再生能源装机容量如图1.28所示。

分地区看，中国可再生能源发展表现亮眼。2022年，中国新增可再生能源装机容量1.52亿千瓦，累计可再生能源装机容量达12.13亿千瓦，较2021年增长了2.5%。其中风电、光伏发电新增装机容量达到1.25亿千瓦，占总新增发电装机

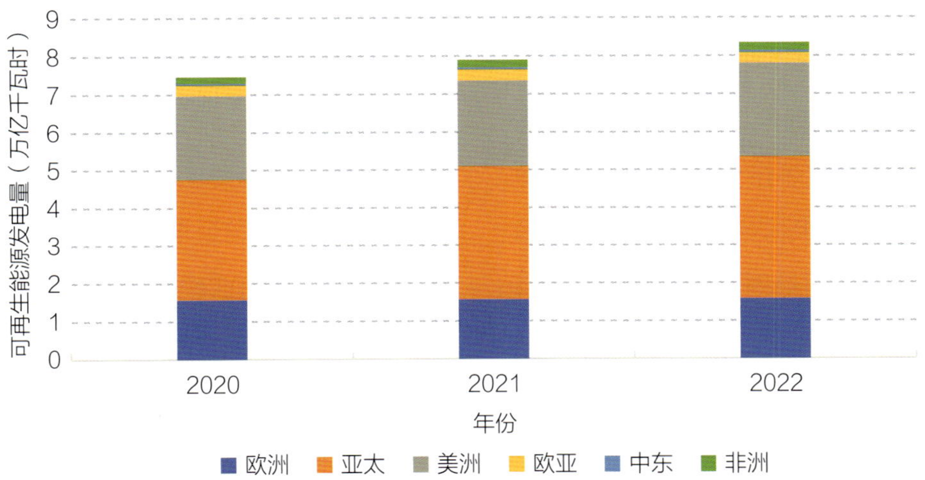

图1.27 2020—2022年全球可再生能源发电量

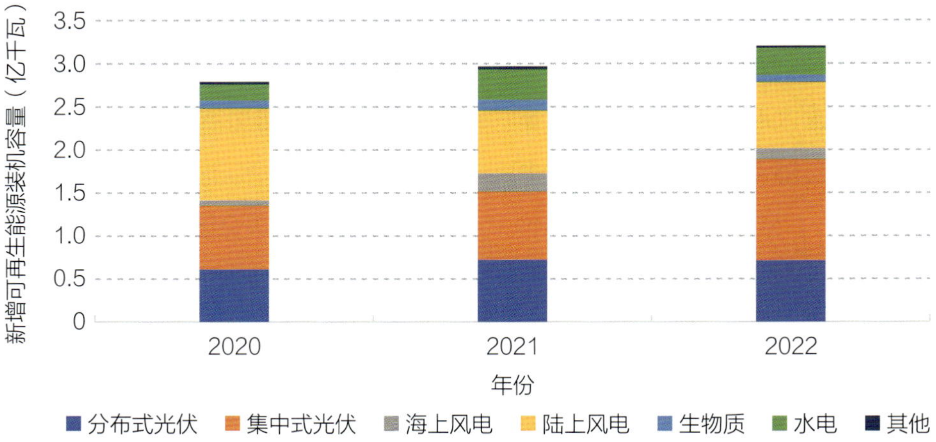

图1.28 2020—2022年全球新增可再生能源装机容量

的76.2%，已成为电力新增装机的主体。2022年，中国可再生能源发电量达2.7万亿千瓦时，占全社会用电量的31.6%，较2021年增长了1.7%，可再生能源在保障能源供应方面发挥的作用越来越明显。

1.3.2 智能电网

虚拟电厂实践在欧洲、美国、澳大利亚等发达国家和地区发展较为成熟。欧洲虚拟电厂侧重于电源侧，聚合发电资源，已进入商业化阶段，德国Next Kraftwerke是其代表企业。北美侧重于需求管理侧，聚合用电侧资源，居民积极参与需求侧管理，可获取补贴收益。2022年6月，特斯拉、PG&E联手创建由约5万个Powerwall电池组成的虚拟电厂（VPP），并为通过该VPP出售电力的Powerwall业主提供1~10美元/千瓦时的报酬（依据业主所供电量而定）。澳大利亚侧重于储能侧，澳大利亚能源市场运营商AEMO与美国Tesla公司联合开展了虚拟电厂，聚合分布式光伏和储能系统参与澳大利亚电力市场。中国处于起步探索阶段，已在江苏、上海、河北、广东等地相继开展虚拟电厂试点。2022年6月，《北京市“十四五”时期电力发展规划》首次将虚拟电厂的建设纳入电力发展规划中。美国和欧洲虚拟电厂发展历程如图1.29所示。

各主要国家分布式发电稳步发展。欧盟于2022年5月发布REPowerEu方案，提出将欧盟2030年可再生能源的总体目标从40%上调至45%，逐步强制要求新建住宅及工商业建筑上安装光伏。德国可再生能源目前大部分是以分布式接入电网，在2021年11月出台的政府三党组合联阁协议中提出未来将强制在所有适合屋顶光伏的新建住宅及工商业建筑上安装光

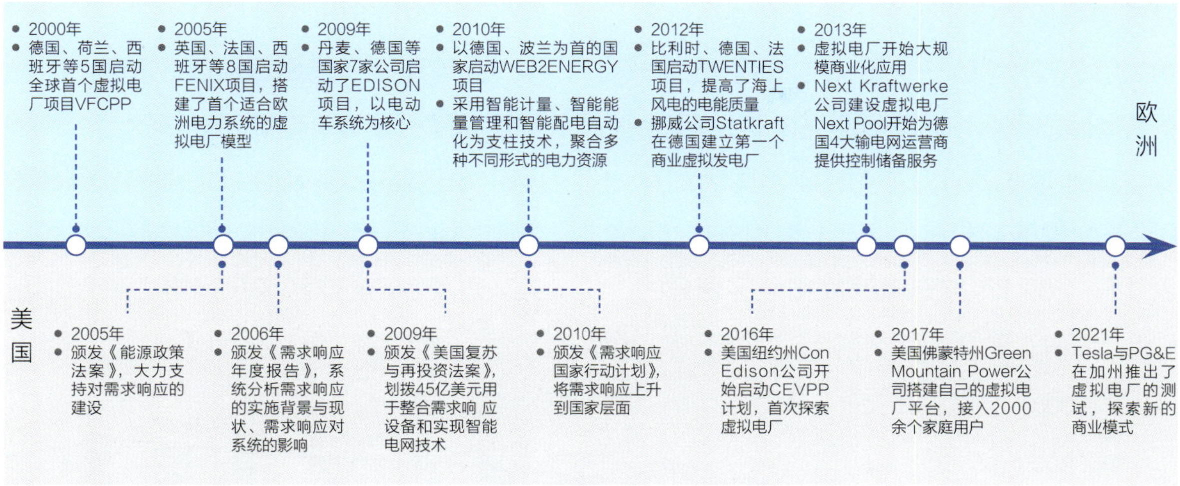

图1.29 美国和欧洲虚拟电厂发展历程

伏。为实现分布式电源快速并网，德国先后制定发布中、低压配电网并网技术标准，对各项指标均有详细规定[1]。丹麦分布式发电量超过全部发电量的50%，80%以上的区域供热能源采用热电联产方式产生，分散接入低电压配电网的风电总装机容量超过300万千瓦。中国分布式光伏发电呈高速发展态势，2022年分布式光伏新增装机容量5111万千瓦，占当年光伏新增装机58%以上[2]。中国国家能源局于2021年6月下发《关于报送整县（市、区）屋顶分布式光伏开发试点方案的通知》，明确各类建筑的屋顶光伏开发比例，公共建筑不低于40%、工商业厂房不低于30%、农村居民不低于20%，鼓励试点县开展分布式发电市场化交易。

受持续政策支持，全球电动汽车市场快速增长，带动充电基础设施不断完善，中国、欧洲是主要市场。充电桩是电网与电动汽车以及交通网络的能量传递节点，电动汽车的迅猛发展带动公共充电桩数量增加。2022年全球公共充电桩新增近100万个，较2021年增长120%，据彭博预测，2023年将新增130万个[3]。中国是全球电动汽车的领导者，2021年全球约85%的快速充电桩和55%的慢速充电桩都来自中国[4]，截至2022年12月，公共充电桩总量约180万个[5]。2022年中国公

❶ 资料来源：IEA，释放分布式能源的潜力——电力系统的机会和最佳实践，2022。
❷ 资料来源：国家能源局。
❸ 资料来源：https://www.qiche365.org.cn/index/article/detail/id/31737.html.
❹ 资料来源：IEA，全球电动汽车展望2022，2022。
❺ 资料来源：中国电动汽车充电基础设施促进联盟，2022年全国电动汽车充换电基础设施运行情况，2022。

共充电桩保有量如图1.30所示。欧洲位列第二，2021年新增快速充电桩近5万个，同比增长30%；新增慢速充电桩30多万个，同比增长30%。2021年美国大约有9.2万个慢速充电桩、2万个快速充电桩。2015—2021年按充电速度和地区划分的轻型车公共充电桩如图1.31所示。

全球新型储能高速发展，美国、中国和欧洲是引领者。储能正在成为当今许多国家用于推进碳中和目标进程的关键技术之一，全球新型储能市场保持高速增长态势。2022年全球新增投运电力储能项目

图1.30 2022年中国公共充电桩保有量[1]

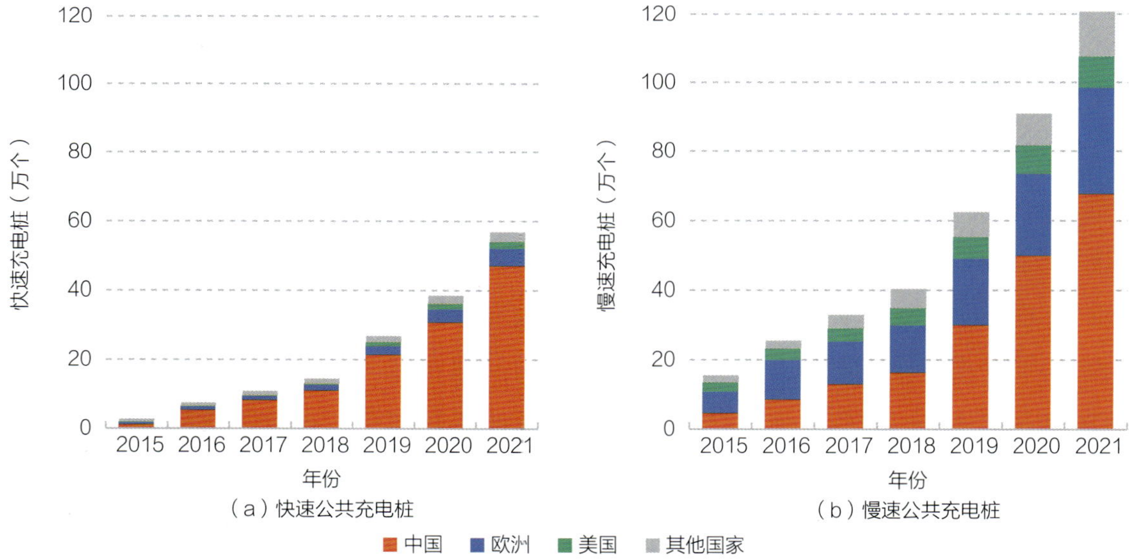

图1.31 2015—2021年按充电速度和地区划分的轻型车公共充电桩[2]

[1] 资料来源：中国电动汽车充电基础设施促进联盟，2022年全国电动汽车充换电基础设施运行情况，2022。

[2] 资料来源：IEA，全球电动汽车展望2022，2022。

装机规模30.7吉瓦，同比增长98%，其中新型储能的新增投运规模最大，达到20.4吉瓦。分国家看，2022年新增新型储能市场中，中国、美国与欧洲占主导，占比分别为36%、24%和26%，合计占比高达86%[1]。2022年3月，中国发布《“十四五”新型储能发展实施方案》，提出到2025、2030年新型储能分别由商业化初期步入规模化发展阶段，实现全面市场化发展。分应用领域看，美国、中国新增储能以源侧光储项目、独立储能电站为主；欧洲、日本以及澳大利亚的新增储能以用户侧储能为主，包括工商业储能与家庭储能[2]。2022年3月，西班牙电力供应商Endesa获批在葡萄牙Pego地区开发欧洲最大风光储一体化电站。该电站风电、光伏、储能设计装机分别为36.5万、26.4万、16.8万千瓦，同时还将配套建设500千瓦电解制氢装置。2022年10月，全球首座百兆瓦先进压缩空气储能示范电站在中国河北张家口顺利并网发电，该电站总规模为100兆瓦/400兆瓦时，每年可发电1.32亿千瓦时以上，节约标准煤4.2万吨，减少二氧化碳排放10.9万吨，是目前全球单机规模最大、效率最高的新型压缩空气储能电站。2022年全球电力储能项目累计装机分布如图1.32所示。

1.3.3 互联互通

为促进能源供应多元化和清洁转型，欧洲、非洲、东南亚和海湾国家加快推动跨国跨洲互联，众多大型输电项目取得重要突破。

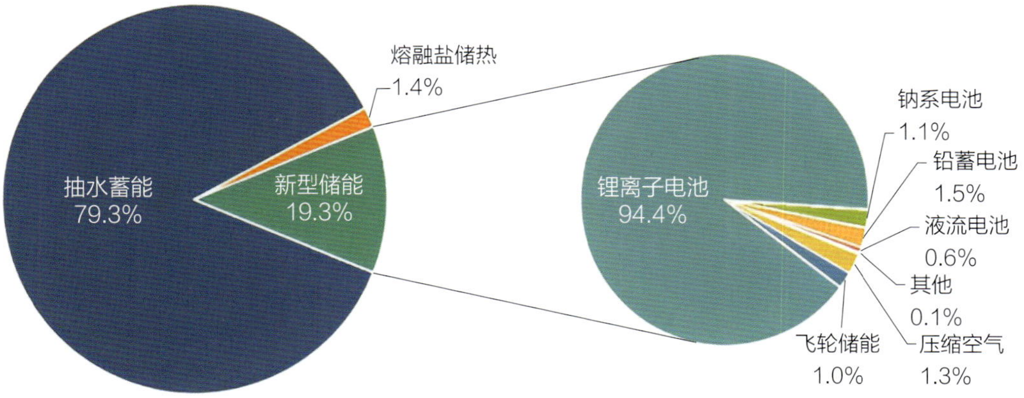

图1.32 2022年全球电力储能项目累计装机分布[3]

[1]，[3] 资料来源：中关村储能产业技术联盟（CNESA），DataLink全球储能数据库。

[2] 资料来源：https://www.cdmfund.org/32134.html.

欧洲电网整体发展水平较高，跨国跨洲互联紧密。欧洲互联电网以陆地交流互联为主，跨海直流互联为辅。欧洲共有35个国家的39家运营商加入了欧洲输电运营商联盟（ENTSO-E），形成世界最大的跨国互联电网，其中欧洲大陆、北欧、英国及爱尔兰电网主网架为400千伏，波罗的海国家电网主网架为330千伏，相互之间通过直流互联。欧洲大陆电网通过西班牙—摩洛哥的两回400千伏线路与北非互联；在东部与乌克兰电网互联；在东南部与西亚电网互联。波罗的海国家电网与俄罗斯电网互联。跨国互联方面，在ENTSO-E发布的十年网络发展计划TYNDP 2022中，共包括38个国家的141个输电项目（跨国输电项目数为85个），其中北海有22个，NSI西部和东部分别有53个、48个，BEMIP走廊有18个。在TYNDP 2022的输电项目中，有44个预计将在未来五年内投入使用，其余预计在2027—2040年服役[1]。跨洲互联方面，2022年10月，欧亚电力互联项目正式启动，第一期工程为塞浦路斯至希腊克里特岛段，全长898千米，采用±500千伏高压直流海缆完成互联，输送容量100万千瓦，预计2027年底完工。2022年9月，埃及总统与希腊电力公司董事长会谈，加快推进希腊—塞浦路斯—埃及欧非电网互联项目，该项目采用±500千伏高压直流海缆完成互联，全长1208千米，输送容量200万千瓦，预计2023年动工、2028年投运。

北美网架结构比较成熟，跨国互联基础较好。北美电网建设主要目标是提供可再生能源电力输送通道，以及解决电网稳定性和供电可靠性问题。2021—2025年，规划或在建线路共计4897条，其中450/500千伏及以上线路197条。跨国互联方面，2022年12月，美国—加拿大互联项目CHPE正式开建，该项目起自加拿大魁北克省，终至美国纽约州，全长546千米，采用±320千伏高压直流输电技术，规划传输容量125万千瓦，预计2026年投运。2022年7月，美国Ten West Link跨州输电项目获批，该项目拟将亚利桑那州太阳能电力输送至加利福尼亚州，全长183千米，电压等级交流500千伏，总输电容量320万千瓦，预计2023年投运。

亚洲各国电网发展水平差异较大，跨国跨洲电网互联具有一定基础。中国已建成世界上规模最大、配置能力最强的特高压交直流混合电网。日本、印度、泰国、马来西亚、哈萨克斯坦等国已形成

[1] TYNDP是欧盟授权ENTSO-E开展的输电系统长期发展规划，旨在加速推进欧洲能源系统低碳转型。TYNDP以10年为时间节点开展输电系统需求分析，每2年定期更新。

400/500/765千伏交流主网架。东亚、东南亚、南亚、中亚、西亚各区域国家间均建成多条跨国输电通道。跨国互联方面，2022年9月，老挝、泰国、马来西亚、新加坡四国电力一体化项目（LTMS-PIP）正式启动。2022年11月，伊朗、亚美尼亚、阿塞拜疆、俄罗斯四国电网首次完成互联后同步运行测试，标志伊朗、俄罗斯两国向电网互联目标更进一步。中亚地区电力系统最高运行电压等级为500千伏（哈萨克斯坦境内的埃基巴斯图兹—科克契塔夫—库斯坦奈段900千米线路按1150千伏设计，实际按照500千伏降压运行），500千伏和220千伏电网为中亚联合电网的主网架。中亚电网从北到南沿负荷中心呈长链式结构，在中部形成覆盖哈萨克斯坦、乌兹别克斯坦、吉尔吉斯斯坦和塔吉克斯坦的500千伏单回大环网。跨洲互联方面，2022年8月，沙特—埃及±500千伏高压直流电力互联项目获得5.68亿美元融资，该项目起自沙特麦地那，终至埃及开朗，最高传输容量300万千瓦，是中东北非地区首个大规模HVDC互联项目，预计2026年建成投运。

非洲电网整体较为薄弱，跨国互联规模较小。非洲已成立五大区域电力池，其中北部非洲五国电网已实现同步互联，并与欧洲西部和亚洲西部相连；东部非洲区内形成北、东、西三个同步电网；西部非洲电网互联较弱；中部非洲各国电网之间

基本没有互联；南部非洲电网发展非常不均衡，南非最为发达，最高电压等级为765千伏。跨国互联方面，2022年11月，埃塞俄比亚—肯尼亚±500千伏直流输电工程投入试运行，这是非洲大陆首条跨国直流输电联网工程，也是东部非洲电力互联规划主干线路。2022年12月，利比里亚国家电网正式接入科特迪瓦—利比里亚—塞拉利昂—几内亚跨境电力联网项目（CLSG），标志着西非四国互联完成，该项目全长1303千米，被誉为西非的“西电东输”工程。

南美洲主要国家电网发展水平较高，跨国互联有一定基础。目前，巴西、阿根廷、委内瑞拉、哥伦比亚、乌拉圭等国已形成比较坚强的500千伏（委内瑞拉为400千伏）交流电网主网架。巴西继续推动南美区域电网互联，正在推进与阿根廷、玻利维亚、圭亚那、秘鲁、苏里南和

乌拉圭之间的互联线路。其中，与阿根廷通过132千伏和500千伏输电线路经换流站实现互联，传输容量共105万千瓦；与巴拉圭通过4条500千伏输电线路经伊普泰水电站互联；与乌拉圭通过230千伏和500千伏两条输电线路实现互联，传输容量共57万千瓦。

大洋洲各国发展水平差异大，澳大利亚、新西兰电网基础条件较好。澳大利亚—新加坡高压直流电力互联（AA Power-link）工程有序推进，2022年3月，该项目被列入澳基础设施优先事项清单。该项目起自澳大利亚北部大型太阳能发电场（总装机容量1700万～2000万千瓦），终至新加坡，全长4200千米，投资总额约208亿美元，预计2024年开建，2029年全面投运。

1.4 技术创新

全球清洁能源技术创新高度活跃，清洁替代、新型储能、二氧化碳捕集、利用与封存是低碳能源技术创新的重点领域。全球可再生能源下降趋势有所波动，可再生能源发电成本总体呈继续下降趋势，但光伏与风电的成本下降速度有所放缓，主要受原材料、运输和成本上浮影响。储能、氢能及电制燃料原材料等技术成本不断下降，未来有潜力实现规模化应用。

1.4.1 技术进步

1. 清洁替代

（1）光伏发电

随着太阳能电池技术近年不断进步，光伏发电成本持续下降，发电规模持续扩大。晶体硅电池的各类技术中，P型发射极钝化和背面接触（PERC）单晶电池是当前最为主流的光伏电池技术，在全球的市场占有率达到约85%。N型隧穿氧化层钝化接触（TOP-Con）电池和本征非晶层的异质结（HJT）电池技术路线具有更高的理论效率极限，未来随生产成本降低及良品率提升，有望取代PERC技术成为主流的光伏电池技术路线。2022年由中国晶科能源和隆基绿能各自自主研发的N

型TOP-Con和HJT的转化效率分别可达到26.1%和26.81%，创造最新世界纪录。薄膜电池在原材料节省方面体现出巨大优势，但由于发展起步较晚、工艺稳定性不足，薄膜电池组件的光电转化效率较低。目前钙钛矿-硅叠层太阳能电池效率达到31%以上，有望突破单PN节电池的理论极限，是未来光伏技术革新升级的重要方案，目前各企业纷纷布局钙钛矿，试图在该领域抢占先机。光伏发电系统示意图如图1.33所示。

（2）漂浮式海上风电

全球漂浮式海上风电装机增长迅速，技术逐渐趋于成熟。2021年，英国新增装机容量4.8万千瓦，中国新增装机容量0.55万千瓦，另有0.36万千瓦新增装机位于挪威[1]。据全球风能理事会预测，到2030年全球漂浮式海上风电累计装机容量将达到1890万千瓦。2021年12月，全球首台抗台风型漂浮式海上风电机组在广东阳江海上风电场成功并网发电。该机组的研发考虑了台风频繁、海况复杂、波浪恶劣等工况条件，在抗台风风电机组、半潜式基础及系泊系统、压载调控、动态电缆研制、"风机+平台"一体化拖航及就位安装等漂浮式海上风电关键技术方面有重要突破。不同类型海上风电基础结构示意图如图1.34所示。氢动力海上风电运维船。海上风电场的运维船只目前基本由柴油动力驱动，会产生较大的污染。丹麦与比利时的公司联手启动示范项目，研发了世界上第一艘氢动力船员转运船，实现海

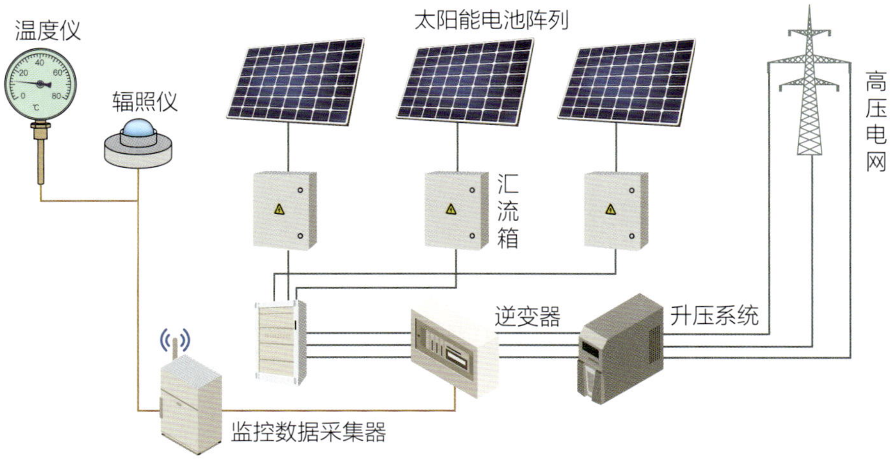

图1.33　光伏发电系统示意图

❶ 资料来源：全球风能理事会，Global Offshore Wind Report 2022。

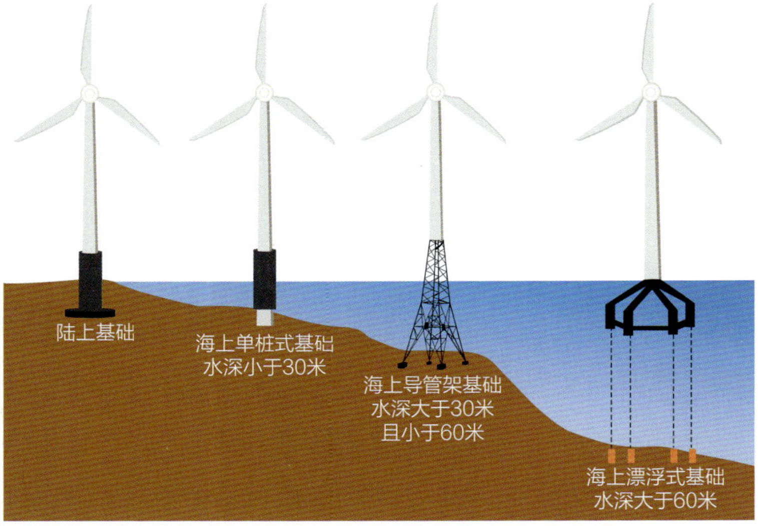

图1.34 不同类型海上风电基础结构示意图

上服务运营中的零碳排放。该示范项目的转运船将采用双燃料解决方案，由氢气和船用航油提供动力，在比利时Norther海上风电场进行测试，目前已完成海上试验并准备投运。

2. 新型储能

压缩空气储能、锂离子电池、液流电池以及氢储能等新型储能技术应用前景广阔，发展潜力大。锂离子电池储能综合性能较好，可选择的材料体系多样，技术进步较快，目前在电化学储能技术中占据主流。截至2021年底，全球电化学储能累计装机容量约2450万千瓦，其中锂离子电池储能占比约95%。压缩空气储能技术在大规模储能领域具有良好发展潜力，目前国际上已有商业化运行的传统压缩空气电站。宽工况压缩机技术、高负荷膨胀机技术、高效蓄热换热器技术及系统集成与控制等关键技术突破，已将压缩空气储能系统效率提高至60%以上，装机规模提高至十万千瓦级。锂离子电池储能总体处于规模化推广阶段，是目前装机规模最大的电化学储能技术。全球容量最大的锂离子电池储能电站为中国江苏镇江电站，装机容量为10.1万千瓦/20.2万千瓦时。补锂技术、混合固液电解质、无模组技术、高镍正极材料、碳硅负极材料等关键技术突破，已将锂离子电池储能系统循环次数提高至5000～6000次，同时安全性得到改善，能量密度提高至150～200瓦时/千克。锂离子电池原理示意图如图1.35所示。液流电池功率和容量易扩展，在大规模储能领域具有较大发展潜力。中国

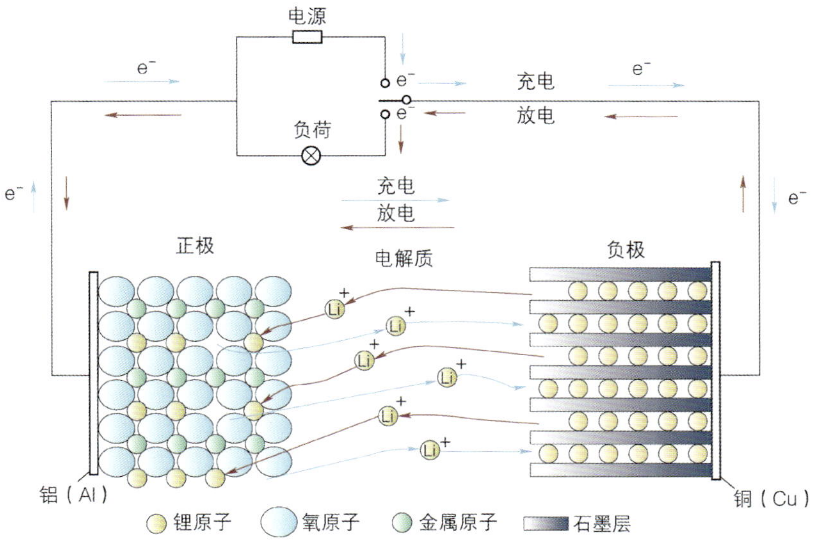

图1.35 锂离子电池原理示意图

已建成全球规模最大的全钒液流电池储能电站，容量为10万千瓦/40万千瓦时。新一代可焊接电池技术、高功率密度电堆技术以及电池系统集成和组装等关键技术突破，已将全钒液流电池转换效率提高至75%。液流电池原理示意图如图1.36所示。氢储能作为长期储能技术，具有良好发展前景，目前处于工程示范阶段。世界各国相继制定了氢能技术路线图，中国也将氢能作为长期发展战略，并开展了工程应用。改善碱性电堆电极与隔膜材料、高可靠新型高压储氢、质子交换膜燃料电池等关键技术突破，已将电-电整体转换效率提高至30%~40%，储氢密度提高至10~15摩尔/升。

3. 二氧化碳捕集、利用与封存

二氧化碳捕集、利用与封存（CCUS）行业已进入快速增长期。2022年，全球碳捕获、利用和储存的二氧化碳排放量就达到4700万吨[1]，相比于2010年增加了约2.5倍[2]。随着碳减排关注度的持续提高，CCUS技术取得了前所未有的进展，部分技术已经具备商业化应用潜力，项目示范和工程实践也在逐步深入。碳捕集技术方面，燃烧后捕集相对成熟，可用于大部

---

[1] 资料来源：IDTechEx, Carbon Capture, Utilization, and Storage (CCUS) Markets 2023-2043, 2022.

[2] 资料来源：IEA, About CCUS Playing an important and diverse role in meeting global energy and climate goals, 2021. https://www.iea.org/reports/about-ccus.

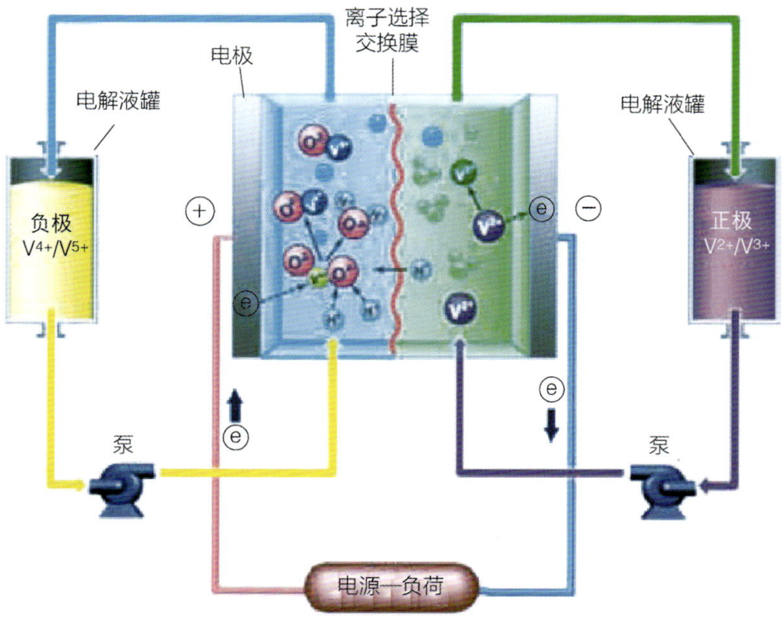

图1.36　液流电池原理示意图

分火电厂的脱碳改造。随着新型膜分离技术和增压富氧燃烧技术进步，第一代捕集技术趋于成熟，第二代捕集技术处于实验室研发或小试阶段[1]。输送技术方面，目前全球二氧化碳陆路车载运输和内陆船舶运输技术较为成熟，陆地管道输送技术是最具应用潜力和经济性的技术，海底管道输送技术尚处于概念研究阶段。封存技术方面，中国的深层咸水层封存技术已经实现了十万吨级的工程示范，油气藏封存和海洋封存技术均完成了中试，其中海洋封存于2021年启动了首个示范项目的建设开工，并于2022年6月正式完工投运。利用技术方面，地质利用中，二氧化碳强化石油开采技术（CO_2-EOR）已应用于中国首个百万吨级CCUS项目（齐鲁石化—胜利油田CCUS项目），矿化利用已经处于工业试验阶段，二氧化碳强化天然气、强化页岩气开采技术尚处于基础研究阶段；化工利用是将二氧化碳作为碳源，合成甲醇、烯烃等高价值化工品，实现资源化利用，但经济成本还处于较高水平，未能商业化；生物利用方面，以生物转化为主要手段，将二氧化碳用于生物质合成，可生

[1] 资料来源：蔡博峰，李琦，张贤等，中国二氧化碳捕集利用与封存（CCUS）年度报告（2021）——中国CCUS路径研究。

产食品、饲料、生物肥料、生物燃料和气肥等，产品附加值较高，经济效益较好，目前已有部分工业示范。

1.4.2 成本变化

1. 可再生能源发电

随着技术已经成熟，光伏与风电的成本下降速度有所放缓，且受到了暂时性供应链障碍的影响。到2022年3月，PV级多晶硅的价格上涨了四倍多，钢铁上涨了50%，铜上涨了70%，铝上涨了一倍，货运成本上涨了近五倍。与2020年相比，2022年新建大规模光伏电站和陆上风电场的总体投资成本将增加15%～25%[1]。

强有力的创新投资激励对于加速低碳技术变革至关重要，可再生能源发电成本总体呈继续下降趋势。提升电池效率是实现光伏技术成本降低的最重要途径。全球光伏发电近年来发展快速，电池组件效率的提升、规模经济等因素促进光伏发电成本逐年下降。全球光伏发电的平准化度电成本LCOE已降到0.34元/千瓦时（4.8美分/千瓦时）。全球陆上风电正处于规模化发展阶段，陆上风机设备技术不断进步，市场竞争日益完善，促进陆上风电的成本不断降低。全球陆上风电的平准化度电成本LCOE已降到0.23元/千瓦时（3.3美分/千瓦时）。随着海上风电产业规模逐渐扩大，海上施工和运营经验日趋成熟，海上风机及相关设备造价逐步下降，海上风电的成本也在不断降低。全球海上风电的平准化度电成本LCOE已降到0.53元/千瓦时（7.5美分/千瓦时）[2]。

2. 储能

随着压缩空气储能关键技术的突破以及示范工程的推进，空气压缩机、透平机、储气罐等关键新型设备的规模化和标准化，系统成本已下降至约5000～6000元/千瓦。随着电动汽车的大规模普及和

[1] 资料来源：IEA, Renewable Energy Market Update: Outlook for 2022 and 2023, 2022.
[2] 资料来源：IRENA，2021年可再生能源发电成本报告，2022。

锂离子电池储能的规模化推广，正负极材料、电解液、系统组件成本都已呈现不同程度下降，储能系统成本已下降至1400～1800元/千瓦时，其中电池系统成本约为1000～1300元/千瓦时。随着全钒液流电池的推广应用，可焊接离子传导膜和钒回收技术的不断成熟、膜材料的国产化、电极材料的标准化生产以及电解液租赁的商业模式，已将全钒液流电池系统成本降低至约3000～3500元/千瓦时。随着氢储能示范工程推进，碱性电解槽制氢、气态储氢及质子交换膜燃料电池等制氢、储氢及用氢设备造价不断降低，设备利用率不断提高，氢储能系统成本已下降至1万～1.3万元/千瓦。

2 全球能源发展热点分析

2022年全球能源发展热点频发。地缘关系、极端天气、绿氢新技术的发展在全球范围产生较大影响和关注。以俄乌关系为代表的地缘冲突对全球能源体系乃至政治、经济、社会各领域都产生了巨大影响。特别是全球能源体系暴露出市场、安全、结算等方面的诸多问题，将加速全球能源格局重塑。极端天气成为电力“灰犀牛”，不断挑战电力系统安全性，构建气候适应型电力系统，减少和管理气候风险成为电力系统的重要发展方向。绿氢是联结清洁能源和终端用能的关键纽带，构建电-氢协同能源配置格局，能够为全球绿色转型提供成本低、效率高、系统灵活的创新解决方案。

2.1 地缘冲突与能源安全

俄乌冲突引发全球能源危机，给世界能源发展带来广泛深刻的影响。俄乌冲突暴露出建立在化石能源基础上的世界能源体系的诸多弊端，将推动世界能源格局加速重构。实现世界能源可持续发展，关键是加快能源绿色低碳转型，推动能源生产清洁替代、能源消费电能替代和能源系统互联互通。

2.1.1 全球性能源和经济的蝴蝶效应

俄乌冲突已持续一年有余，引发全球性能源危机的同时，产生了一系列蝴蝶效应影响到全球经济复苏。重塑全球能源市场格局，欧洲逐渐摆脱俄罗斯能源供应依赖，俄罗斯将能源出口重心转向亚洲。

1．能源市场供需波动

冲突爆发导致能源价格高位波动。2022年2月24日俄乌冲突爆发后，全球能源价格大幅上涨，能源市场紧平衡状态加剧。天然气领域，欧洲天然气价格在俄乌冲突前为88.89欧元/兆瓦时，冲突期间最高已经达到345欧元/兆瓦时峰值[1]。石油领

[1] 资料来源：英为财情https://cn.investing.com/commodities/ice-dutch-ttf-gas-c1-futures-historical-data.

域，由于西方3月对俄罗斯石油禁运，布伦特原油达到140美元/桶，环比冲突前涨幅达45.8%[1]。煤炭领域，欧洲因3月初的对俄“禁煤令”，一度涨到近450美元/吨，环比冲突前涨幅达135.6%[2]。电价领域，天然气价格传导致欧洲电价巨幅波动，相较冲突前，欧洲主要国家德国、法国、英国的日前现货市场电价最高涨幅分别达到365%、222%、318%[3]。欧洲主要国家德、法、英电力现货市场价格波动情况及重要节点事件如图2.1所示。

因供需结构趋于稳定，能源价格持续下跌。截至2023年3月，全球石油、天然气和煤炭价格持续下跌，甚至跌破俄乌冲突前的价格水平。天然气领域，欧洲天然气进口转向美国、挪威和中东，同时因欧洲暖冬及库存充盈的双重利好，欧洲天然气于2022年10月开始稳步下降，截至目前已跌至冲突前一半。石油领域，美国在石油领域取代俄罗斯，成为欧盟最大原油供应国。2022年12月，欧盟实施石油限价令，石油价格下降至80美元/桶左右。

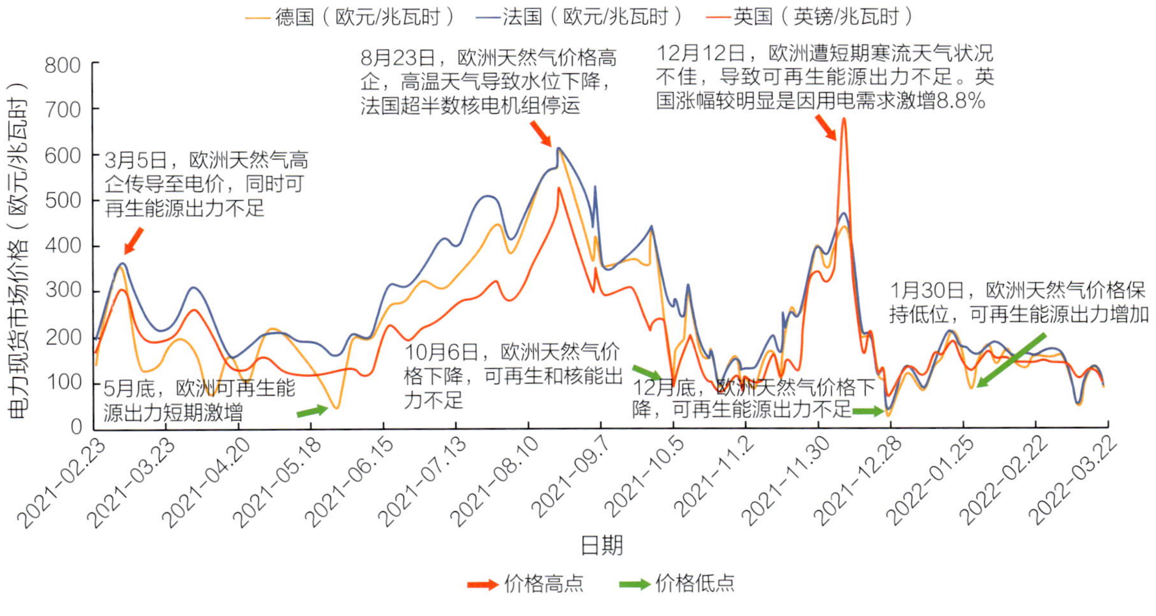

图2.1 欧洲主要国家德、法、英电力现货市场价格波动情况及重要节点事件

[1] 资料来源：英为财情https://cn.investing.com/commodities/brent-oil-historical-data?cid=1184864.

[2] 资料来源：英为财情https://uk.investing.com/commodities/rotterdam-coal-futures-historical-data.

[3] 资料来源：欧洲电力现货市场https://www.epexspot.com/en/market-data.

煤炭领域，欧洲改变煤炭进口结构，拓展了从澳大利亚、南非和中东等地的进口，使得价格逐渐趋于下降，截至目前也已跌超俄乌冲突前价格。电价领域，伴随着欧洲暖冬和天气条件转好，可再生能源出力增加，欧洲电力市场现货价格持续下跌，目前基本达到冲突前一半的水平。国际大宗商品价格波动对比情况见表2.1。

2. 能源版图加速重构

欧盟能源进口“向西看”。由于俄罗斯与欧洲的地理位置以及俄罗斯能源价格优势，欧洲各国均对俄能源进口的依赖度极高，2020年欧盟天然气、石油、煤炭对俄依赖度分别为41.1%、26.9%、46.7%[1]。俄乌冲突爆发后，欧盟被迫重新考虑能源供应渠道。天然气领域，2022年，欧洲自俄管道购气同比下滑54.5%，欧洲自美国购液化天然气（LNG）同比大幅增加151%，美国已取代俄罗斯成为欧洲最大的天然气供应商。石油领域，欧盟一方面联合美国准备释放1.2亿桶石油储备来缓解欧盟用油压力，另一方面支持挪威大力开采北极油气资源。2022年，美国对欧洲的原油出口量较2021年增长了41%。煤炭领域，欧盟持续推进能源转型，改变煤炭进口结构，寻求从澳大利亚、非洲等地进口。电力领域，欧盟一方面加强对乌克兰、摩尔多瓦电网一体化建设，拓展欧洲电力市场版图，另一方面计划重启跨地中海海底电网从北非输入电力。2020年欧盟天然气和石油进口结构如图2.2所示。

俄罗斯能源出口“向东看”。为替代西方制裁导致的需求缺口，俄罗斯在冲突爆发后更加关注对亚太地区的能源出口。天然气领域，2022年，因欧洲国家拒买俄罗斯天然气、北溪管道遭到破坏，俄罗斯调整天然气出口方向，对中国的天然气出口迅猛增加，2022年出口量增至154亿

表2.1 国际大宗商品价格波动对比情况

项目	2022年2月23日价格	2023年3月23日价格	变动（较2022年2月23日）
布伦特原油（2023年5月期货合同，美元/桶）	96.84	76.81	-20.68% ↓
TTF天然气（2023年4月期货合同，欧元/兆瓦时）	88.89	43.75	-50.78% ↓
鹿特丹煤炭（2023年3月期货合同，美元/吨）	190.65	137.1	-28.09% ↓

[1] 数据来源：https://www.visualcapitalist.com/visualizing-the-eus-energy-dependency/.

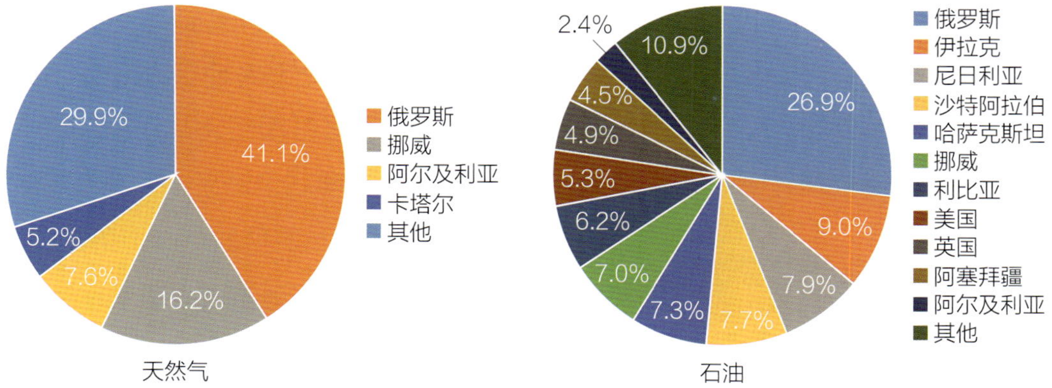

图2.2　2020年欧盟天然气和石油进口结构

立方米，同比增长48%。石油领域，针对西方国家的石油禁运，俄罗斯转向对友好国家增供，通过向科兹米诺港（俄远东海参崴港口）增供，确保了2022年对亚太国家石油出口增加到4200万吨。煤炭领域，中国和印度成为2022年俄罗斯主要煤炭出口国，2022年俄罗斯对中国出口煤炭同比增长11.2%至5952万吨，对印度出口同比增长147.8%至1670万吨。

能源安全受到空前重视。本次能源危机发出警示，能源作为经济社会发展的重要基础，事关国计民生和国家安全。很多国家将能源安全上升到前所未有的战略高度，纷纷出台相关政策，拓展能源供给渠道，加快调整能源结构，以更大力度推进能源转型。欧盟提出REPowerEU计划，将通过节能、能源供应多样化和加速可再生能源的部署来减少对俄依赖，欧盟还将2030年可再生能源的总体目标从32%提高到45%。美国通过《降低通胀法案》大力推动使用太阳能、风能和电动汽车、CCUS和氢能等清洁能源技术。日本启动“绿色转型”计划，将重启部分核电，并将致力于提高能效、发展可再生能源、储能和先进核技术，以实现到2050年碳中和。印度公布的国家电力发展计划中将清洁能源置于首位，未来十年可再生能源容量将增加250%。

3. 影响全球经济复苏

欧盟经济遭受重创。本次冲突推高能源和相关大宗商品价格，导致欧盟企业用能成本和原材料成本增大、利润降低、产能下降。美国铝业西班牙分公司关闭22.8万吨产能；德国铝业巨头TRIMET因电价过快上涨宣布计划减产30%。德国工业协会表示，德国能源密集型产业受损严重，化工、钢铁、有色金属等主要行业面临停摆。能源价格冲击使欧盟2022年GDP增长仅约0.7%，英国2022年GDP增速为负，持续的高能源价格削弱商业竞争力，导致欧洲经济衰退。

全球经济复苏不确定性显著增大。新冠疫情暴发后，全球经济复苏基础薄弱。本次冲突导致物价上涨、通胀加剧、产业链供应链紊乱，打破了原有的国际经济秩序，全球经济复苏不确定性进一步增大。一方面，油气价格上涨加重美、欧、拉美、南亚和非洲等区域通货膨胀，全球通胀形势进一步恶化。根据国际货币基金组织的估算，2022年世界平均消费物价指数增长8.8%，达到21世纪以来的最高全球通胀水平，其中美国全年平均消费物价指数增长率约为8.1%，为40年来最高水平；欧元区全年平均消费物价指数增长率约为8.3%，为1992年以来最高水平。另一方面，经济全球化动力不断受压。本次俄乌冲突将导致一些国家内顾倾向强化、单边主义上升、资源保护主义抬头。受此影响，能源缺、原料荒、运费升、港口堵、物价涨等问题在较长时间内难以彻底缓解，越来越多的国家和企业被迫重置供应链，在本土或本地区进行生产和分包，将严重拖累各国经济增长。IMF最新预测，2022年占全球经济总量86%的143个经济体增速将明显下降。英国经济学人智库预测，未来10年世界经济增速仅为21世纪头10年的一半。

2.1.2 地缘冲突带来的发展启示

俄乌冲突对世界能源发展产生广泛而深远的影响，揭示了化石能源体系的诸多弊端，在加快能源资源开发、推动能源互联互通、促进绿色低碳转型、实现能源可持续发展等方面，为世界能源发展带来许多深刻启示。

1．资源安全是能源安全的根基

近年来，随着世界能源需求持续快速增长，能源在国际贸易中的权重不断增大，能源资源成为各国利益博弈的焦点，保障化石能源供给、抢占清洁能源制高点成为全球竞争的重要内容。

化石能源资源博弈影响地缘政治走向。当前，全球化石能源消费占一次能源消费总量的79%，是世界能源体系的主导能源。回顾1973、1979、1990年三次全球能源危机，都具有明显的地缘政治因素，对石油资源的争夺导致供给端产量大幅下降，全球石油供不应求、价格飙升，严重冲击全球经济社会发展。

清洁能源资源日益成为能源博弈的重要领域。近年来，随着清洁能源技术经济性快速提升，世界各国纷纷将清洁能源视为能源转型的突破口，积极制定政策措施抢占新一轮能源革命制高点。随着能源转型快速推进，清洁能源在世界能源体系中的主导地位将更加凸显，掌握了清洁能源资源，就是占据了全球能源治理的制高点，将为提升全球影响力发挥关键作用。

2. 互联互通的能源共同体是关键

推动能源互联互通，打造能源命运共同体，符合历史发展规律，将为推动资源开发、降低用能成本、保障能源安全发挥关键作用。

互联互通是基于能源资源禀赋的必然选择。全球能源资源分布很不均衡，资源禀赋和能源需求呈逆向分布特征。从清洁能源看，全球70%的风能分布在高纬度地区及各洲近海地区，85%的太阳能分布在低纬度赤道地区附近，清洁能源富集地区与负荷中心相距数百到数千千米，需要就地转化为电能、远距离输送才能实现清洁能源规模开发和优化配置。全球能源资源和需求逆向分布，这一特征决定了只有通过互联互通，走大范围配置的道路，才能满足全球能源需求。

互联互通是降低能源开发成本的最佳方式。加强互联互通，扩大能源配置范围，能够实现供给侧和需求侧高效对接，大幅降低能源开发利用成本，是最具经济效益的能源开发方式。中国西部、北部能源基地的电力通过特高压输送至东中部，落地电价比当地火电上网电价低5~8分/千瓦时，送端、受端地区均能收益。太阳能、风能、水能等清洁能源具有波动性、随机性和跨时空互补特性，通过互联互通，能够充分统筹时间差、季节差、资源差，降低清洁能源开发成本，实现多种清洁能源的互补互济和高效利用。

互联互通是保障能源安全的必由之路。本次俄乌冲突期间，美国仍大量进口俄罗斯石油，多个欧盟国家同意用卢布购买俄罗斯天然气，印度加大对俄罗斯煤炭采购，“能源独立”的政治口号并没有改变能源互联互通的格局。在全球能源一体化程度日益加深的今天，积极融入全球能源市场，扩大能源供给渠道，形成广泛互联的能源供应体系，才能够在常规和紧急情况下，有效发挥互联互通的大范围支撑作用，满足各国能源需求。

3. “两个替代”是可持续发展的治本之策

在应对气候变化大背景下，以化石能源为主的世界能源发展方式难以为继，俄乌冲突凸显了加快能源转型的重要性和紧迫性。解决世界能源发展问题，需要树立全球能源观，加快推动全球能源变革转

型，全面推进清洁替代和电能替代（“两个替代”），建设全球能源互联网，为世界提供更安全、更清洁、更高效、可持续的能源供应。

建立在化石能源基础上的世界能源供应体系面临系统性风险。工业革命以来，全球已累计消费化石能源超过6000亿吨标准煤，按目前开发强度，全球已探明剩余石油和天然气储量分别只能开采50年和51年，将有限的化石能源作为燃料使用不可持续，面临巨大资源风险。全球化石能源消费占全球碳排放总量的80%，截至2021年底，全球平均温度比工业革命前上升1.2℃，按此趋势，到21世纪末将超过3℃，造成不可逆转的灾难，面临全球气候变化风险。

应对化石能源挑战，关键是遵循能源发展规律，加快实施“两个替代”。全球清洁能源资源丰富，太阳能、风能、水能理论蕴藏量超过130万亿千瓦，仅开发万分之五就能满足世界能源需求。电能是清洁、高效、零排放的能源，产生的经济价值相当于等当量煤炭的17.3倍、石油的3.2倍。电能占终端能源比重每提高1个百分点，能源强度下降3.7%。解决全球能源问题，治本之策是转变能源发展方式，加快推进清洁替代和电能替代，彻底摆脱化石能源依赖。清洁替代就是在能源生产环节以清洁能源替代化石能源发电，加快形成清洁能源为主的能源供应体系。电能替代就是在能源消费环节以电代煤、以电代油、以电代气、以电代柴，用的是清洁发电，加快形成电为中心的能源消费体系。

现代能源技术水平和经济性大幅提升，为加快实施“两个替代”、促进能源转型奠定坚实基础。随着技术进步，新能源的经济性和竞争力不断提高，过去5年，全球风电、光伏发电成本分别下降了30%、75%。南美、西亚多个光伏、风电项目中标价已低至2美分/千瓦时，预计2025年，光伏和陆上风电竞争力将全面超过化石能源发电。总的来看，加快实施“两个替代”，技术上可行、经济上有竞争力，加快发展的条件已经具备。

全球能源互联网为实现世界能源变革转型提供了高效可行的系统解决方案。全球能源互联网是能源生产清洁化、配置广域化、消费电气化的新型能源系统，是清洁能源在全球范围大规模开发、输送和使用的重要平台。一是提高能源转型质效。构建全球能源互联网，将促进全球水、风、光等清洁能源大规模开发利用，相比现有发展模式，全球清洁能源开发速度和全社会电气化率增速均将提高1.5倍以上，到2050年全球清洁能源占一次能源比重超过80%、电气化率超过60%。二是减少温室气体排放。建设全球能源互联网，能源相关碳排放将在2025年前后达峰，2050年左右基本净零，全社会碳减排边际成本仅为15美元/吨二氧化碳，以更快速度、更低成本、更优路径实现《巴黎协定》目标。三是保障能源永续供应。构建全球能源互联网，全球人均年用电量将从2016年的3100千瓦时增长到6200千瓦时，提高1倍；每年减少用电成本1.8万亿美元，根本解决8亿多人用不上电、30亿人用不起电的问题，让人人享有清洁、经济、高效的可持续能源。全球温室气体排放预测如图2.3所示。

4. 能源转型在经济复苏与可持续发展中起关键作用

加快能源转型是事关人类可持续发展的战略举措，不仅为保障能源安全发挥关键作用，还将带动产业升级，促进经济发展、创造合作空间，是一举多得的战略举措。

打造经济复苏新引擎。当前，世界经济深度调整、复苏缓慢，增长动力不足。加快推动能源变革转型，将打造“后疫情时期”经济增长新引擎，带动智能电网、特高压、清洁能源等投资建设，加快大数据、物联网、云计算、人工智能等前沿技术突破，打造新型数字经济、共享经济和平台经济，为全球经济增长提供强劲动力。经研究测算，以全球能源互联网推动全球能源变革转型，总投资超过38万亿美元，包括电源投资27万亿美元、电网投资11万亿美元，将累计新增就业岗位1亿个，拉动全球经济年均增长0.2个百分点。

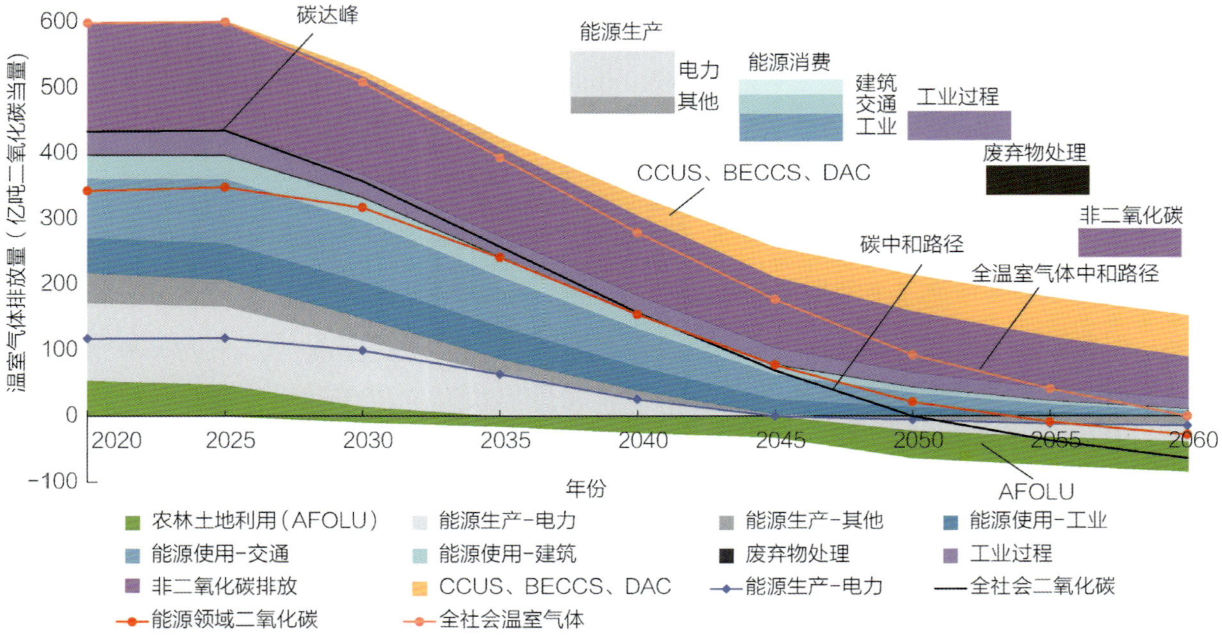

图2.3 全球温室气体排放预测

创造发展合作新空间。加快推动全球能源变革转型，将推动清洁能源开发和共享，资源输出国、途经国、受入国都能获益，增进国家互信，减少化石能源竞争引发的对立冲突；将充分发挥发达国家和发展中国家在技术、市场、资源等方面的互补优势，打造和平、普惠、共赢的全球治理新格局，实现全球包容性增长和共同繁荣，让世界成为一个能源充足、天蓝地绿、亮亮堂堂、和平和谐的“地球村”。

2.2 极端天气对电力安全的挑战

受全球变暖影响，极端天气发生频次和强度持续升高，对电力保供和生产生活造成严峻挑战，电力系统的气候敏感性急剧增加。气候变化和极端天气事件正在成为影响电力行业运行和发展的重要因素，未来如何构建气候适应型电力系统，是新型电力系统发展面临的重大问题与挑战。通过构建气候适应型电力系统，减少和管理气候变化风险，是未来重要发展方向。

2.2.1 极端天气事件

天气是影响供电安全的重要因素，近一半大停电事故[1]由天气特别是极端天气[2]诱发。据统计[3]，1965年至今全球共发生191次大停电事故，其中88次都与异常天气或气象要素变化有关。2000年以来，极端天气诱发的大停电事故频次显著增加。例如，2004年7月希腊雅典遭遇高温天气，制冷负荷飙升，运行机构应对缓慢导致线路过负荷，引发连锁停电，造成雅典城区近3/4的地区断电。2021年2月美国得克萨斯州遭遇寒潮，天然气井口、供气管道冻结导致天然气产量下降，风机叶片结冰导致风电出力不足，影响450万人用电。1965—2022年大停电总次数与极端天气诱发的大停电次数如图2.4所示。

全球范围内观测到的极端天气事件发生频率升高，未来受气候变化影响，复合型极端气候事件发生频率更高、强度更大、范围更广。政府间气候变化专门委员会（IPCC）第六次评估报告指出，在全球45个区域中，有41个区域（占91%）观测到明显的极端高温现象增加趋势，有12个区域（占27%）观测到明显的极端干旱现象增加趋势。如果全球温升幅度达到2℃，到21世纪末十年一遇的干旱事件发生概率将提高2.4倍，十年一遇的高温

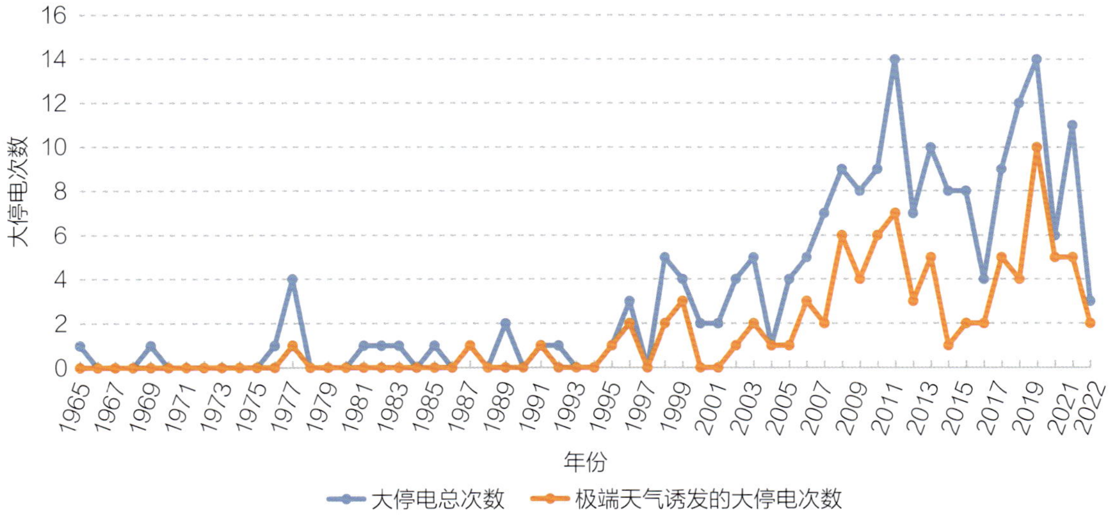

图2.4 1965—2022年大停电总次数与极端天气诱发的大停电次数

1. 大停电事故是指受影响人数超过一千人、停电时间超过一小时且总影响程度超过一百万人·小时的停电事故。
2. 极端天气是指特定地区在一定时间内出现的历史上罕见的气象事件，主要包括极端高温、极端低温、极端干旱、极端降水等。
3. 统计数据来源于wikimili数据库。

事件发生概率将提高5.6倍，五十年一遇的高温事件发生概率将提高13.9倍。

气候变化导致极端天气事件频发，影响电力供应安全。随着全球变暖和气候异常加剧，未来极端天气气候事件将成新常态，呈现“频次高、影响广、时间长、危害大”等新特征，超出现有认知。“双碳”目标下新型电力系统水风光等可再生能源占比将进一步提高，全球水风光等气候资源将通过大规模开发、配置和使用成为主导能源，能源电力系统与气候系统深度耦合形成复杂巨系统。在未来能源-电力-气象-生态系统深度耦合背景下，电力系统源、网、荷、储基础设施与天气气候关系复杂交织，极端天气气候事件作为“风险倍增器”，将加剧电力系统安全稳定运行面临的挑战。极端高温干旱事件影响可再生能源出力机理框架如图2.5所示。

2.2.2 电力系统安全挑战

1．电力供应体系与气候环境系统深度耦合

极端天气引发“夏丰不丰”困局，水电不确定性显著增加。极端高温干旱引发水电季节性特征改变。极端高温往往伴随高压气候系统，同时导致降雨下降和蒸散增加，易形成复合型极端高温干旱事件，导致地表径流不足、江河水位下降，从而影响水电出力。例如2022年中国受西太平洋副热带高压影响，7月以来长江流域降雨量较常年同期偏少46%，四川水电来水偏枯达五成，8月中国水电发电量同比下降超过10%。受持续性高温干旱天气影响，欧洲多条河流严重缺水，截至2022年7月底，水电大国挪威的水库平均蓄水率为68%，较过去10年同期平均水平低约10个百分点。

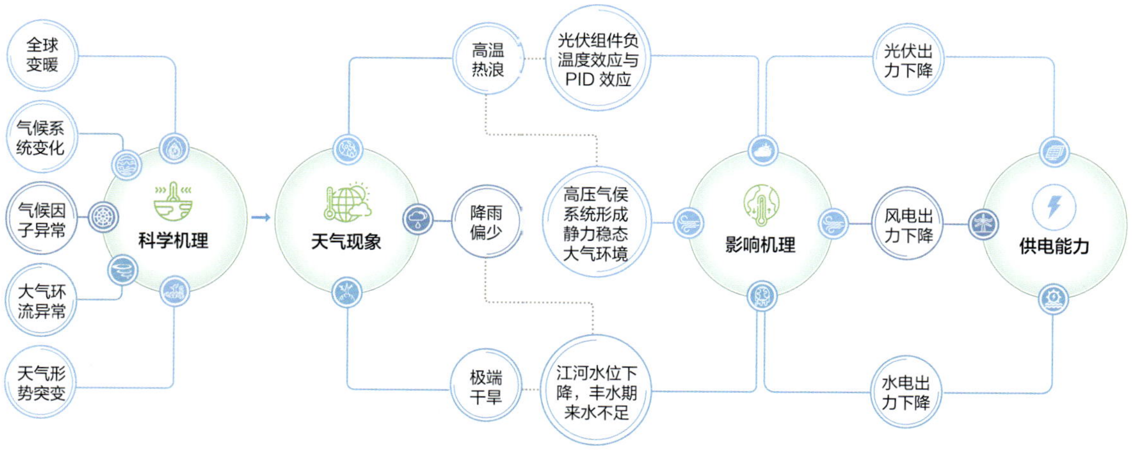

图2.5 极端高温干旱事件影响可再生能源出力机理框架

长期气候变暖叠加短期高压静稳天气，风电保障能力持续低于预期。气候尺度上由于气候变暖，地区之间气压差缩小，导致平均风速呈长期趋势性下降；天气尺度上高压气候系统造成静稳天气，进一步导致短期风速减弱。例如2022年，中国7月风电平均出力6339万千瓦左右，仅为装机容量的19%，电力平衡紧张加剧。

极端高温致使光伏出力不增反降，降低太阳能资源可用性。一方面长期气候变化导致光的直接辐射和日照时数呈减少趋势；另一方面极端高温可导致光伏组件输出功率下降，甚至损坏组件，影响系统发电性能。例如2022年，中国四川光伏装机容量较2021年同期增加5%，但7月光伏发电量同比下降6%。

内陆核电因冷却用水问题，易受极端高温影响。极端高温干旱引发河流水位下降、温度升高，核电机组冷却用水量减少，核电发电能力下降。例如法国受2022年夏天持续高温影响，用于冷却核反应堆的河流水位降至20年来最低水平，6月核电发电量同比下降约27%。

2．能源基础设施的气候韧性面临考验

高温、寒潮、风暴、雷暴等极端天气降低电网设备性能或直接损坏设备，危及电网安全运行。寒潮天气容易导致风机叶

片覆冰、设备损坏，储能设备容量减少等；风暴可导致风力发电机因超过极限风速而停运等。2021年1月，受低气压及寒潮影响，日本海沿岸持续出现暴雪天气，太阳能发电出力不足，风电大规模停机，导致日本多地停电，影响户数超过4.5万户。同年2月，美国得克萨斯州极端寒潮导致大量燃气、风电机组因管道冻裂、桨叶覆冰等故障退出运行，造成多个地区约500万人轮流限电。

极端高温导致输电线路过热受损、输送容量下降，风暴造成输电线路跳闸、断线等故障，迫使电网进入不完整运行方式。2003年夏天，由于持续高温、负荷飙升，美国东北部地区部分输电线路发生过载跳闸，最终导致“8·14”美加大停电，影响近5500万人。2016年9月，极端暴风天气导致南澳电网275千伏和132千伏线路倒塔20座，共4条

275千伏输电线路和1条132千伏输电线路跳闸停运，使南澳大面积停电，波及约170万人。

3．用电需求和方式的气候敏感性急剧增加

气候变化和极端天气事件引发的尖峰负荷问题日益凸显。夏季最高负荷与气温呈正相关。研究表明，极端情况下夏季最高气温每增加1℃，最高负荷可能增加4.5%。随着居民生活水平的提升和第三产业的发展，对温度高度敏感的制冷负荷逐年增多。

极端事件的持续时间是影响负荷特性变化的重要因素。统计数据显示，当区域内平均气温升至24℃左右时，制冷负荷开始出现；气温接近30℃，持续时间超过一周，制冷负荷加速攀升，持续时间直接影响夏季极值；气温下降后，由于负荷回降存在滞后性，高负荷仍将持续2～3天。2022年8月以来，中国中央气象台连续12天发布高温红色预警[1]，极端高温助推四川电网负荷连创历史新高，最高达到全年平均负荷的2倍。在政府、电网企业、行业各方共同努力下，依托跨区电力支援、新型负荷管理、企业让电于民等多重措施，中国四川地区实现了极端事件下的电力保障。

2.2.3 气候适应型电力系统

适应是应对气候变化风险的重要举措。适应是指通过加强自然生态系统和经济社会系统的风险识别与管理，采取调整措施，充分利用有利因素、防范不利因素，以减轻气候变化产生的不利影响和潜在风险。

气候适应型电力系统是构建新型电力系统的必然要求。气候变化和极端天气事件正在成为影响电力行业运行和发展的重要因素，未来如何构建气候适应型电力系

[1] 中央气象台高温红色预警的启动标准是“过去48小时4个及以上省份部分地区连续出现最高气温达40℃及以上天气，且预计上述地区未来仍将持续”。

统，是新型电力系统发展面临的重大问题与挑战。气候适应型电力系统的概念内涵是在应对中长期气候变化和短期极端事件下，适应能力强、减缓作用大，能够应对各类气候风险，对经济社会发展具有强劲支撑能力的新型电力系统（见图2.6），由6个部分组成。

（1）新能源为主体的多元化电源系统；

（2）高度智能化的互联互通电网传输系统；

（3）灵活多样、开放互动的需求侧负荷系统；

（4）先进科学的技术标准体系；

（5）精度准确、功能完备的气候感知系统；

（6）价格引导与安全可靠相结合的市场机制与应急体系。

气候适应型电力系统区别于传统电力系统的显著特点是兼顾中长期气候变化（大概率、低影响）和极端天气事件（小概率、中高影响）对电力系统的影响，分阶段应对并最大程度降低气候风险损失。灾前防御包括均衡稳态和能力不足阶段，提前预判气候风险，对受气候影响导致的燃料供应设施、发电机组设备性能受

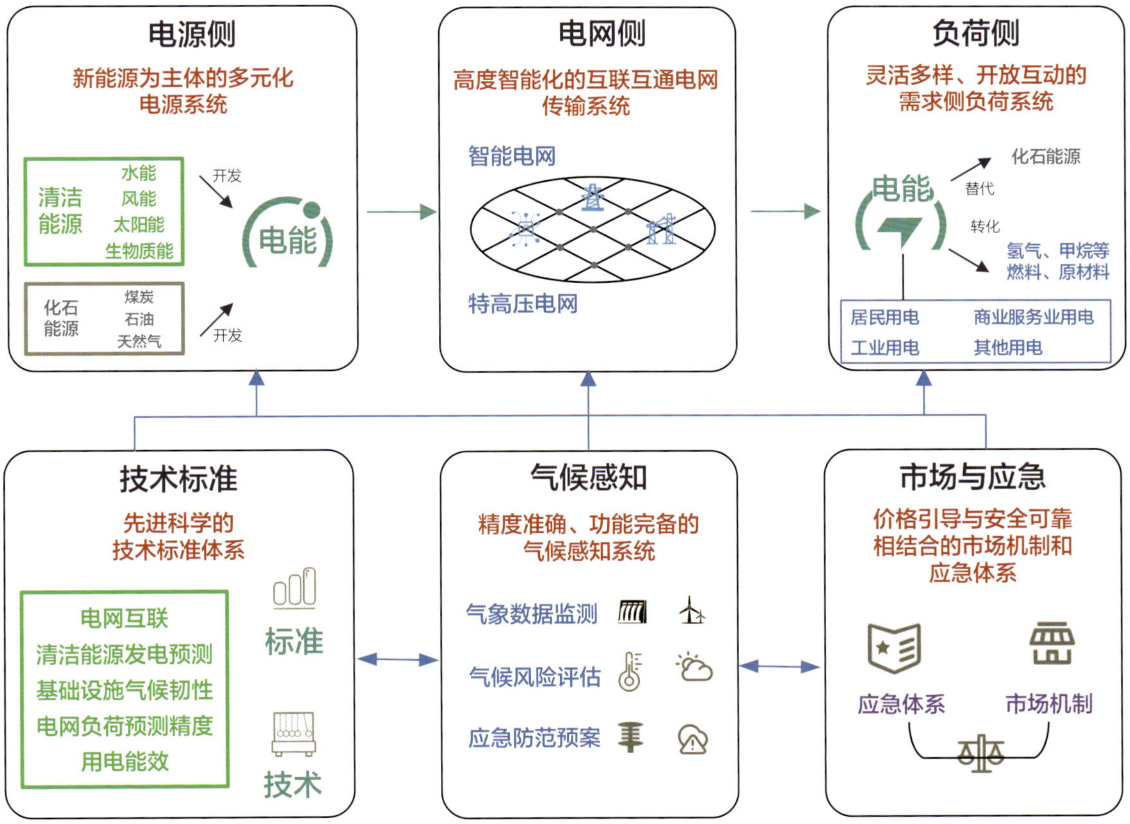

图2.6 气候适应型电力系统组成部分

损，以及可能引发的一次能源供应不足、电力系统紧平衡进行预测，有能力提前作出准备与预防。灾中应对对应容量不足阶段，当极端天气发生后，电力系统性能迅速下降并突破临界点，系统发电、输电能力不足，系统有能力进行抵御、响应以及适应，缩短系统性能损失的时间和下降幅度。灾后恢复对应重回稳态阶段，有能力快速恢复到期望状态，及时启动应急处置和修复机制，保障重要负荷持续供电。气候适应型电力系统应对过程示意图如图2.7所示。

气候适应型电力系统有五大主要特征。一是资源充裕。电力系统在中长期气候变化影响下，有足够的发电容量和足够的输电容量，在任何时候都能满足用户的峰荷要求。二是安全稳定。中长期气候变化或极端天气事件发生时，当电力系统受到扰动后，具有重新回复到运行平衡状态的能力，同时在事故状态下，具有安全性和避免连锁反应而不会引起失控和大面积停电的能力。三是平衡灵活。在一定时间尺度下，电力系统通过优化调配各类可用资源，以一定的成本适应发电、电网及负荷随机变化的能力。四是气候韧性。为应对可对电力系统造成明显破坏影响的短期极端天气事件，城市配电网能够全面、快速、准确感知电网运行态势，协同内外部资源，对各类扰动作出主动预判与积极预备，主动防御，快速恢复重要电力负荷。五是气候感知。为应对电力系统可能遇到的各类气候风险，具有全面、快速、准确感知电网运行状态，预测电网未来运行态势并针对潜在风险作出预警的能力。

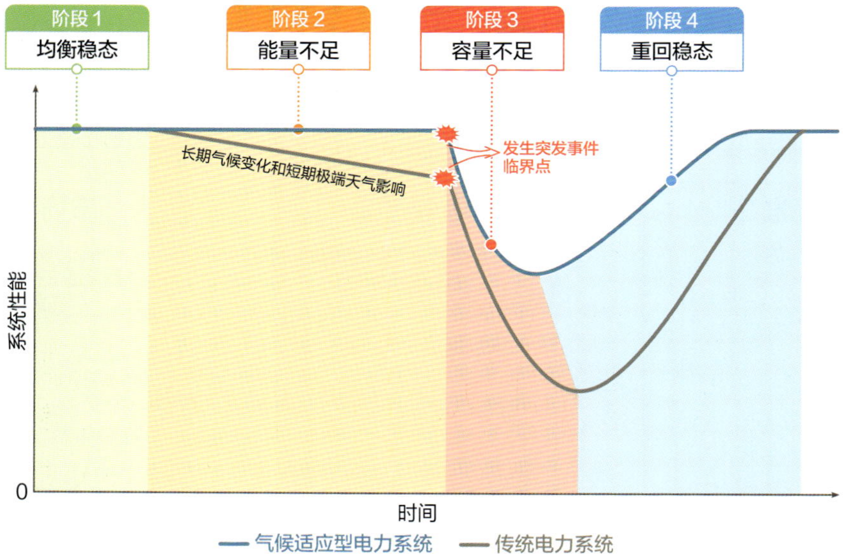

图2.7 气候适应型电力系统应对过程示意图

2.3 绿氢与电制燃料发展

全球范围内能源转型的重要焦点领域是绿氢和电制燃料（P2X）。绿氢是联结清洁能源和部分终端用能领域的关键纽带，可帮助航空、航海、工业高品质热、化工、冶金等难以直接应用电能的领域实现间接电气化和脱碳。绿氢是“能源-物质转换体系”的中心环节，以电制氢为基础的P2X技术在生产出各类化工产品以及各种人类生活必需品的同时实现碳的固化和有效利用，进一步推动全社会深度脱碳。绿氢来源于绿电，两者共同构成零碳能源系统的主体，构建电-氢协同能源配置格局，将为全球绿色转型提供成本低、效率高、系统灵活的创新解决方案。

2.3.1 绿氢技术及发展

当前，氢能作为一种清洁、高效的能源，越来越受到人们的关注，特别是来源于风能、太阳能等可再生能源的绿氢，可实现能源生产消费全过程的零碳排放。制氢、氢储运和用氢是绿氢的三大关键技术。

1．制氢技术

当前绿氢比重不到1%，随着清洁能源发展和对气候环境关切，绿色电解水制氢技术将成为重点。氢气的制备可选用多种技术路径，包括电解水制氢、化石能源制氢、工业副产氢等。当前，全球绝大部分氢来源于天然气、石油、煤等化石能源。电解水制氢的主要技术包括碱性电解槽（AEC）、质子交换膜电解槽（PEM）和高温固体氧化物电解槽（SOEC）。当前碱性电解槽技术最为成熟且价格低廉，但电解效率偏低；质子交换膜电解槽技术具有最快的响应能力和最高的功率密度，但设备成本较高，可用于对设备体积和调节能力要求较高的场景；高温固体氧化物电解槽技术具有最高的电解效率，但寿命相对较短，仍处于研发和示范阶段。三种电解水制氢技术特性和参数对比见表2.2。

电解水制氢的成本主要为用电成本，约占总成本的80%。电解水制氢的成本包括用电成本、建设投资成本和运维成本三部分。其中，用电成本包括电费、输配电容量费、损耗和其他附加费用等，电费是最主要的支出项。以当前商业化的单电极碱性电解槽制氢系统为例，电费约占电力成本的80%，占总成本的65%，如图2.8所示。电解水制氢的成本对电价极

表2.2 三种电解水制氢技术特性和参数对比

技术环节/参数	单位	碱性电解槽	质子交换膜电解槽	高温固体氧化物电解槽
运行温度	℃	70～80	60～80	600～1000
单台制氢规模	立方米/时	0.5～1000	0.01～300	约25
制氢电耗	千瓦时/立方米	4.7～5.5	3.9～5	2.6～3.6
电解效率	%	65～75	70～80	85～100
响应能力		分钟级	秒级	分钟级
寿命		20～30年	10～20年	约1万小时
技术阶段		商业应用	商业应用	示范阶段
电解槽价格	元/千瓦	1500～5000	1万～2万	—

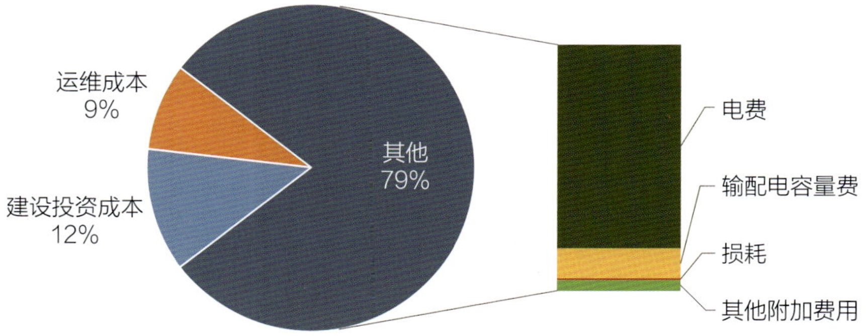

图2.8 单极碱性电解槽制氢成本构成

为敏感，以中国碱性电解槽制氢系统为例进行测算，在电价为0.35元/千瓦时的情况下，制氢成本为21～25元/千克；随着清洁能源发电成本不断下降，若电价降至0.25元/千瓦时，采用当前电解水设备价格测算，电解制氢成本将下降到15元/千克，接近目前化石能源制氢成本。

随着可再生能源发电成本的下降，预计2030年前后，绿电制氢将逐渐成为主流制氢方式。目前，用电成本0.35～0.4元/千瓦时的情况下，电制氢成本约21～25元/千克，用电成本占总成本的70%～80%，如果与可再生能源发电相配合，制氢设备利用率下降，制氢成本将更高，相比工业副产氢和蓝氢经济性较差。预计2030年，随着光伏和陆上风电度电成本的快速下降，平均绿氢制备成本将降至20元/千克左右，部分资源较好地区制氢设备利用率可达40%左右，绿氢成本可低至15～16元/千克，相比蓝氢更具经济性优势，逐渐成为主流制氢方式。到2050年，随着高温固体氧化物电解槽等新型电制氢技术取得突破，电解效率达到90%，可再生能源发电成本降至0.1～0.17元/千瓦时，电制氢成本将下降至7～11元/千克，可再生能源发电电解水制氢成为氢最主要的生产方式。到2060年，随着电制氢技术的进一步成熟和可再生能源发电成本的进一步下降，电制氢成本将降至6～10元/千克。

2．氢储运技术

氢储运是氢气从生产走向应用的关键环节，氢产业链的顺利运作需要多种储氢、输氢技术的配合。氢的储存方式按其存在状态可以分为气态储氢、液态储氢和材料储氢三大类。气态储氢和液态储氢通过高压、低温等手段提高氢气的密度；材料储氢方式很多，包括材料吸附储氢、金属氢化物储氢、有机液体储氢等。高压气态储氢技术成本低，能耗小，易脱氢，是发展最成熟应用最广泛的储氢技术。对于氢的固定式存储，如加氢站和氢进出口终端的存储，高压气态储氢仍然是当前的最优选择。液态储氢能耗大，但储氢效率高，能适应公路、铁路、海运等多种方式运输，具有一定的发展潜力。固态储氢因其较高的储氢密度在对空间有要求的场景具有独特的应用潜力。有机液体储氢、液氨储氢等技术具有较高的储氢质量分数和温和的储氢条件，如能解决放氢能效、反应选择性等问题，在氢的远途运输中将具有很大优势。主要储氢技术特点对比见表2.3。

针对不同的储氢技术和储氢形态，需选用不同的输氢方式。输氢技术依托于储氢技术的发展而进步，常见的输氢手段包括管道输氢、陆路交通输氢和水路交通输氢等，主要以压缩气态或液态的形式进行运输，主要输氢技术特点对比见表2.4。此外，输送绿氢的来源——绿电也可以实现氢的大规模、长距离运输，即输电代输氢。

表2.3　主要储氢技术特点对比

方法	储氢密度（千克/立方米）	储氢质量分数	环境要求	放氢条件	技术阶段
高压气态储氢	10～40	1%～6%	常温，高压（10～70兆帕）	减压	实用阶段
低温液态储氢	60～80	5%～7%	超低温（低于-240℃）	升温	实用阶段
固态储氢	100～150	1%～5%	常温常压	加热	示范阶段
有机液体/液氨储氢	45～100	5%～8%	常温常压	高温催化分解	示范阶段

表2.4 主要输氢技术特点对比

储氢方式	输氢方式	运输设备	制备能耗（千瓦时/千克）	加压能耗（千瓦时/千克）	放氢能耗（千瓦时/千克）	储运能效
气态储氢	管道输氢	管道	<1	1.5	—	95%
	陆路交通输氢	长管拖车	2	1	—	90%
液态储氢	陆路/水路交通输氢	液氢槽车/驳船	10～16	1	—	75%
固态储氢	陆路交通输氢	金属罐车	—	2	11	85%
有机液体/液氨储氢	陆路/水路交通输氢	液体槽车/驳船	—	2	10	85%

各类输氢技术具有各自的特点，适用于不同场景。对于在城市内部或区域之间的中短距离小规模的氢输送，建设输氢管道或架设输电线路需要较高的初始投资，气氢拖车和液氢槽车的输送方式更为灵活。对于大规模、远距离输氢，如从大规模绿氢生产基地向城市门户的氢气输送，管道输氢和输电代输氢的方式具有明显优势。对于沿海地区，在海外清洁能源基地制氢并通过液氢、载氢有机液体、液氨等方式开展大宗氢气的跨洋输送，也是经济可行的氢能资源配置方式。不同输氢技术适用的场景如图2.9所示。

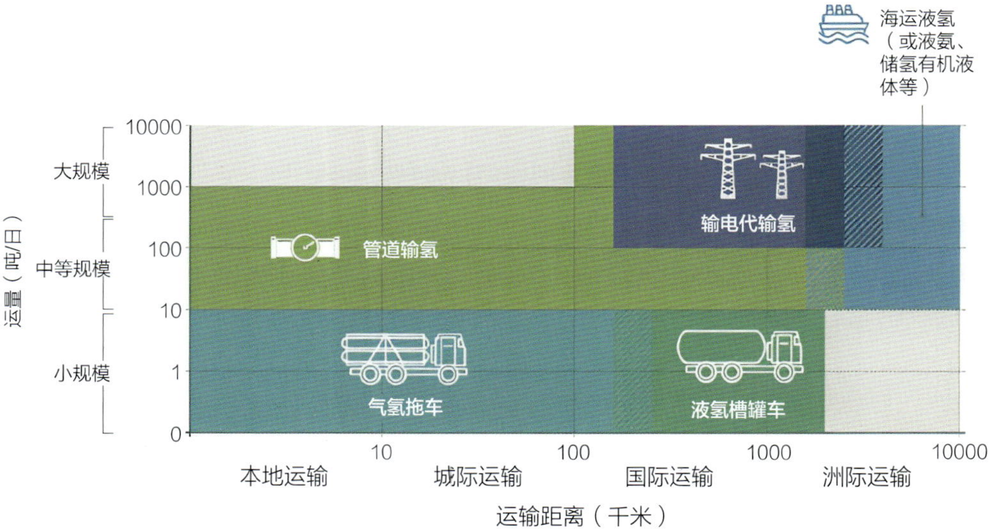

图2.9 不同输氢技术适用的场景

专栏2.1

全球部分绿氢项目规划情况

绿氢在工业、交通等领域有很大应用潜力，但绿氢制备产业仍是一个新兴行业，目前在运的绿氢项目多为十兆瓦级或百兆瓦级。出于对氢能巨大需求的预期和规模经济的考虑，很多国家已规划了吉瓦级绿氢项目，部分整理见表2.5。

表2.5 全球部分吉瓦级绿氢规划项目

项目名称	装机容量（吉瓦）	位置	氢产量（万吨/年）	项目完工时间	备注
HyDeal Ambition	67	西欧地区	360	2030年前	95吉瓦太阳能供电，用于欧洲内部氢气供应
AMAN Power2X	20	毛里塔尼亚北部	—	—	30吉瓦风能与太阳能供电，氢气用于绿色钢铁等领域
Asian Renewable Energy Hub	14	西澳大利亚	175	2028年	由16吉瓦陆上风电与10吉瓦太阳能供电，出口至亚洲国家
NorthH2	>10	荷兰北部	100	2040年	海上风电供电，用于荷兰与德国重工业领域，处于可行性研究阶段，预计2027年达到1吉瓦
AquaVentus	10	德国黑尔戈兰	100	2035年	海上风电供电，处于项目初期，预计2025年达到30兆瓦
北京京能内蒙古风、光、氢、储一体化项目	5	内蒙古自治区额尔古纳市	50	—	处于在建状态
Helios Green Fuels	4	沙特阿拉伯西北部	24	—	陆上风电与太阳能供电，用于出口
Base One	3.4	巴西东北部	60	2025年	风电与太阳能供电，项目于2021年宣布，用于出口
HyEx	1.6	智利	12.4	2030年	太阳能供电，用于绿色肥料生产、出口，项目于2020年宣布，处于初期阶段
White Dragon	1.5	希腊北部	25	2029年	由太阳能供电，主要用于燃料电池发电，另有供热、重工业应用

2021年11月，张家口200兆瓦/800兆瓦时氢储能发电工程通过专家评审，该项目由大型电解水制氢装置、金属固态储氢装置、燃料电池模块等组成的大型制氢储氢、发电系统组成，预计2023年建成。2022年12月，内蒙古科学技术研究院与中国石油天然气管道工程有限公司、中太（苏州）氢能源科技有限公司签署战略合作协议，三方将合作共建乌海至呼和浩特输氢管道暨“内蒙古氢能走廊”项目。项目建成后将成为联通蒙东、蒙西的重要氢能储运基础设施，能够有效支撑“氢-电”耦合发展，有效促进可再生能源开发。

3. 用氢技术

氢能可以便捷地转化为热、电等多种能量形式，同时氢气也是重要的工业原材料，应用场景丰富。绿氢的应用是绿电的延伸，也是实现化工、冶金、航空、工业高品质制热等领域间接电能替代的重要途径。

绿氢在化工领域主要用于合成氨、甲醇、甲烷等燃料或原材料，替代传统工艺中的灰氢。绿氢技术较为成熟，推广程度主要取决于碳约束政策和绿氢经济性。预计2030年，绿氢制氨率先实现商业化推广，绿氢制甲醇实现示范应用，绿氢合成甲烷开始在部分终端用户实现示范应用。预计2050年，绿氢制氨将成为最具经济竞争力的合成氨方式，绿氢制甲醇实现商业化应用，绿氢合成甲烷成本将在远离天然气产地的用能终端得到广泛应用。

绿氢在冶金行业可用于炼铁，与电炉炼钢相结合实现炼钢过程零碳排放。预计2030年，氢气竖炉结构进一步完善，氢气利用率得到提升，随着绿氢成本的下降，绿氢炼铁的耗氢成本降至950元/吨，与高炉炼铁经济性相当，具备商业推广条件；到2050年，随着绿氢成本的进一步下降和专用炉体设备管理经验的积累，绿氢炼铁的耗氢成本进一步降至500元/吨，经济性优势逐渐凸显。

绿氢在交通领域的应用主要包括公共交通、重卡、轮船、飞机等难以直接实现电气化的应用场景。相比电动汽车，氢能汽车在载重、续航等方面具有一定优势，预计将在公共交通、重卡、叉车等领域实现推广。到2050年，氢燃料电池汽车在公共交通、重卡、叉车等领域的替代率达30%左右，在中小型乘用车领域替代率为5%左右；对于航海、航空等领域，使用绿氢作为燃料是重要的脱碳方案。

绿氢在发电领域的应用将以燃料电池和氢燃气轮机两条技术路线并举，为系统提供长时间尺度的灵活性。预计2035年，纯氢燃机技术发展成熟，氢燃机发电开始逐步商业应用。到2050年，氢燃气轮机成本下降至2000元/千瓦左右，考虑辅机及其他设施在内的发电系统成本在

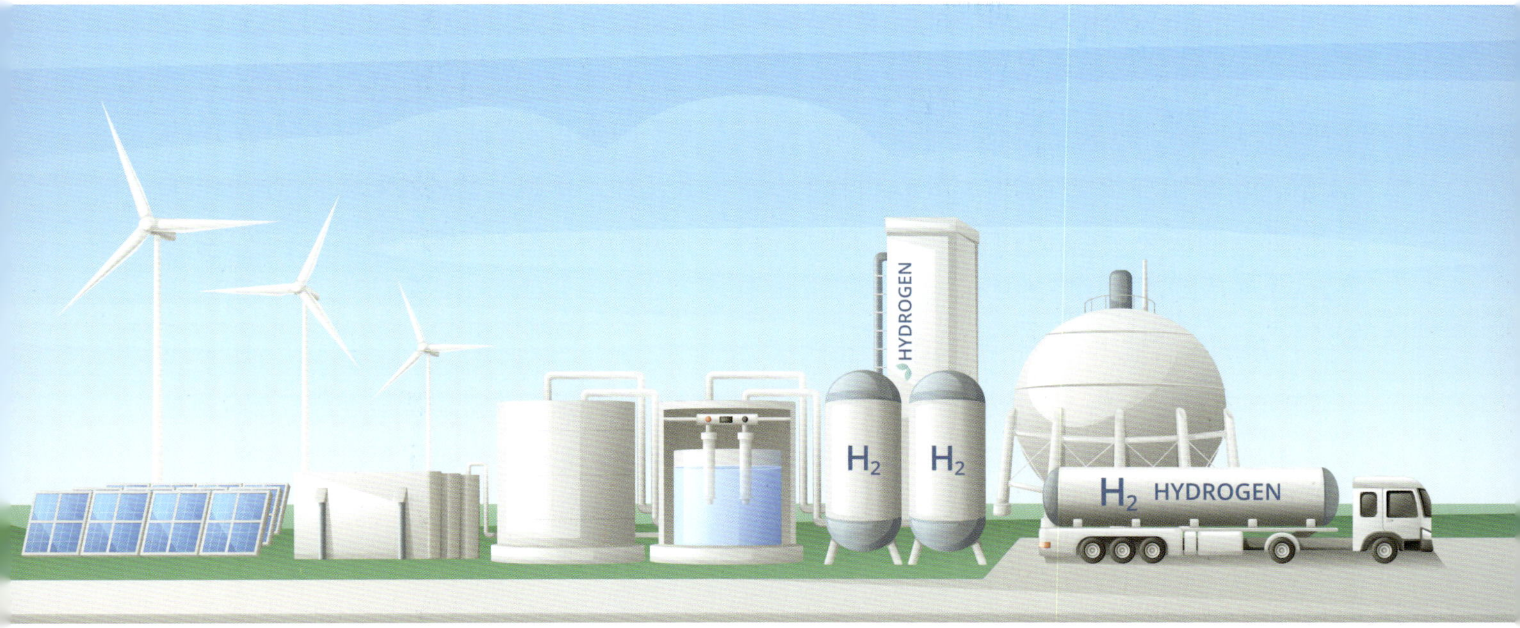

3000元/千瓦，发电效率40%~45%，主要作为大型调峰机组以及负荷中心支撑电源；氢燃料电池成本下降至800~1000元/千瓦，氢燃料电池发电系统成本1500~2000元/千瓦，燃料电池电站发电效率提升至55%~60%，在分布式应用场景得到广泛使用。以绿氢为燃料的氢发电，本质上相当于系统的大规模、长时间储能，实现电力供需的跨季节平衡，是以新能源为主体的新型电力系统必不可少的灵活性来源。

2.3.2 电制燃料技术及发展

当代人类社会的主要燃料来源于化石资源，主要包括煤炭、石油制品（汽油、柴油、煤油等）、天然气等。电解水可以提供氢气燃料，以电制氢为基础，氢进一步还原二氧化碳可得到甲烷、甲醇等燃料，与氮气反应可得到氨燃料等。

1. 电制甲烷

随着可再生能源发电的大规模发展，电制甲烷将有较大的发展潜力。甲烷（CH_4）是最简单的有机物和天然气的主要成分，主要来源于气田、油气田开采。通过萨巴捷反应可以用氢来还原二氧化碳人工合成甲烷。电制氢、电制甲烷又被称为电制气（P2G），欧洲国家已建立多个示范工程，主要用于探索利用电制气（P2G）技术提高可再生能源发电的利用率，减少弃风弃光。电制甲烷技术一方面可以提高能源体系对风、光等波动性较强的可再生能源的消纳能力；另一方面甲烷相比氢更容易存储、运输和在终端应用，可以直接应用现有的天然气基础设施，减少新增投资。

电制甲烷成本有望快速下降。电制甲烷的成本包括电费、设备折旧费用、运维费用等，其中电费占比超过70%。在电价为0.35元/千瓦时的情况下，电制甲烷的成本约为10元/立方米，远超天然气的终端用户价格。未来随着可再生能源发电的大规模发展和成本降低，电制甲烷经济性有望得到提升。电制甲烷成本构成如图2.10所示。预计2030年，电制甲烷成本降至5元/立方米左右，开始在部分终端用户实现示范应用；到2050年，电制甲烷成本降至2.4元/立方米左右，在远离天然气产地的用能终端得到广泛应用。

2022年6月，法国Jupiter 1000项目的甲烷化装置（见图2.11）正式投入使用。该项目捕获炼钢厂锅炉产生的二氧化碳，并通过管道输送至甲烷化装置与氢气反应生产甲烷。合成的甲烷通过当地现有的输配网络投入终端应用。

2. 电制甲醇

用电解水生成的绿氢还原二氧化碳生成甲醇，即电制甲醇，是制取甲醇的新途径。甲醇是碳一化工的重要原料，同时也是一种优质的液体燃料。近年来，由于甲醇化工、甲醇燃料的快速发展，甲醇产能迅速提升。截至2022年底，全球甲醇总产能达1.89亿吨，其中中国占总产能的59%。工业上一般采用一氧化碳、二氧化碳加压催化氢化法合成甲醇，天然气、石脑油、煤等均可作为生产甲醇合成气的原料。用电解水生成的绿氢还原二氧化碳生成甲醇，即电制甲醇，中国已建有示范项目。

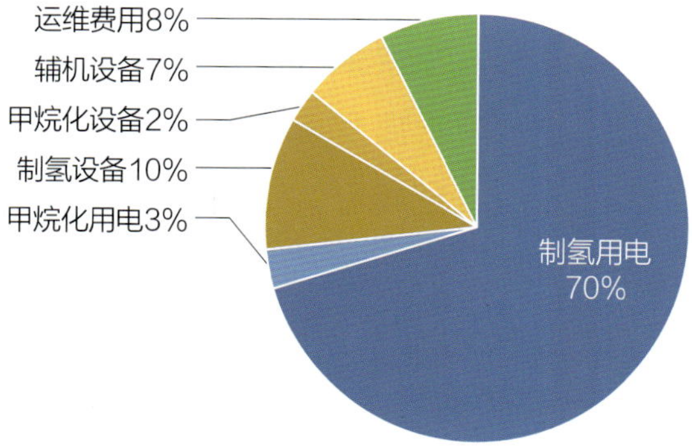

图2.10 电制甲烷成本构成

图2.11 Jupiter 1000项目甲烷化装置

随着绿氢成本下降和技术进步，电制甲醇经济性有望得到提升。电制甲醇的成本主要为电费，约占总成本的70%。以当前绿氢平均价格计算，生产的甲醇成本在6～8元/千克，远高于煤、天然气制甲醇的成本（1.6～2.3元/千克）。预计2030年，绿氢制甲醇实现示范应用，成本降至3.5元/千克，与当前含碳捕集的化石能源制甲醇成本接近；到2050年，绿氢制甲醇实现商业化应用，成本降至2元/千克以下，与煤制甲醇的成本相当。

2022年，位于智利南部的Haru Oni试点工厂正式投产。该项目利用当地丰富的风能资源制取绿氢，与二氧化碳反应合成甲醇，而后进一步合成汽油等液体燃料。项目包含风力发电、电解水制氢、二氧化碳捕集、二氧化碳加氢制甲醇、甲醇制汽油（FMTG）等单元。

3. 电制氨

氨是氢气在工业领域规模最大的下游化工品，绿氨与绿氢一样是零碳能源。氨主要用于生产氮肥和硝酸、丙烯腈、己内酰胺等含氮化合物。近年来，氨燃料的研发应用越来越受到各国重视。绿氨与绿氢一样是零碳能源，理想情况下氨燃烧产生氮气和水，没有额外的碳排放。与氢相比，氨燃料具有体积能量密度较高、储运方便等优势，但也存在燃烧特

性差、尾气污染、具有毒性和腐蚀性等劣势。

电制氨在电制燃料中经济性最优，有望率先实现推广。以电解水制氢代替煤、天然气制氢合成氨，是电制氨最为成熟和现实可行的技术路径，欧洲国家已建成可再生能源电转氨示范项目。若按0.25元/千瓦时的可再生能源电价测算，绿氨的成本在3.8～4元/千克，已接近氨的市场价格（近3元/千克）。预计2030年，绿氢制氨率先实现商业化推广，成本降至2.9元/千克，与当前化石能源合成氨成本相当；预计2050年，绿氢制氨成本降低至2.4元/千克，成为最具经济竞争力的合成氨方式。

2022年，化肥巨头雅苒国际集团（YARA）宣布与林德工程公司合作，建设绿色氢气示范工厂供挪威Porsgrunn

的氨气生产设施使用，该项目旨在向市场供应绿氨产品，既可作为无化石燃料的肥料，也可作为无碳排放的运输燃料。2022年6月，由国家电力投资集团有限公司与清华海峡研究院共同投资的包头市达茂旗风光制氢与绿色灵活化工一体化项目开工，项目将建设200兆瓦风电、200兆瓦光伏，预计年制绿氢1.78万吨，年产绿氨10万吨。

2.3.3 电–氢协同的零碳能源系统

电–氢协同是能源资源经济高效配置的客观要求。绿氢来源于绿电并广泛应用于无法直接电气化的用能领域，二者的根本都是可再生能源，共同构成零碳能源系统的主体。绿氢与绿电可相互转化，易于耦合建立多能源品种的零碳能源供应体系。在研究能源的配置和布局时，不能孤立、割裂地考虑电或氢，而应该将二者共同作为能源系统的重要组成部分来统筹优化，才能实现能源资源的安全、经济、高效配置。

清洁能源生产与消费之间的逆向分布，客观上需要对绿氢进行远距离、大规模的输送。以中国为例，中国西部地区可再生能源资源丰富，绿氢制备成本约为东中部地区的50%；而东中部地区能源需求旺盛，是能源负荷中心，预计2060年，用氢需求占全国的85%。解决好绿氢的输送问题，是促进绿氢广泛应用、加快全社会实现碳中和的重要基础。

构建电-氢协同的零碳能源系统能够实现绿氢的优化配置。直接输氢与输电代输氢方式相结合，能够充分发挥输电技术成熟、经济性好的优势和储氢大规模、长时间的能量存储功能，提高新能源发电、输电和制氢设备的利用效率，降低能源系统总体投资。以中国的电-氢协同零碳能源系统为例，预计2030年，西部与东中部之间跨区输氢总量100万吨，采用输电代输氢方式（500亿千瓦时）；预计2060年，各区域间跨区输氢总量3500万吨（约占总需求的45%），其中直接管道输氢780万吨，输电代输氢1.1万亿千瓦时（相当于2700万吨氢，占总输送量的75%以上）。多元化的能源输送方式与单一的能源输送方式相比，可以提高能源配置的灵活性、可靠性和抗风险能力，有效控制能源系统的安全性风险。电-氢协同的零碳能源系统示意图如图2.12所示。

电-氢协同的零碳能源系统具有提供灵活性、保障电力供应、保障系统安全、碳减排等多方面的价值。提供灵活性方面，在短时间尺度（小时级到日级）上，

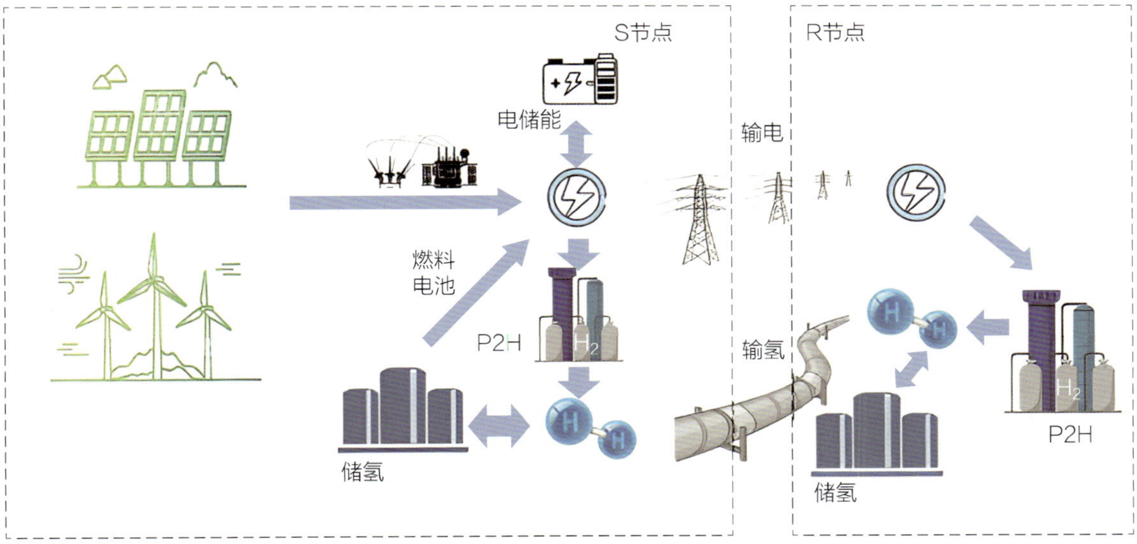

图2.12 电-氢协同的零碳能源系统示意图

电制氢是灵活的柔性负荷，可显著提高新能源利用率；长时间尺度（月、季度）上，可以借助储氢实现风光等新能源的跨季节大规模存储，平抑季节性波动。保障电力供应方面，利用电-氢双向转换的特点，既可以作为灵活负荷为系统提供调节能力，也可以在必要的情况下通过氢发电设备为系统提供电源支撑，在源荷双侧有效提升电网韧性。保障系统安全方面，氢燃气轮机属于同步发电机组，可以有效提升系统转动惯量、动态无功支撑能力，有效防止受端电网“空心化”。碳减排方面，电-氢协同的零碳能源系统为绿氢的开发应用创造了条件，促进了化工、冶金等非电用能领域的脱碳，并将推动全社会深度脱碳。

3 全球能源互联网发展指数

全球能源互联网是清洁主导、电为中心、互联互通、多能融合的现代能源体系，是由各国能源互联网组成的有机整体。全球能源互联网的构建过程就是世界各国携手推动能源绿色低碳转型的历史进程。遵循能源发展的客观规律，坚持绿色低碳方向、坚守发展安全底线、加强能源互联互通、提升经济高效水平，既是全球能源互联网所倡导的能源可持续发展理念，也是系统反映各国能源转型成效的综合体现。基于此，报告提出全球能源互联网发展指数，运用这一方法对全球、10个区域、140多个国家的能源转型年度发展情况进行量化评估和排名分析，以期能客观、综合地呈现能源转型的发展进程和发展差距，为更好地推动各国绿色转型提供参考。

3.1 全球能源互联网理念

全球绿色低碳转型是实现经济高质量发展和应对全球气候危机的重要举措，能源系统脱碳是实现全社会碳中和的重中之重，关键是构建清洁能源主导的新型能源体系。全球能源互联网是生产清洁化、消费电气化、配置广域化的能源系统，是新型能源体系的重要组成部分，核心是以清洁能源为主体、以坚强智能电网为平台、多种能源互补互济、源网荷储协调互动、电与其他能源融合转换的新型电力系统，具有清洁主导、电为中心、互联互通、多能协同、安全高效、智慧灵活等主要特征。全球能源互联网系统构成示意图如图3.1所示。

3.1.1 理念内涵

未来能源体系形态呈现能源结构更低碳、能源供应更安全、互联互通更深入、能源利用更高效的特征和要求。

一是绿色低碳是方向。能源清洁低碳转型的主要特征，体现为供需两侧的结构性变革。在供给侧，清洁能源逐步取代化石能源成为主导能源，清洁发电成为装机和电量主体，形成以清洁能源为主导的能源生产格局。在需求侧，清洁电能替代煤、油、气，全社会电气化水平大幅提升，形成以电为中心的能源消费格局。

二是发展安全是底线。能源转型不能

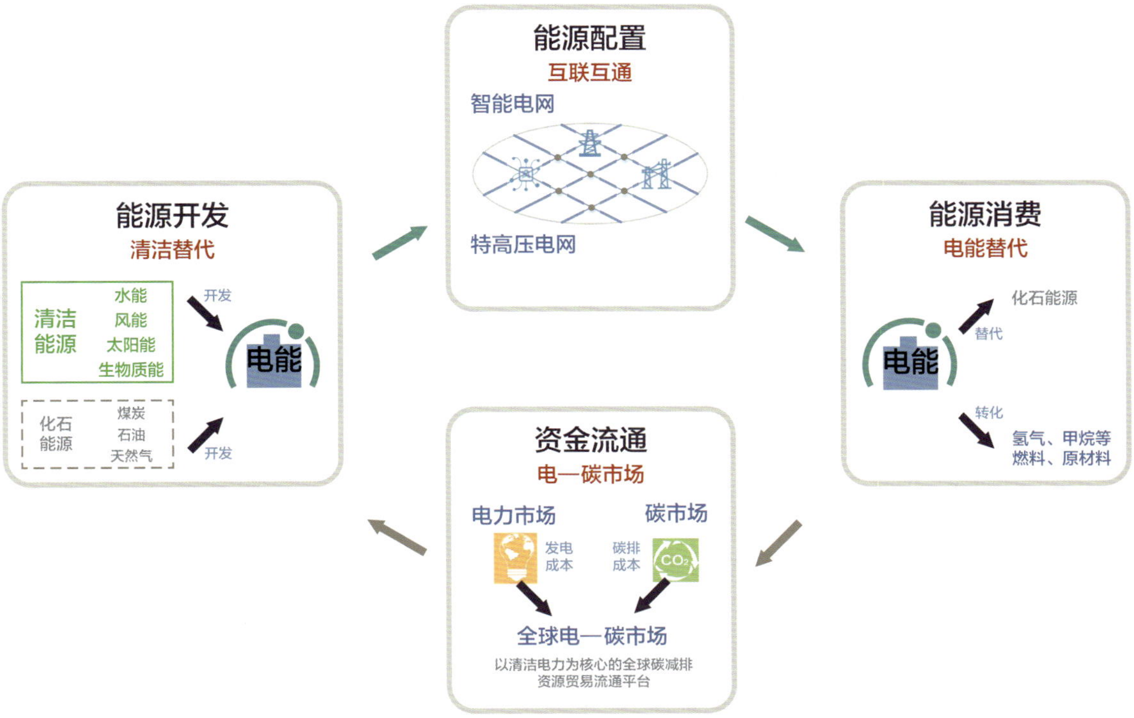

图3.1 全球能源互联网系统构成示意图

以牺牲安全为代价，发展安全是低碳转型的底线，推动清洁能源与化石能源协调发展，化石能源退出须建立在清洁能源安全可靠替代的基础上，推动传统火电与新能源优化组合，加强电网互联，发挥大电网平台作用，实现余缺互济、互供互备，提高安全保障能力。

三是互联互通是支撑。能源问题是全球性问题，只有国际社会全方位加强合作，才能更好更快地推动转型。以电网为载体加速能源设施联通，实现清洁能源大规模、高效率配置，可以为世界能源转型增添强劲动力，为共同推动能源转型和实现转型目标提供坚实保障。

四是经济高效是要求。节能提效就是“第一能源”。依靠节能提效满足经济社会发展用能需求，是能源转型与高质量发展的内在要求。能源消费清洁化、电气化、减量化，节约用能、高效用能、经济用能、用绿色能，加快形成绿色生产生活方式是能源转型的要求。

3.1.2 发展愿景

基于全球能源互联网理念内涵，到21世纪中叶，全球能源互联网作为能源转型基础平台将促进建成清洁低碳、经济高效的全球新型能源体系，推动能源系统

全面转型。能源系统排放尽早达峰和尽早净零，将促进全球实现《巴黎协定》温控目标和碳中和目标，推动全球经济社会进入高质量、可持续发展新阶段。以全球能源互联网为基础的新型能源体系在绿色低碳、发展安全、互联互通、经济高效四方面具有鲜明特征，主要能源指标水平将取得跨越式发展。

届时，全球主要绿色低碳可持续发展指标水平将大幅提升。绿色低碳方面，非化石能源消费占比需要达到85%左右，非化石能源发电量占比需要达到97%左右，碳强度需要降至0.13吨二氧化碳/万美元以下，人均碳排放需要降至0.4吨二氧化碳/人以下，终端能源消费电气化率需要增至70%左右，各国普遍建立起全面有效的减排政策。发展安全方面，形成能源高度自给自足和互补互济的能源安全保障模式，人均用电量接近1万千瓦时/人，电源结构多元互补，市场机制建设完善，电力保障能力和科技创新能力均达到较高发展水平。互联互通方面，建成广域互联的大电网，实现100%通电率，区域能源充分合作，清洁能源跨时空互补互济，电力系统实现智能化互动化发展。经济高效方面，电价水平进一步降低，能源可负担水平进一步提高，能源强度降至0.7吨标准煤/万美元以下，系统损耗率降至6%以下，更多资金投资于可再生能源发展。

3.2 指数体系

全球能源互联网发展指数立足能源绿色低碳转型战略目标，着眼于能源转型内涵，围绕绿色低碳、发展安全、互联互通和经济高效4个维度对全球141个国家进行能源转型绩效评估。全球能源互联网发展指数全面反映各国能源转型态势和差异。在此基础上，设计提出全球能源互联网总指数，量化分析全球总体转型发展进程和发展差距。全球能源互联网发展指数总体架构如图3.2所示。

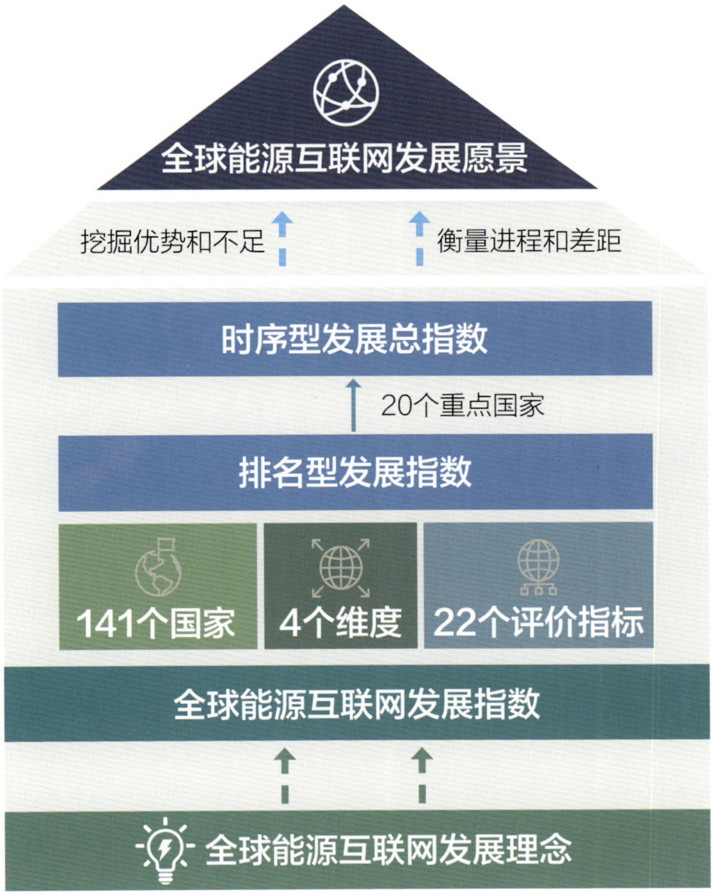

图3.2 全球能源互联网发展指数总体架构

1. 全球能源互联网发展指数

发展指数是排名型指数[1]，用于反映各国之间能源转型发展进程的差异和优劣势。发展指数具有横向可比性，体现各国在全球能源转型中相对位置的变化。通过对比各国不同维度得分及排名，提炼能源转型先进国家能源转型特点和发展优势，为其他国家加快能源转型进程和质量提供建议。

发展指数具有全面性和系统性，能够反映全球能源转型绩效。发展指数对全球141个国家，从4个维度、22个评价指标进行综合评价。国家选取具有涵盖数量多，覆盖面广的特点，评估维度立足绿色低碳、发展安全、互联互通、经济高效维度，系统展示能源转型特点。

2. 全球能源互联网总指数

总指数是100分制的时序型指数[2]，用于衡量全球能源互联网年度发展进程，反

[1] 排名型指数是指依据全球各国指标发展水平进行相对排名，分值仅反映相对位置。
[2] 时序型指数是指全球能源互联网总指数分值会随年度变化，体现发展进程。

映距离实现全球能源互联网目标的差距。该指数为不同年份总指数之间纵向可比。以当前为基年，以2060年为目标年，筛选20个重点国家进行人口总量加权，基于发展指数综合计算出全球总指数，量化分析全球能源互联网总体发展进程和实现差距。

总指数具有综合性和代表性，能够直观反映全球能源转型总体进程和特点。报告选取人口、GDP、碳排放、能源消费占比超过全球70%的20个重点国家进行综合评估，其中人口占比为73%、GDP占比为72%、碳排放占比为72%、能源消费占比77%。重点国家列表见附录B的B.3.2。

3.2.1　指标体系

全球能源互联网发展指数体系（见图3.3）共包含4个专项指数和22个三级指标，4个专项指数为绿色低碳指数、发展安全指数、互联互通指数、经济高效指数。

绿色低碳指数反映各国全社会、能源、电力领域清洁发展程度，主要从能源供应、能源消费、政策机制3个维度选

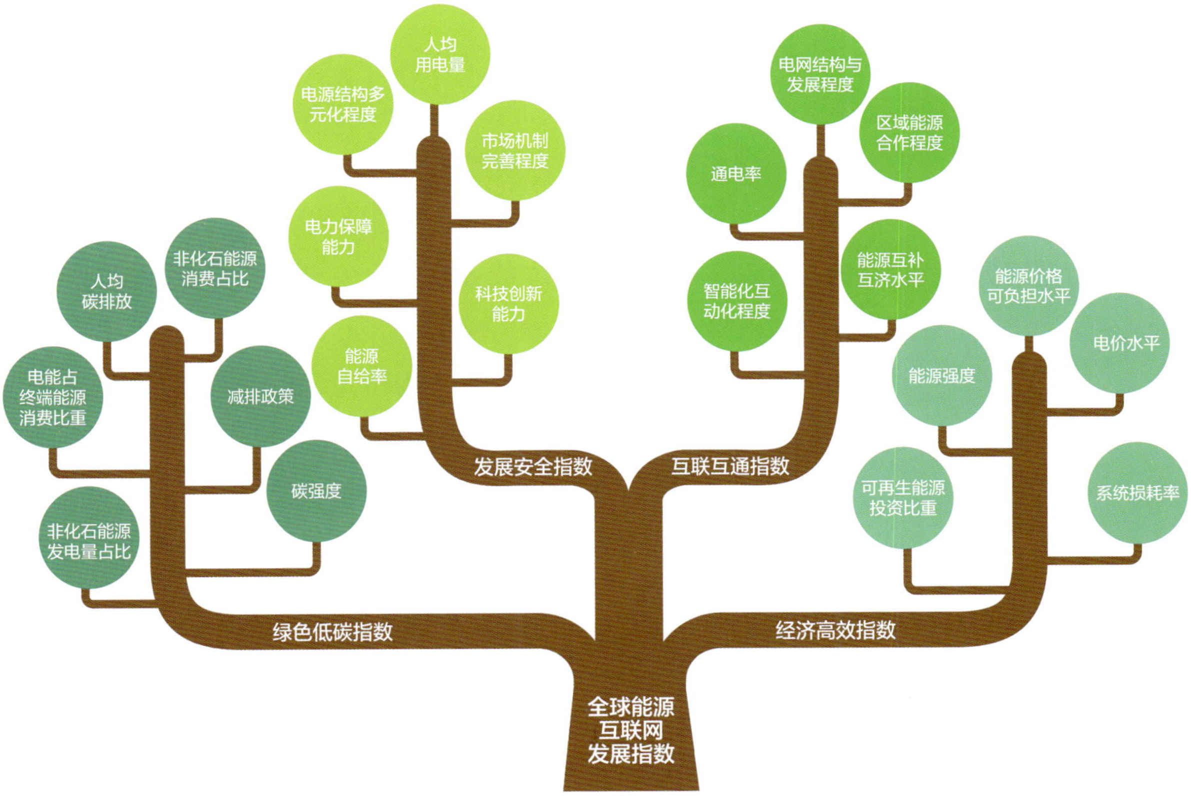

图3.3　全球能源互联网发展指数体系框架

取6个代表性指标来刻画。非化石能源消费占比刻画能源供应结构低碳程度，非化石能源发电量占比刻画电力领域绿色程度，碳强度和人均碳排放刻画经济和社会发展低碳成效，电能占终端能源消费比重刻画能源消费低碳程度，减排政策刻画当前及中远期减排政策、机制和目标实现程度。

发展安全指数反映国家能源发展安全绩效水平，主要从能源自给、用电水平、市场服务3个维度选取6个代表性指标来刻画。能源自给率反映能源供应保障能力，人均用电量刻画用电水平，电源结构多元化程度反映电力应对极端天气及气候事件的韧性适应水平，市场机制完善程度反映电力市场和需求侧响应对电力供应安全的保障支撑水平，电力保障能力反映电力接入服务及故障处置综合水平，科技创新能力反映技术创新对高比例可再生能源电力系统的保障支撑能力。

互联互通指数反映各国电力互联及发展绩效水平，主要从电力普及、合作互通、智能互补3个维度选取5个代表性指标来刻画。通电率反映全面电力可及的用能水平，电网结构与发展程度反映电网发展水平，区域能源合作程度用于刻画各国与周边国家或国际社会能源合作水平，能源互补互济水平反映各国与周边国家电力交易规模及相互支撑水平，智能化互动化程度反映电力互联互通支撑条件。

经济高效指数反映以高质量、高效率实现能源绿色低碳发展，确保人人负担得起高质量的现代能源。主要从能源经济、能源效率、降本增效3个维度选取5个代表性指标来刻画。电价水平刻画电力系统转型过程中成本变化程度和各国用能成本差异，能源价格可负担水平反映居民及全社会用能成本压力，能源强度反映全社会节能水平，系统损耗率反映能源系统用能高效程度，可再生能源投资比重反映绿色低碳发展过程中清洁投资对于促进用能成本下降的作用。

指数体系指标属性及评估方法如图3.4所示。

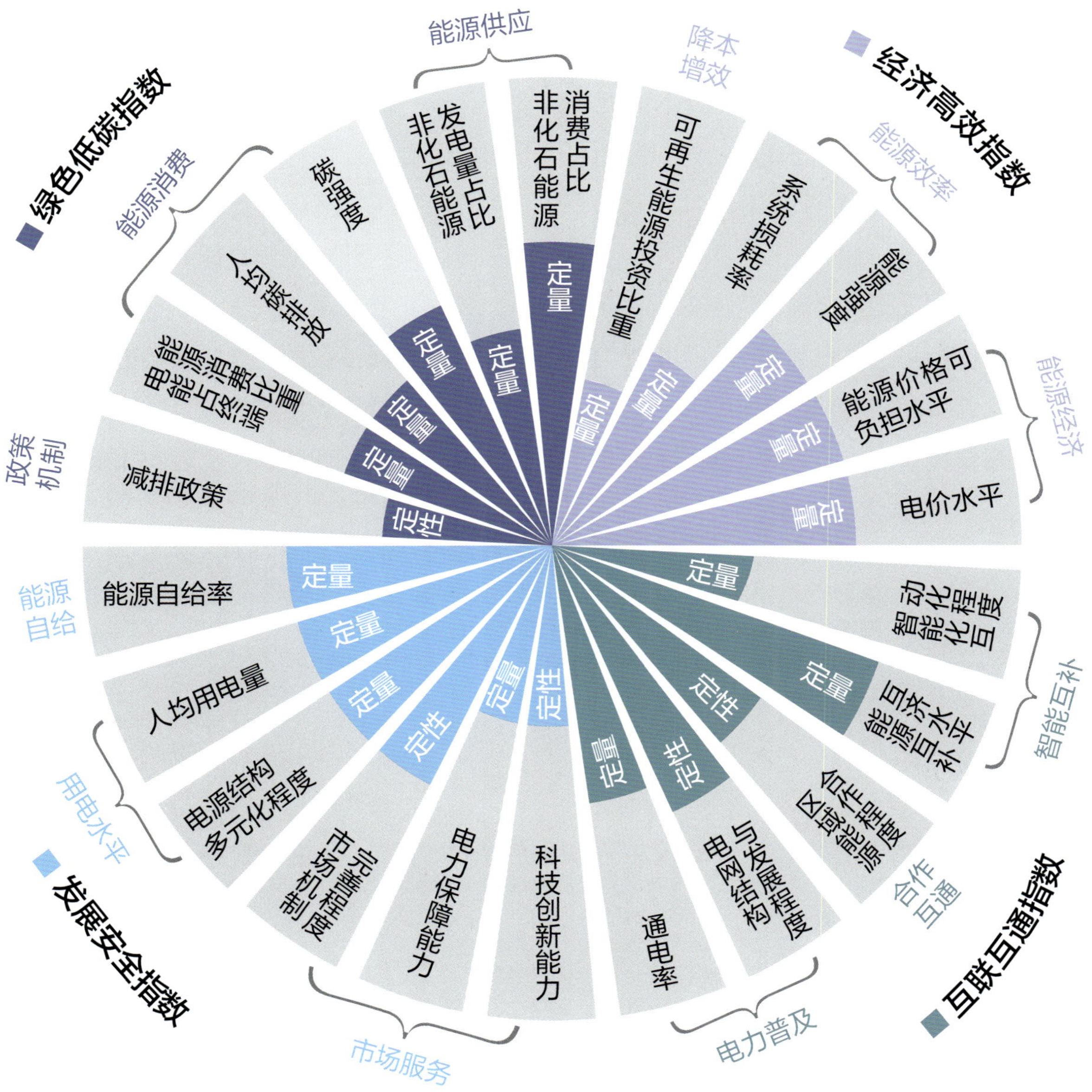

图3.4 指数体系指标属性及评估方法

3.2.2 评价方法

全球能源互联网发展指数评价方法包括指标设计原则、指标计算规则和指标评价方法，对全球141个国家的22个评价指标进行无量纲化处理，并采用主客观综合赋权法对各国绿色低碳转型绩效进行评估，客观反映各国能源转型进程。模型与方法详见附录B。

指标设计原则。全球能源互联网发展指数的体系构建、指标选取、数据处理、评估计算，遵循全面性、客观性、适应性、连续性原则。

指标计算规则。全球能源互联网发展指数计算创新采用排名型与时序型结合方式，分别计算各国发展指数和总指数，并采用主客观综合赋权法，通过多情景分析确立最优权重组合。综合赋权法可以兼顾数据样本的客观性和指标设定的主观导向性。

指标评价方法。按照单一定量指标、综合定量指标和分级定性指标三类进行评估。指标数据来源兼顾专业性、科学性和广泛性。

3.2.3 评价流程

全球能源互联网发展指数评价流程如图3.5所示。

综合采用多种统计、评估等方法进行指标体系构建、指标数据处理、权重矩阵确定、指数计算及排名，并对全球国家、区域、专项指数排名和总指数进行分别计算和分析展示。全球能源互联网发展指数计算公式如下

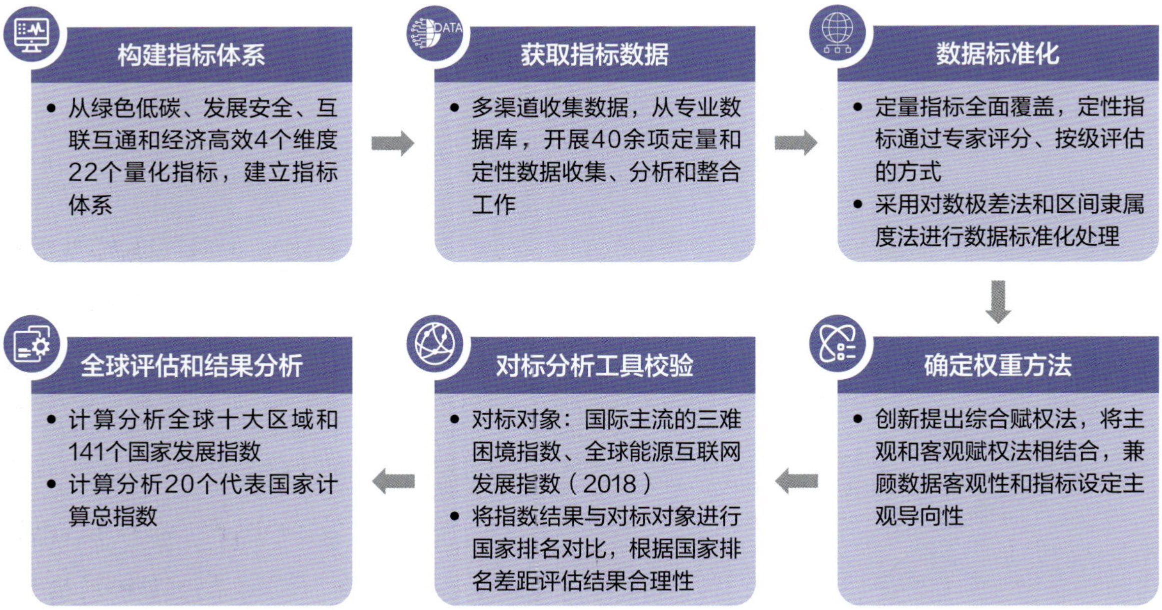

图3.5 全球能源互联网发展指数评价流程

$$[\boldsymbol{D}]_M = [\boldsymbol{S}]_{MN} \times [\boldsymbol{K}]_N \tag{3.1}$$

$$[\boldsymbol{S}]_{MN} = [\boldsymbol{X}]_{MP} \times [\boldsymbol{W}]_{PN} \tag{3.2}$$

$$[\boldsymbol{X}]_{MP} = \begin{bmatrix} x_{11} & x_{12} & \cdots & x_{1p} & \cdots & x_{1P} \\ x_{21} & x_{22} & \cdots & x_{2p} & \cdots & x_{2P} \\ \vdots & \vdots & \ddots & \vdots & \vdots & \vdots \\ x_{m1} & x_{m2} & \cdots & x_{mp} & \cdots & x_{mP} \\ \vdots & \vdots & \vdots & \vdots & \ddots & \vdots \\ x_{M1} & x_{M2} & \cdots & x_{Mp} & \cdots & x_{MP} \end{bmatrix} \tag{3.3}$$

式中：$[\boldsymbol{D}]_M$为全球能源互联网发展指数；$[\boldsymbol{S}]_{MN}$为专项指数；$[\boldsymbol{K}]_N$为专项指标权重矩阵；$[\boldsymbol{X}]_{MP}$为标准化的指标矩阵；$[\boldsymbol{W}]_{PN}$为评价指标权重矩阵；M为国家数目；P为指标数目；N为专项指数数目。

3.3 全球能源互联网发展指数

全球能源互联网发展指数通过发展总指数衡量全球能源转型的总体发展进程和发展差距，并分别衡量了全球能源展望在绿色低碳、发展安全、互联互通和经济高效4个方面的总体发展进程和发展差距，分析了重点指标和地区的发展差距和发展潜力，提出了未来的重点发展方向。

3.3.1 全球能源互联网总指数

全球能源互联网总指数约65分，总体处于发展中期[1]，表明全球能源转型具备一定发展基础，但距离实现全球能源互联网发展愿景仍有较大差距。其中，绿色低碳发展水平高于平均值。当前全球已经有81个国家非化石能源发电量占比超过30%，其中59个国家超过50%。发展安全绩效水平低于平均值。全球仍有72个国家能源自给率不足70%，其中43个国家不足50%，人均用电量约3200千瓦时，距离1万千瓦时/人的发展愿景仍有较大差距。互联互通是当前能源转型的短板。全

[1] 将能源转型指标按照绩效评分划分为初期、中期和成熟期三个时期，发展初期、发展中期和发展成熟期划分的范围分别为[0, 60]、(60, 80)、[80, 100]。

球仍有75个国家电力交易量占用电量比例小于10%，全球平均通电率为90%，仍有7.9亿人用不上电。未来应着重推动区域间合作联通，加快绿色转型。经济高效发展水平最高。当前以化石能源为主的能源体系总体效率较高，全球已经有70个国家系统损耗率低于10%。全球能源互联网总指数与专项指数发展进程和发展差距如图3.6所示。

全球能源转型各指标发展差异较大，仅有2个指标处于发展成熟期。处于发展初期的指标有10个，分别为减排政策、电源结构多元化程度、市场机制完善程度、电网结构与发展程度、区域能源合作程度、能源互补互济水平、智能化互动化程度、电价水平、能源强度和可再生能源投资比重，表明支撑全球能源转型的政策机制、全球合作和互补互济仍有待突破；处于发展成熟期的有2个，分别为能源自给率和通电率，表明全球总体能源供需处于稳定状态，局部地区、特殊时期（如极寒天气、地缘冲突）存在能源供应短缺现象；处于发展中期的指标共有10个，包括非化石能源消费占比、非化石能源发电量占比、碳强度、人均碳排放、电能占终端能源消费比重、人均用电量、电力保障能力、科技创新能力、能源价格可负担水平、系统损耗率，表明此类指标经过各国多年努力，已经取得一定成效，但距离实现新型能源体系的愿景差距仍然较大。全球能源互联网发展指数指标转型进程如图3.7所示，全球能源互联网发展指数指标分值及发展时期见表3.1。

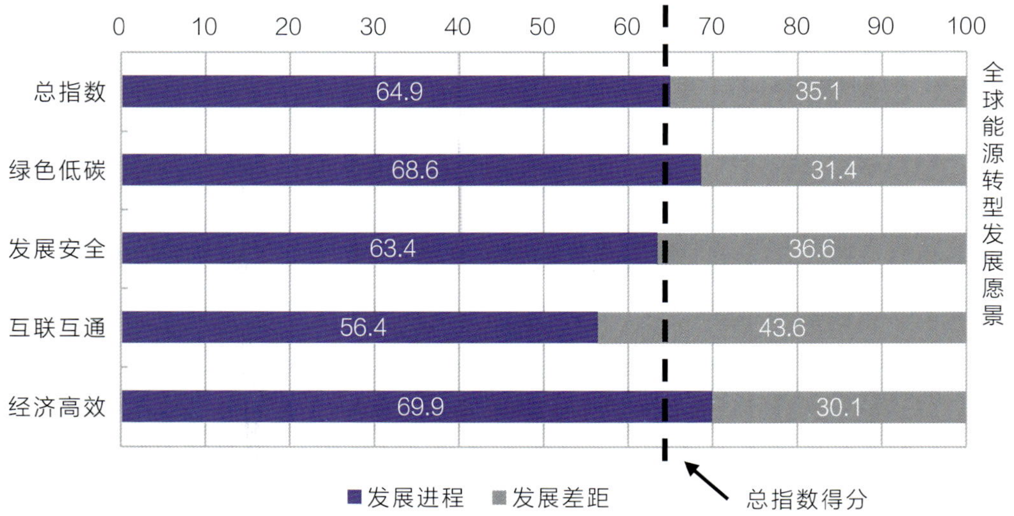

图3.6 全球能源互联网总指数与专项指数发展进程和发展差距

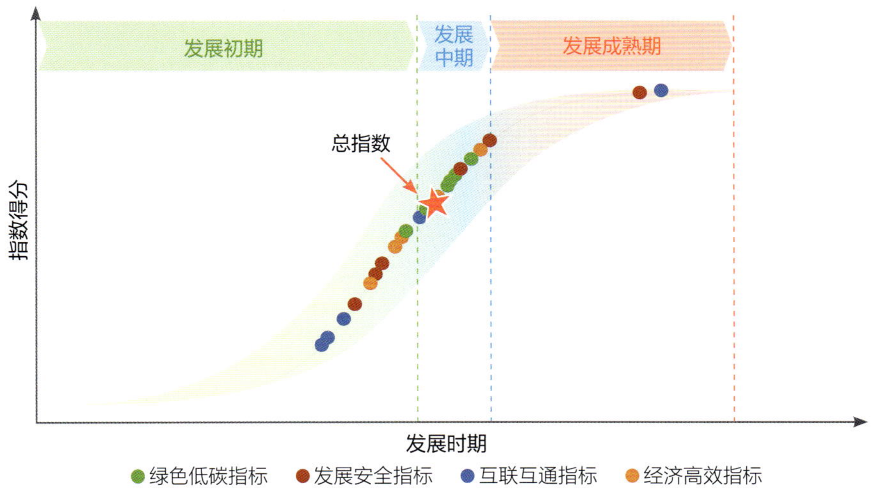

图3.7 全球能源互联网发展指数指标转型进程

表3.1 全球能源互联网发展指数指标分值及发展时期

专项指数	三级指标	分值	发展时期
绿色低碳指数	非化石能源消费占比	68.9	发展中期
	非化石能源发电量占比	73.4	发展中期
	碳强度	78.0	发展中期
	人均碳排放	74.5	发展中期
	电能占终端能源消费比重	62.5	发展中期
	减排政策	56.7	发展初期
发展安全指数	能源自给率	93.2	发展成熟期
	人均用电量	60.2	发展中期
	电源结构多元化程度	49.0	发展初期
	市场机制完善程度	37.7	发展初期
	电力保障能力	79.1	发展中期
	科技创新能力	74.8	发展中期
互联互通指数	通电率	97.7	发展成熟期
	电网结构与发展程度	47.3	发展初期
	区域能源合作程度	32.7	发展初期
	能源互补互济水平	21.9	发展初期
	智能化互动化程度	23.3	发展初期
经济高效指数	电价水平	56.7	发展初期
	能源价格可负担水平	72.5	发展中期
	能源强度	47.0	发展初期
	系统损耗率	78.9	发展中期
	可再生能源投资比重	55.8	发展初期

3.3.2　绿色低碳指数

绿色低碳指数（68.6分）处于发展中期，碳强度、非化石能源发电量占比等指标发展进程较快，反映经济增长和碳排放逐步脱钩。非化石能源消费占比、电能在终端能源消费占比等指标还需进一步加速发展，弥补当前发展差距。

1．发展进程

碳强度、非化石能源发电量占比等指标发展进程较快。得益于近年来风电、光伏等清洁电源快速发展以及绿色产业蓬勃发展，全球主要绿色低碳指标取得显著进步。与2015年相比，碳强度从0.2885千克二氧化碳/美元下降了11%，非化石能源发电量占比提高了超过4个百分点，达到38.7%。非化石能源消费占比和电能在终端能源消费占比发展进程较为缓慢，全球非化石能源消费占比超过50%的国家有34个，其中仅8个国家占比超过80%，电气化率超过30%的国家有10个，其中仅1个国家电气化率超过50%。绿色低碳指数与指标发展进程如图3.8所示。

2．发展差距

发展差距反映指标实际发展速度距离愿景实现发展速度的差距，定义为指标目标年均变化程度与实际年均变化程度的比值。如果该值小于1，说明当前指标发展快于预期，如果该值大于1，则表明当前指标发展落后于预期。数字越大，说明指标差距越大，越需要加快发展。

全球绿色低碳差距主要体现在非化石能源消费占比和电能在终端能源消费占比。碳强度发展差距最小，实际发展速度与愿景要求速度一致，这主要得益于全球能效逐步提升和经济高质量发展，其余指标进展差距倍数介于1.52与4.51之间。实现碳中和发展愿景，非化石能源消费占比

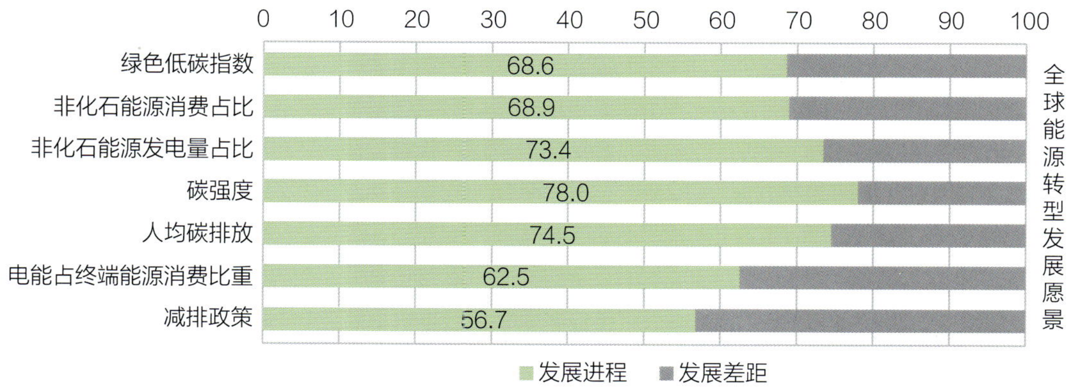

图3.8　绿色低碳指数与指标发展进程

需每年提高1.6个百分点，而当前每年仅提高0.36个百分点，提升速度需是当前的近4.5倍。电能在终端能源消费占比需每年提高1.2个百分点，而当前每年仅提高0.4个百分点，提升速度需是当前的近3倍。未来电气化和清洁化加速发展可以弥补其他指标发展差距。随着近年来风电和光伏快速发展，非化石能源发电量指标发展差距较小，为1.5，该指标近期有望最先回到正常发展轨道。绿色低碳指标发展差距如图3.9所示。

绿色低碳区域之间差异显著，主要原因是经济发展阶段和能源资源禀赋的差异。欧洲、北美和大洋洲的非化石能源消费占比高，可再生能源利用水平较高，能源清洁低碳转型处于领先水平。中南美洲、南亚、撒哈拉以南非洲重视利用风能、水能、生物质能等可再生能源，碳排放量较低。东南亚、俄罗斯和中亚、西亚和北非的能源供应以化石能源为主，绿色低碳发展距离愿景实现差距较大。绿色低碳指数区域发展差距如图3.10所示。

进程	指标	2015年	当前	年均变化（实际）	发展差距（倍数）
69	非化石能源消费占比	18.2%	20.0%	0.36	4.51
73	非化石能源发电量占比	33.9%	38.7%	0.96	1.52
78	碳强度（千克CO_2/2015 USD PPP）	0.2905	0.2562	-0.0065	0.94
63	电能在终端能源消费占比	18.5%	20.5%	0.4	3.09

图3.9 绿色低碳指标发展差距

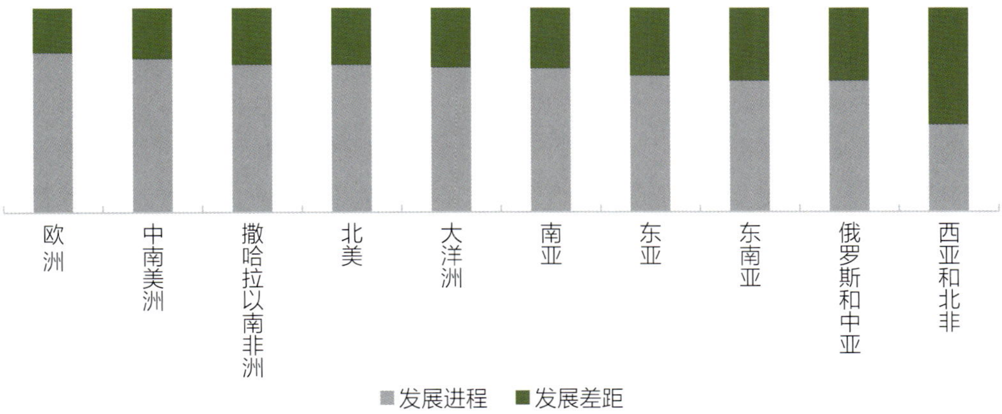

图3.10 绿色低碳指数区域发展差距

3.3.3 发展安全指数

发展安全指数（63.4分）处于发展中期，能源自给率等指标发展进程较快，反映全球能源供应总体充足。市场机制完善程度、电源结构多元化程度等指标发展差距较大。

1. 发展进程

能源自给率等指标发展进程较快。全球能源自给率超过100%的国家有43个，但需要警惕的是区域之间能源供需紧张问题仍然存在，国际能源合作在能源自给中发挥的作用将更加凸显。相比之下，市场机制完善程度、电源结构多元化程度评分仅分别为37.9分和49分，均处于发展初期。人均用电量进程评估为60.2分，发达国家人均用电量超过10000千瓦时/人，整体提高了全球水平，目前全球仍有部分地区存在大量无电人口，生产生活用能质量不高，人均用电量小于1000千瓦时/人的国家达40个。发展安全指数与指标发展进程如图3.11所示。

2. 发展差距

市场机制完善程度、电源结构多元化程度距离实现全球能源转型愿景差距明显，人均用电量仍有较大提升空间。各国电力市场和碳市场发展进程不一，需求侧响应参与程度较低，电源结构较为单一，互补性有待提升，未来高比例可再生能源并网和电力互补互济对能源系统安全性提出了更高要求。实现发展愿景，人均用电量需每年增加147千瓦时，而当前每年仅增加30千瓦时，增加速度需是当前的近5倍，表明全球电力实现“用得上”相对容易，而距离电力实现“用得起、用得好”的目标，仍然存在较大差距。发展安全指标发展差距如图3.12所示。

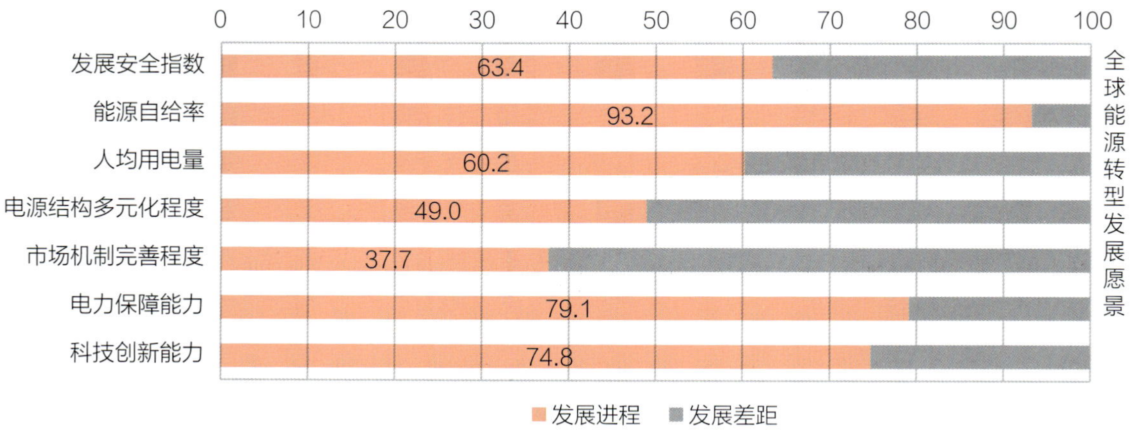

图3.11 发展安全指数与指标发展进程

发展进程	指标	2015年	当前	年均变化（实际）	发展差距（倍数）
60	人均用电量（千瓦时/人）	3060	3210	30	4.9

图3.12　发展安全指标发展差距

南亚、俄罗斯和中亚、撒哈拉以南非洲能源安全发展面临挑战，距离愿景实现差距较大。北美、欧洲、大洋洲和东亚四个区域拥有较高的能源自给率、人均用电量、多元化的电源结构和强大的电力保障能力与科技创新能力。东南亚、中南美洲、西亚和北非的发展安全指数得分略高于全球平均水平，主要由于区域内能源供应充足，但是其市场机制和技术创新保障水平欠缺。南亚、俄罗斯和中亚、撒哈拉以南非洲的发展安全水平低于全球平均水平，距离愿景实现差距较大。发展安全指数区域发展差距如图3.13所示。

3.3.4　互联互通指数

1．发展进程

互联互通指数（56.4分）处于发展初期，通电率等指标发展进程较快，反映全球电力普及取得较大进展。电网结构与发展程度、区域能源合作程度、智能化互动化程度、能源互补互济水平等指标发展差距大。

通电率等指标发展进程较快。通电率发展进程评估分值为97.7分，处于发展成熟期，全球已经有82个国家实现100%通电，通电率大于80%的国家达到114个，未来主要解决不发达地区或小岛屿

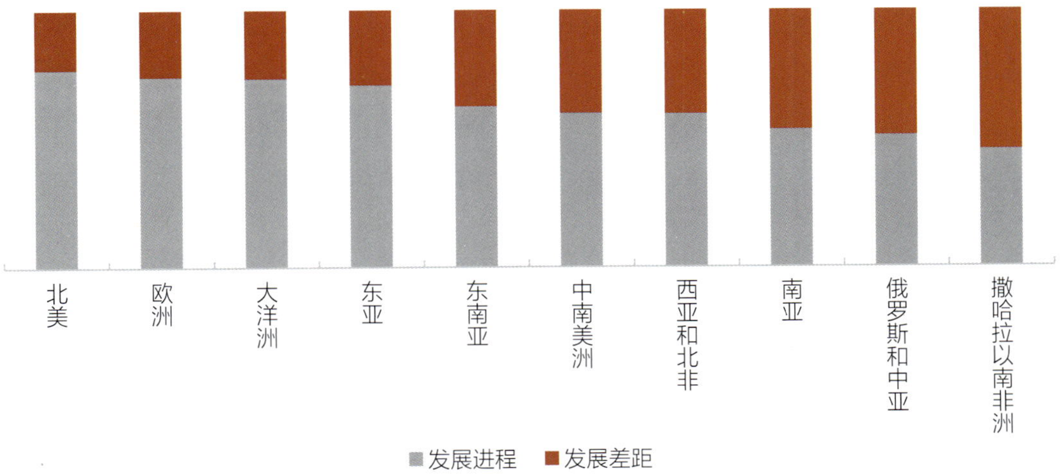

图3.13　发展安全指数区域发展差距

地区通电问题，100%通电率的目标有望在未来20年内实现。电网结构与发展程度、区域能源合作程度、智能化互动化程度、能源互补互济水平进程评估分值分别为47.3、32.7、23.3、21.9，表明各国电网基础设施互联建设仍处于发展初期，国际能源合作水平较低，全球电网智能化水平参差不齐，跨国电力交易量仍较小，总体发展进程非常缓慢。互联互通指数与指标发展进程如图3.14所示。

2. 发展差距

全球的区域能源合作程度、能源互补互济水平、智能化互动化程度距离实现全球能源转型愿景差距明显。通电率发展差距最小，实际发展速度高于未来目标发展速度需求，发展差距倍数仅为0.44，因此100%通电率的目标在未来20年内有望实现。能源互补互济水平发展差距最大，当前跨国交易电量占总用电量比例不到10%的国家高达75个。互联互通指标发展差距如图3.15所示。

欧洲和北美距离互联互通发展愿景差距较小，东南亚、南亚、撒哈拉以南非洲面临较大发展差距。欧洲和北美区域内能源电力基础设施完善，电网广域化、清洁化和智能化配置优势明显。大洋洲、俄罗

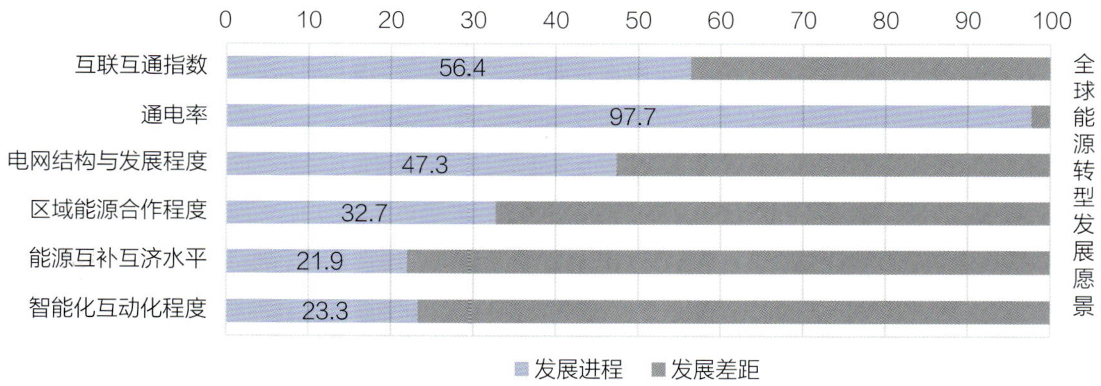

图3.14 互联互通指数与指标发展进程

发展进程

指标	2015年	当前	年均变化（实际）	发展差距（倍数）
通电率	87.7%	90.4%	0.54	0.44

图3.15 互联互通指标发展差距

斯和中亚、东亚互联互通高于全球平均水平，电力覆盖率高，但人均用电量和能源互补互济水平相对弱于北美和欧洲。西亚和北非、中南美洲、东南亚、南亚、撒哈拉以南非洲互联互通方面表现欠佳，电力智能化水平发展缓慢，尤其是撒哈拉以南非洲，通电率显著低于其他区域，仍存在电力普及、消费和发展不足的问题。互联互通指数区域发展差距如图3.16所示。

3.3.5 经济高效指数

经济高效指数（69.9分）处于发展中期，系统损耗率、能源价格可负担水平等指标发展进程较快，反映全球能源系统总体效率较高。能源强度、绿色投资等指标发展差距较大。

1．发展进程

系统损耗率、能源价格可负担水平等指标发展进程较快。伴随智能化和自动化发展，电力传输和配送损耗逐步下降，能源利用更加高效，系统损耗率小于6%的国家有31个，有一半国家系统损耗率小于10%。近年来能源价格虽然受供需格局影响出现波动，但随着各国更加重视能源储备和能源供给安全，能源价格波动总体处于可接受范围，主要国家工业电价水平为0.051～0.185美元/千瓦时，居民电价水平为0.077～0.334美元/千瓦时。受全球各国经济和技术发展阶段不同，能源高效利用技术水平差异较大，经济增长仍带来大量能源消费增加，能源强度发展进程仍处于较低发展阶段，能源强度低于1吨标准煤/万美元的国家仅有10个。经济高效指数与指标发展进程如图3.17所示。

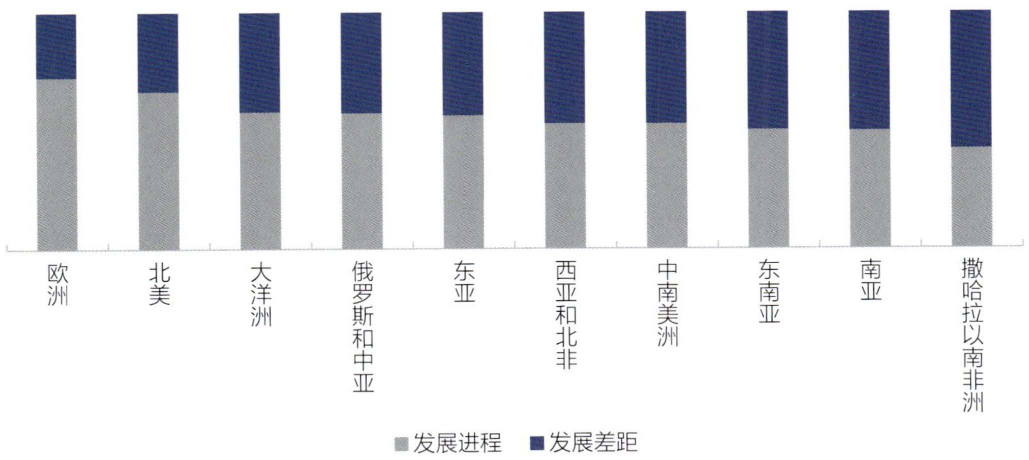

图3.16 互联互通指数区域发展差距

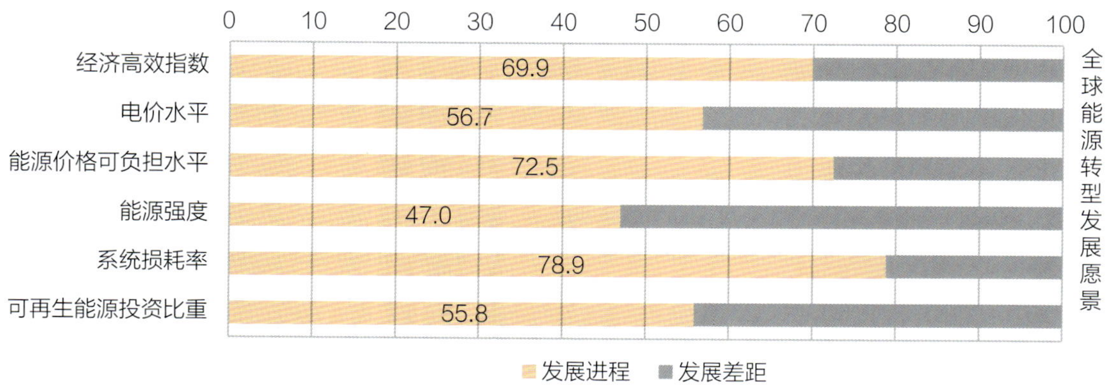

图3.17 经济高效指数与指标发展进程

2. 发展差距

全球经济高效愿景实现的差距主要体现在能源强度、电价水平和可再生能源投资比重。距离实现碳中和目标，能源强度和可再生能源投资比重等指标还需进一步加速发展。实现碳中和发展愿景，能源强度需每年下降0.04吨标准煤/万美元，而当前每年下降0.03吨标准煤/万美元，下降速度需是当前的近1.5倍。系统损耗率实际年均下降0.13个百分点，高于目标年均变化要求。经济高效指标发展差距如图3.18所示。

俄罗斯和中亚、南亚、撒哈拉以南非洲距离愿景实现存在较大差距。北美、欧洲、大洋洲具有优质和高效的能源供应和运行保障体系。西亚和北非、东亚的经济高效指数得分高于全球平均水平，能够保障区域内能源可及和可负担。中南美洲、东南亚能源效率较低。南亚和撒哈拉以南非洲能源供应和保障能力较差，人均GDP较低，能源电力消费不足，能源转型成本较高，负担较大。经济高效指数区域发展差距如图3.19所示。

发展进程	指标	2015年	当前	年均变化（实际）	发展差距（倍数）
47	能源强度（吨标准煤/万美元）	2.58	2.43	-0.03	1.48
79	系统损耗率	7.89%	7.22%	-0.13	0.23

图3.18 经济高效指标发展差距

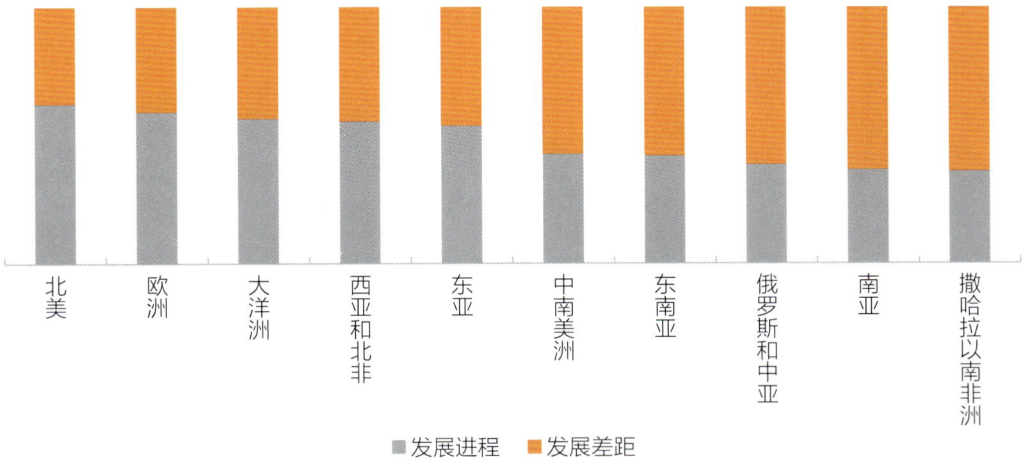

图3.19 经济高效指数区域发展差距

3.4 区域特征

根据世界区域划分进行整合，将全球划分为十大区域，排名依次是欧洲、北美、大洋洲、东亚、中南美洲、东南亚、南亚、俄罗斯和中亚、西亚和北非、撒哈拉以南非洲。

在全球十大区域中，欧洲、北美、大洋洲和东亚处于领先水平，在绿色低碳、发展安全、互联互通和经济高效四个维度方面相对均衡。中南美洲可再生能源消费占比高，南亚和撒哈拉以南非洲初级生物质较多，具有较好的绿色低碳水平。东南亚能源结构多元，电力保障能力强。俄罗斯和中亚电力互联互通基础良好。西亚和北非得益于其丰富的油气资源储备和高收入，经济高效表现较好。全球区域分数与排名概览如图3.20所示。

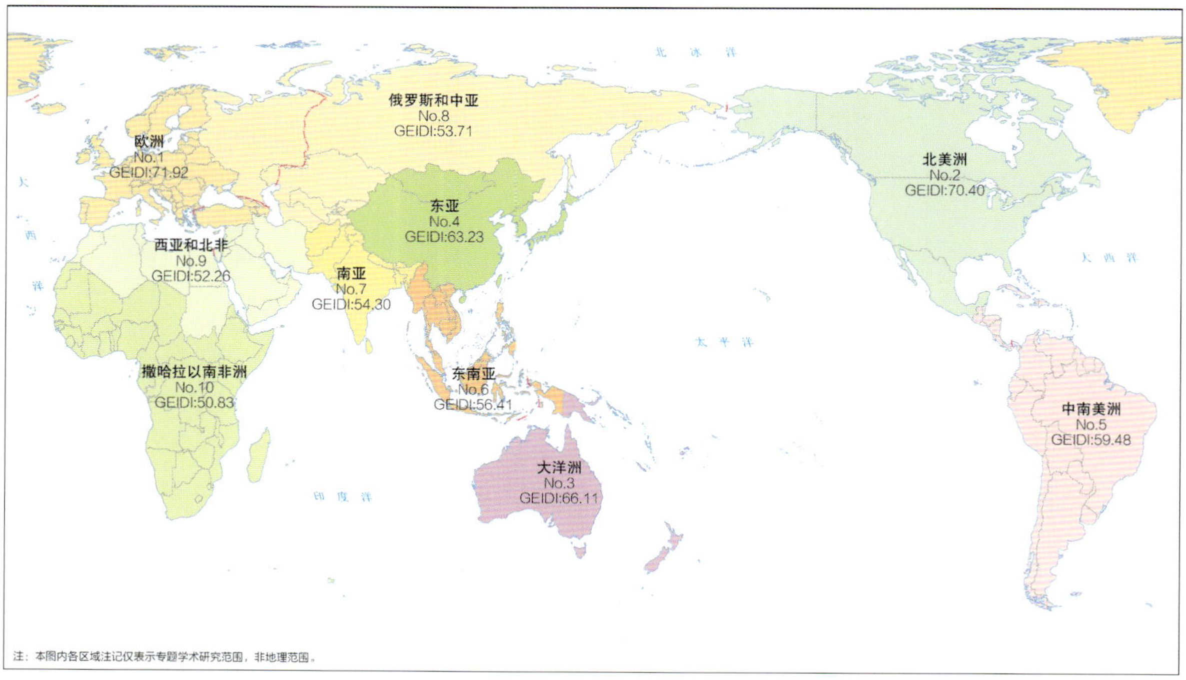

图3.20 全球区域分数与排名概览

3.4.1 欧洲

全球能源互联网指数区域排名中，欧洲排名第一。绿色低碳指数、发展安全指数、互联互通指数、经济高效指数分别排名第一、第二、第一、第二。欧洲是全球应对气候变化的倡导者，积极制定和践行气候行动政策和低碳转型政策，在能源低碳转型、电网互联与智能化发展、市场经济一体化建设等方面处于领先地位，具备高比例清洁能源、广域的电网互联互通和高水平节能增效的特点。欧洲能源转型得益于完备的基础设施与市场机制，但受地缘政治影响，能源安全或成为制约未来能源转型的短板，未来亟须统筹解决。欧洲各国能源转型发展水平分布态势如图3.21所示。

欧洲包含44个国家，总体发展水平高，国家间排名跨度较大。在全球排名前40名中，欧洲国家占28个，其中瑞典全球总排名第一。瑞典大力支持非化石能源发展政策，是能源转型的引领者，具备较高的电气化普及率和科技创新能力，电力基础设施完备、政策机制完善。欧洲各国全球能源互联网发展指数指标分布如图3.22所示。欧洲各国全球能源互联网发展指数排名见表3.2。

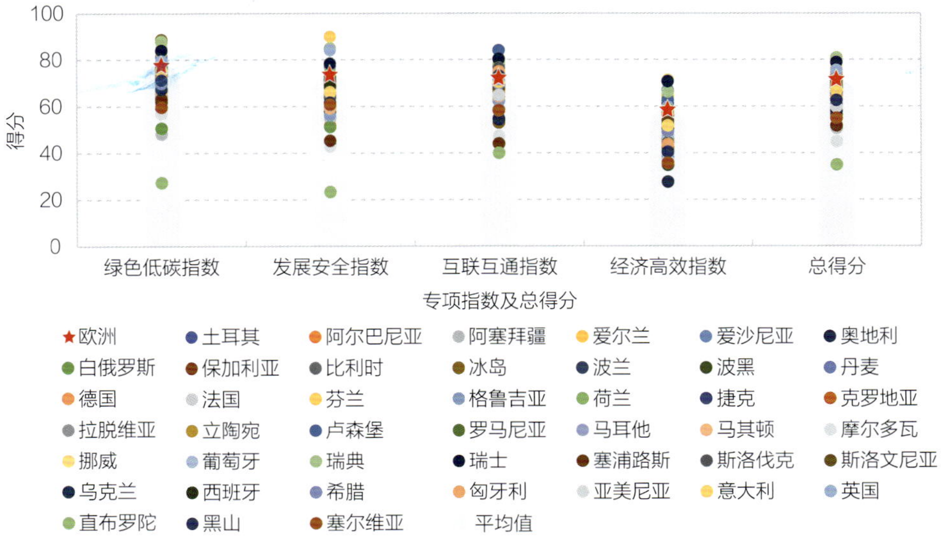

图3.21 欧洲各国能源转型发展水平分布态势

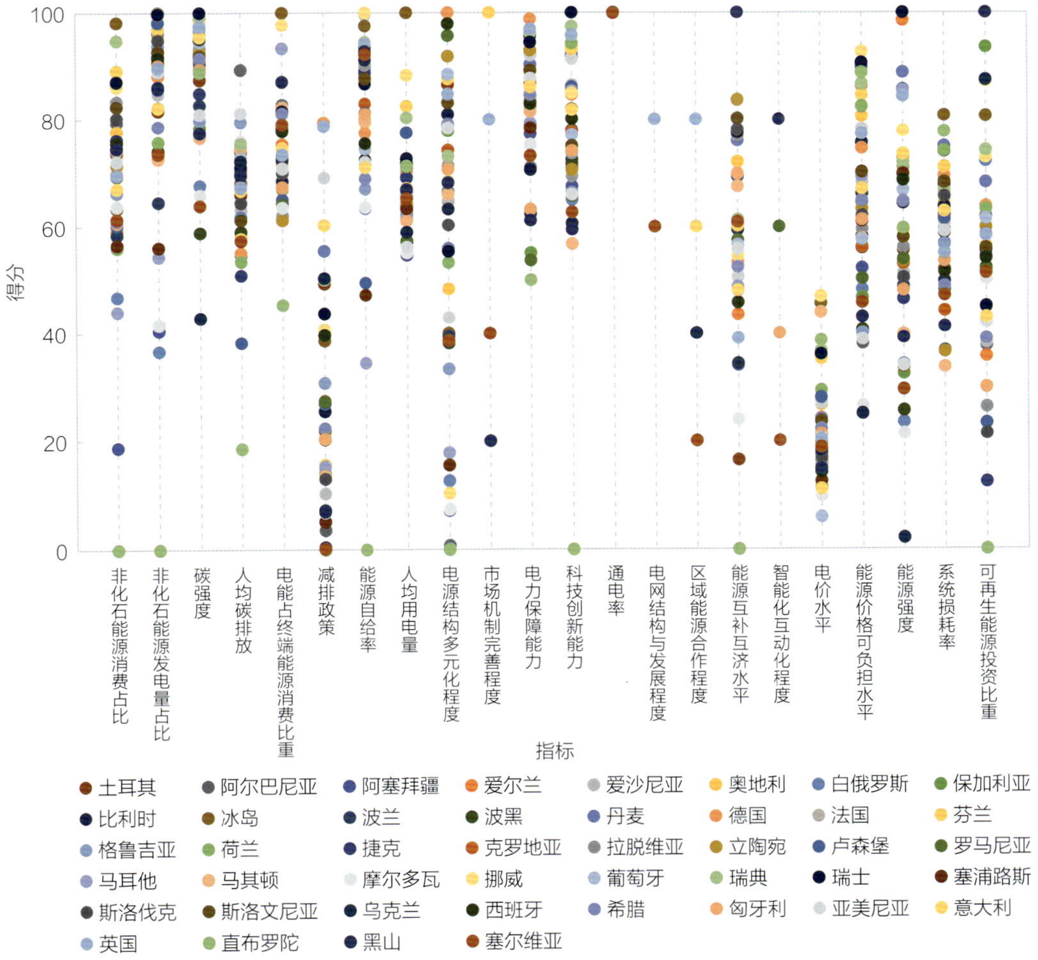

图3.22 欧洲各国全球能源互联网发展指数指标分布

表3.2 欧洲各国全球能源互联网发展指数排名

全球排名	国家	区域	区域内排名	绿色低碳	发展安全	互联互通	经济高效
1	瑞典	北欧	1	2	2	3	4
2	芬兰	北欧	2	9	1	4	6
3	瑞士	西欧	3	4	7	2	2
4	挪威	北欧	4	5	14	8	1
5	法国	西欧	5	3	5	9	12
6	丹麦	北欧	6	6	9	12	3
7	英国	西欧	7	7	4	19	11
8	德国	西欧	8	11	3	18	14
9	奥地利	西欧	9	12	11	5	10
11	比利时	西欧	10	22	8	11	15
12	冰岛	北欧	11	1	18	41	9
13	爱尔兰	西欧	12	30	6	30	5
15	荷兰	西欧	13	36	10	13	7
16	斯洛文尼亚	南欧	14	13	12	27	16
18	西班牙	西欧	15	10	20	23	20
19	卢森堡	西欧	16	32	34	1	8
20	爱沙尼亚	东欧	17	26	15	16	22
21	葡萄牙	南欧	18	14	24	6	23
22	意大利	南欧	19	15	22	21	19
26	立陶宛	东欧	20	24	17	15	25
27	拉脱维亚	东欧	21	16	21	20	26
28	斯洛伐克	东欧	22	17	26	7	29
31	捷克	东欧	23	33	13	14	30
33	罗马尼亚	东欧	24	19	19	26	34
34	希腊	南欧	25	29	23	22	21
37	匈牙利	东欧	26	21	31	10	31
38	克罗地亚	南欧	27	18	25	28	32
40	保加利亚	东欧	28	23	28	25	33
41	黑山	南欧	29	27	29	17	35
47	土耳其	南欧	30	25	27	38	27
53	亚美尼亚	东欧	31	28	33	33	39
55	阿尔巴尼亚	东欧	32	8	39	32	40

续表

全球排名	国家	区域	区域内排名	绿色低碳	发展安全	互联互通	经济高效
57	波兰	东欧	33	40	30	24	24
58	格鲁吉亚	东欧	34	20	37	35	38
60	马其顿	南欧	35	34	35	34	36
65	乌克兰	东欧	36	31	16	39	43
71	波黑	南欧	37	38	36	29	42
79	马耳他	南欧	38	35	42	36	17
83	塞尔维亚	南欧	39	39	32	37	41
102	塞浦路斯	南欧	40	37	41	43	18
103	白俄罗斯	东欧	41	42	40	31	37
112	阿塞拜疆	东欧	42	43	38	40	28
127	摩尔多瓦	东欧	43	41	43	42	44
140	直布罗陀	南欧	44	44	44	44	13

3.4.2 北美

全球能源互联网指数区域排名中，北美排名第二。绿色低碳指数、发展安全指数、互联互通指数、经济高效指数分别排名第四、第一、第二、第一。北美能源种类多样，能源储量和产量均位居世界前列。北美能源消费水平高，化石能源依旧占据能源消费的主要地位。电力基础设施完备，电力规模交易大，系统损耗率低，电网智能化、互动化水平高，美国和加拿大的人均用电量是全球平均水平的4倍以上。北美在能源高效利用和可负担上水平上较为领先，具备产业与资源基础实现能源效率的提升和优化。优化以化石能源为主的能源结构将成为低碳转型的关键点。北美各国能源转型发展水平分布态势如图3.23所示。

北美区域包含3个国家，区域内能源种类丰富，发展基础较好，国家间发展差异较大。加拿大水能资源丰富，水电具有主导地位，非化石能源发电占比高。加拿大是全球最清洁的电力系统之一，电力互联互通基础好，系统损耗率低。美国能源丰富，尤其是化石能源储量丰富，电力系统发展基础较好，电气化智能化水平高。北美各国全球能源互联网发展指数指标分布如图3.24所示。北美各国全球能源互联网发展指数排名见表3.3。

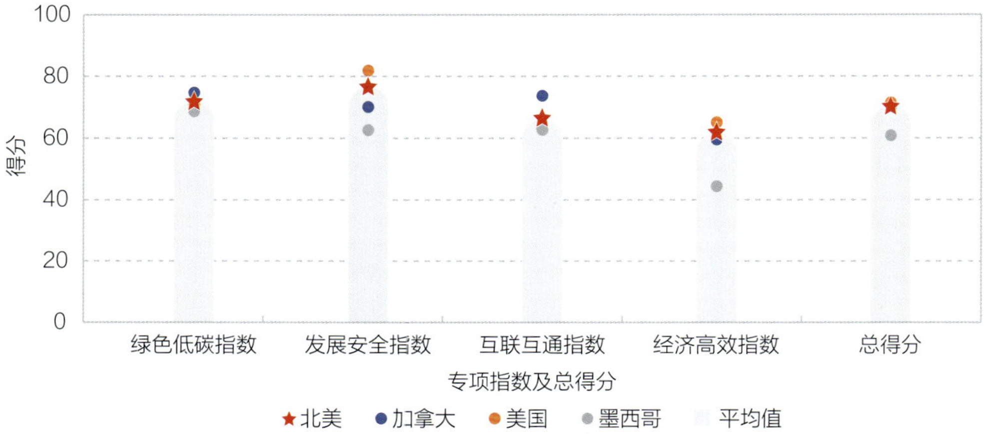

图3.23 北美各国能源转型发展水平分布态势

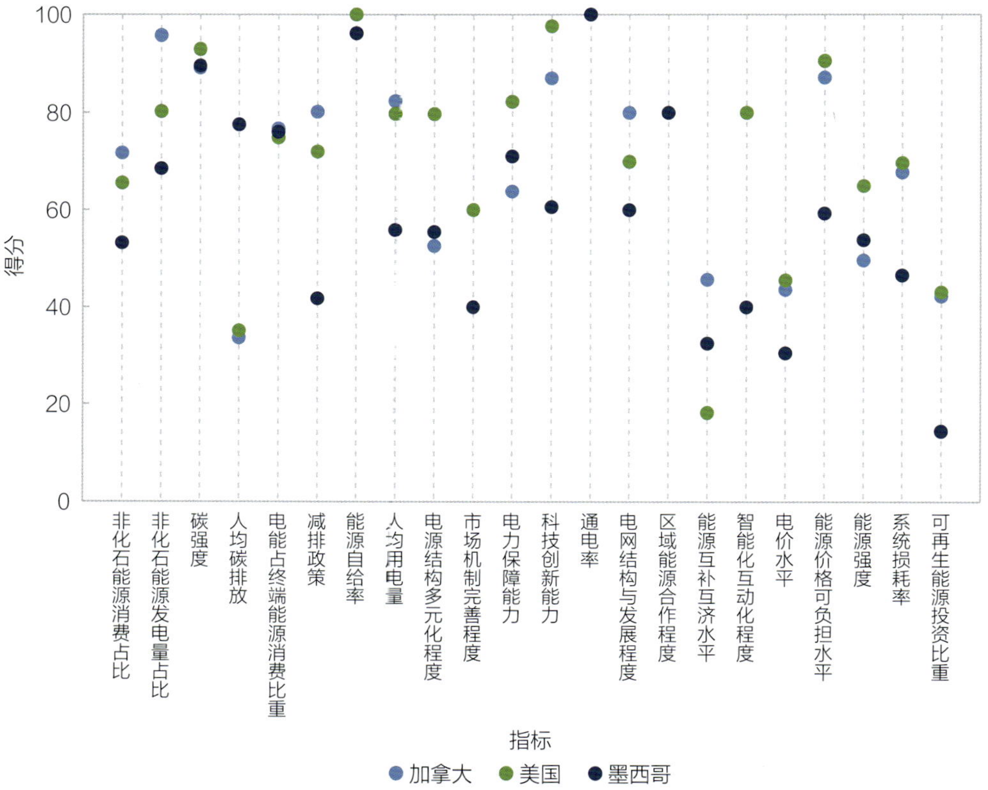

图3.24 北美各国全球能源互联网发展指数指标分布

表3.3 北美各国全球能源互联网发展指数排名

全球排名	国家	区域内排名	绿色低碳	发展安全	互联互通	经济高效
10	美国	1	2	1	2	1
14	加拿大	2	1	2	1	2
46	墨西哥	3	3	3	3	3

3.4.3 大洋洲

全球能源互联网指数区域排名中，大洋洲排名第三。绿色低碳指数、发展安全指数、互联互通指数、经济高效指数分别排名第五、第三、第三、第三。大洋洲自然资源和矿产资源丰富，重视清洁能源发展，能源电力基础设施完善，电力消费水平较高。区域内经济发达，能源强度和系统损耗率低。澳大利亚能源消费结构以煤为主，新西兰进口石油，能源消费主要以天然气和以水电为主。区域一体化基础良好，但是受限于地理条件约束，尚未实现国家间电网互联互通，跨国能源配置能力较为薄弱。大洋洲各国能源转型发展水平分布态势如图3.25所示。

大洋洲区域包含2个国家，区域内经济发达，资源丰富，电力消费水平高。新西兰能源结构多样，主要由水电、地热和风电构成。澳大利亚的能源消费以煤炭为主，非化石能源消费占比以及发电量占比均低于世界平均水平，但是澳大利亚能源富集，绿色低碳发展潜力较大。新西兰的绿色低碳方面优于澳大利亚，澳大利亚在发展安全、互联互通和经济高效方面表现更好。大洋洲各国全球能源互联网发展指数指标分布如图3.26所示。大洋洲各国全球能源互联网发展指数排名见表3.4。

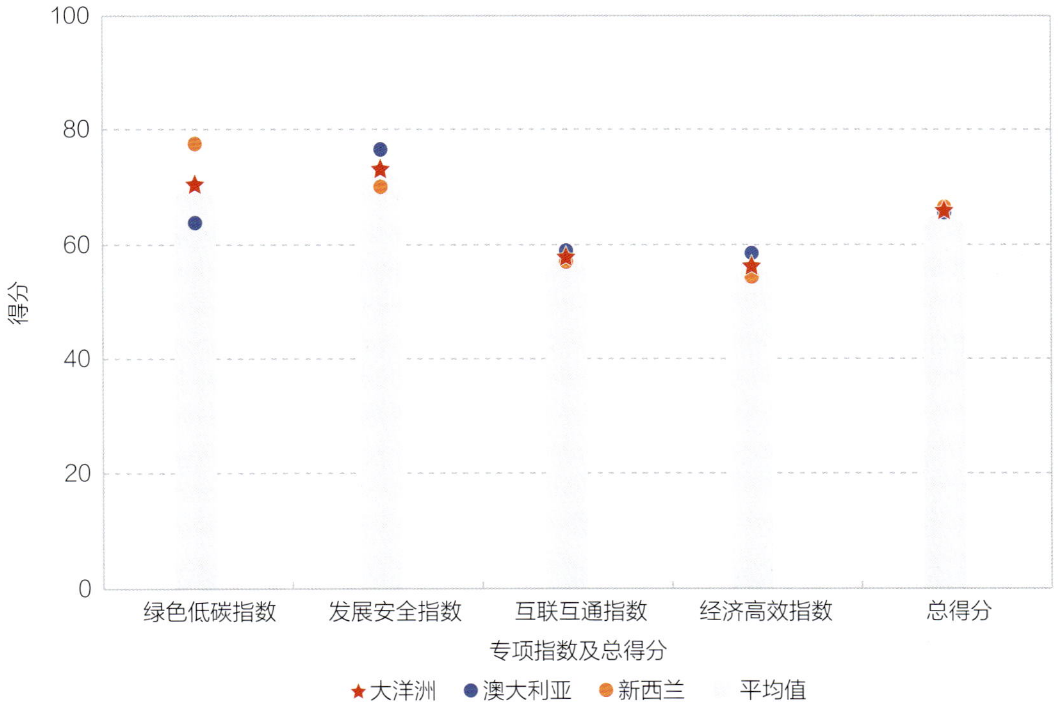

图3.25 大洋洲各国能源转型发展水平分布态势

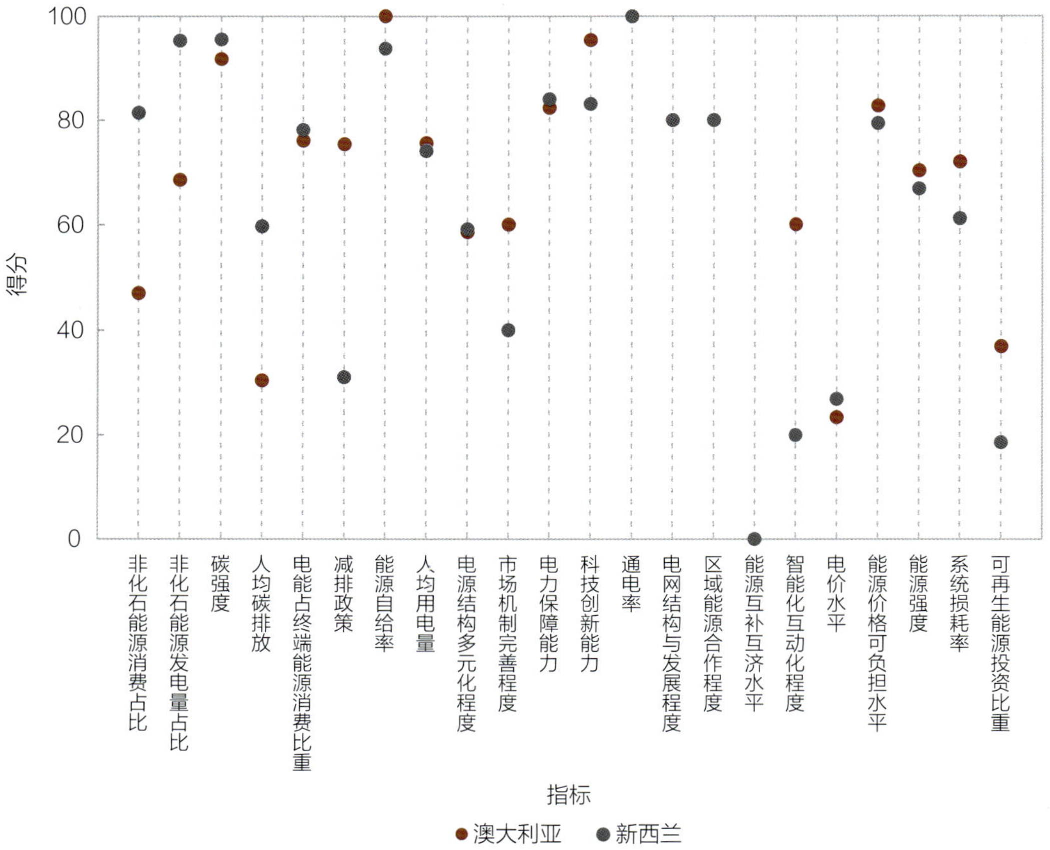

图3.26　大洋洲各国全球能源互联网发展指数指标分布

表3.4　大洋洲各国全球能源互联网发展指数排名

全球排名	国家	区域内排名	绿色低碳	发展安全	互联互通	经济高效
23	新西兰	1	1	2	2	2
29	澳大利亚	2	2	1	1	1

3.4.4　东亚

全球能源互联网指数区域排名中，东亚排名第四。绿色低碳指数、发展安全指数、互联互通指数、经济高效指数分别排名第七、第四、第五、第五。东亚区域内非化石能源消费占比较低，清洁能源发电装机占比提升速度快，发展潜力较大。经济发展活跃，能源需求量大，电力消费增长迅速，中国、日本和韩国已经实现电力全覆盖，电能在终端能源消费占比均超过25%，日本高达28%。东亚各国经济发展阶段不同，能源电力对经济社会保障能力的差异较大。东亚各国能源转型发展水平分布态势如图3.27所示。

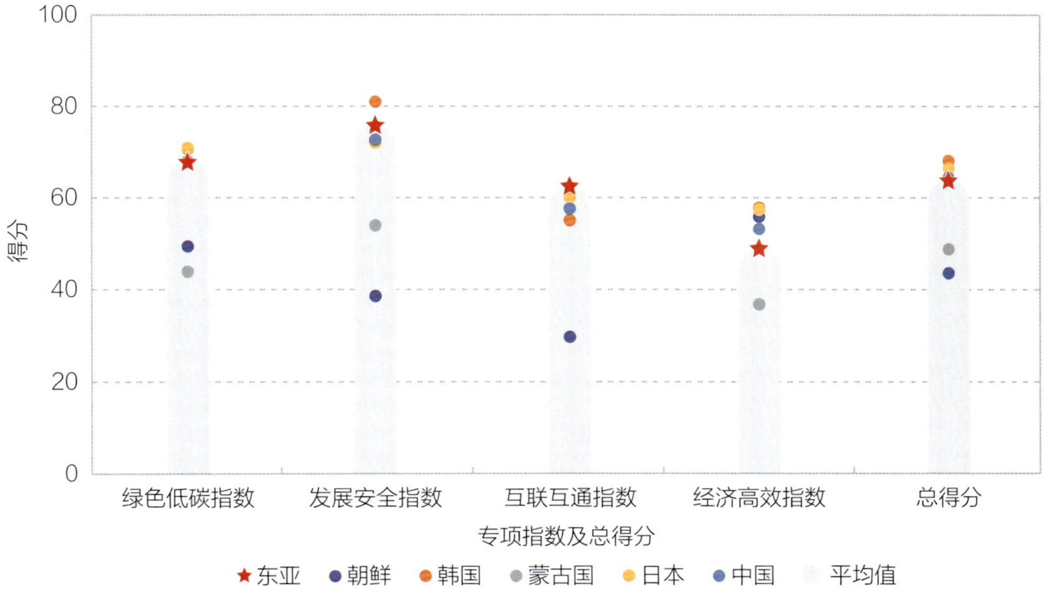

图3.27 东亚各国能源转型发展水平分布态势

东亚区域包含5个国家，区域内国家间经济发展、能源禀赋差异较大，中国、日本、韩国排名靠前，朝鲜和蒙古国靠后。区域内中国、日本和韩国在各维度均表现较好。中国在水电、风电、光伏发电总装机规模连续多年稳居世界之首，可再生能源发展进程瞩目，但能源结构仍然以煤炭为主，能效仍待提升。韩国和日本工业发达，以化石能源消费为主，能源消费量大，人均非化石能源装机超过0.8千瓦。东亚各国全球能源互联网发展指数指标分布如图3.28所示。东亚各国全球能源互联网发展指数排名见表3.5。

3.4.5 中南美洲

全球能源互联网指数区域排名中，中南美洲排名第五。绿色低碳指数、发展安全指数、互联互通指数、经济高效指数分别排名第二、第六、第七、第六。中南美洲可再生能源，特别是水能资源丰富，可再生能源开发潜力巨大，能源绿色转型好。区域内尚未实现电网完全覆盖，整体人均用电量水平较低，近半数国家尚未实现跨国电力交易，电网互联互通程度较差。由于可再生能源（主要是水电）占比高，电力保供不稳定，易受气候变化影响，能源安全水平与电网互

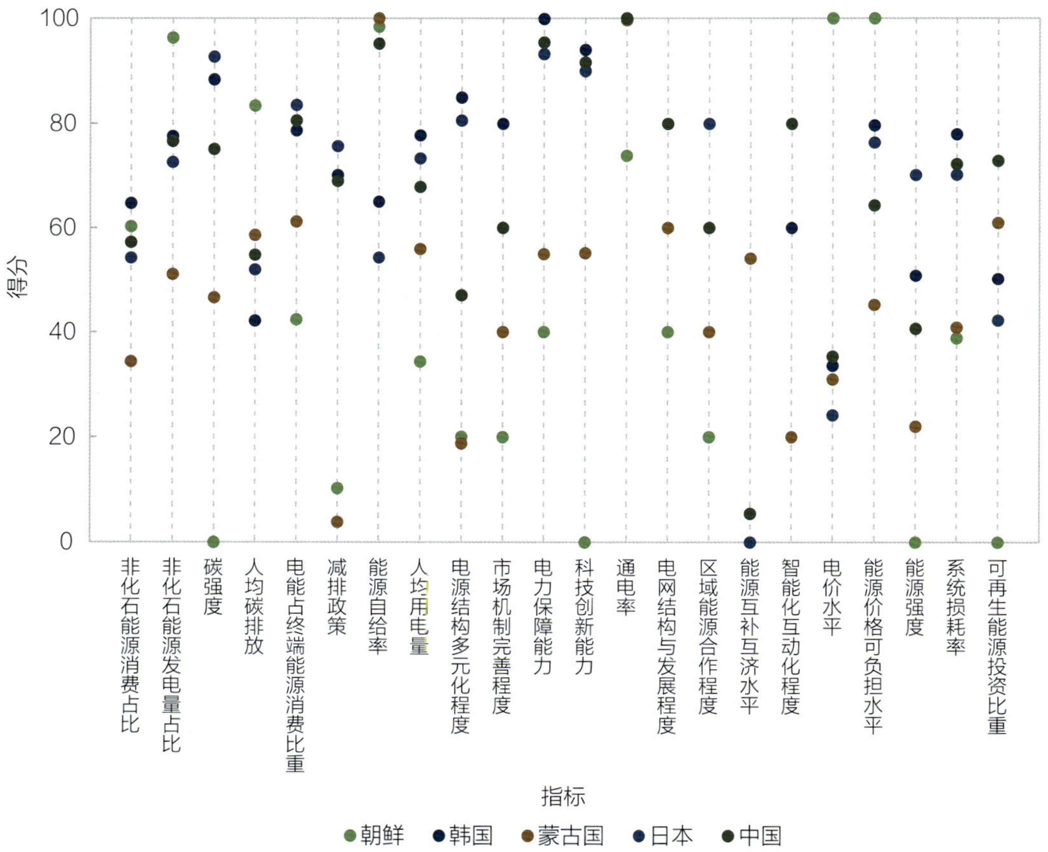

图3.28 东亚各国全球能源互联网发展指数指标分布

表3.5 东亚各国全球能源互联网发展指数排名

全球排名	国家	区域内排名	绿色低碳	发展安全	互联互通	经济高效
17	韩国	1	2	1	4	1
25	日本	2	1	3	2	2
36	中国	3	3	2	3	4
121	蒙古国	4	5	4	1	5
133	朝鲜	5	4	5	5	3

联互通程度有较大改善空间。中南美洲各国能源转型发展水平分布态势如图3.29所示。

中南美洲区域包含23个国家，区域内中美洲和南美洲国家排名两极分化，西印度群岛国家排名落后。区域内乌拉圭排名第一，清洁能源发展成效显著，具备高比例可再生能源发电的特点，绿色低碳发展水平较高，经济脱碳显著。乌拉圭与巴西、巴拉圭、阿根廷是中南美洲南部电网互联的主要国家，共同投资并运营水电站，电力清洁和电网互联程度较高。中南美洲各国全球能源互联网发展指数指标分布如图3.30所示。中南美洲各国全球能源互联网发展指数排名见表3.6。

3.4.6 东南亚

全球能源互联网指数区域排名中，东南亚排名第六。绿色低碳指数、发展安全指数、互联互通指数、经济高效指数分别排名第八、第五、第八、第七。东南亚能源丰富，经济发展速度快，但是化石能源依赖程度高，可再生能源发展相对滞后，存在能源电力基础设施落后、开发外送条件不足、投融资困难等问题，绿色低碳发展水平相对落后。除新加坡外，区域内各国人均用电水平较低，部分地区仍存在无电人口，主要集中在缅甸。目前尚未形成统一的区域电网，各国骨干网架也亟待增强。东南亚各国能源转型发展水平分布态势如图3.31所示。

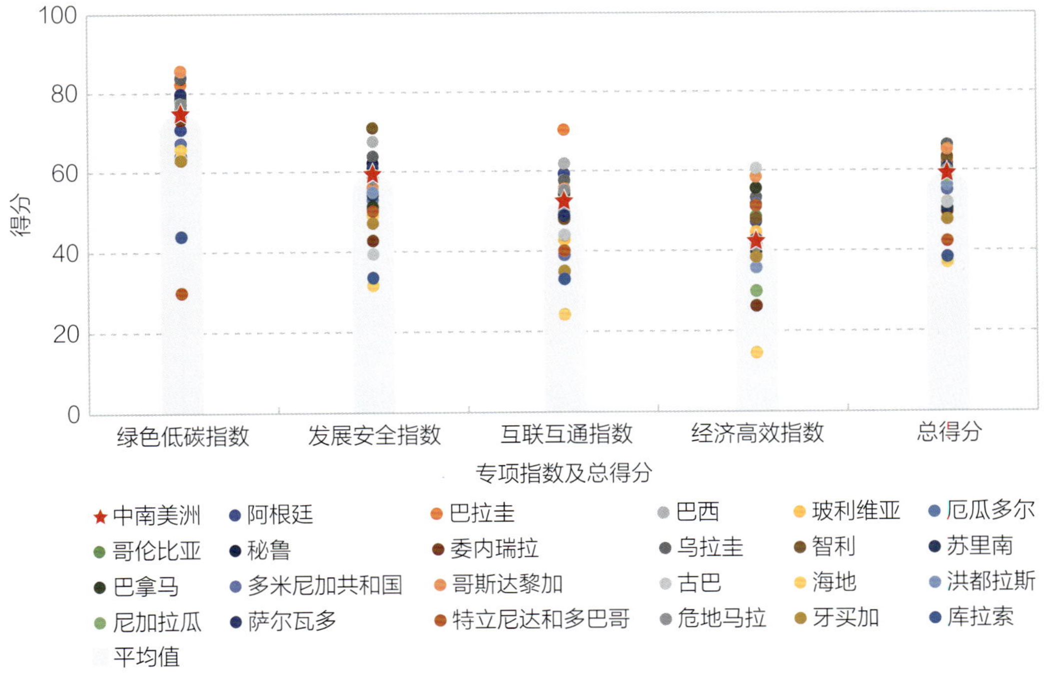

图3.29 中南美洲各国能源转型发展水平分布态势

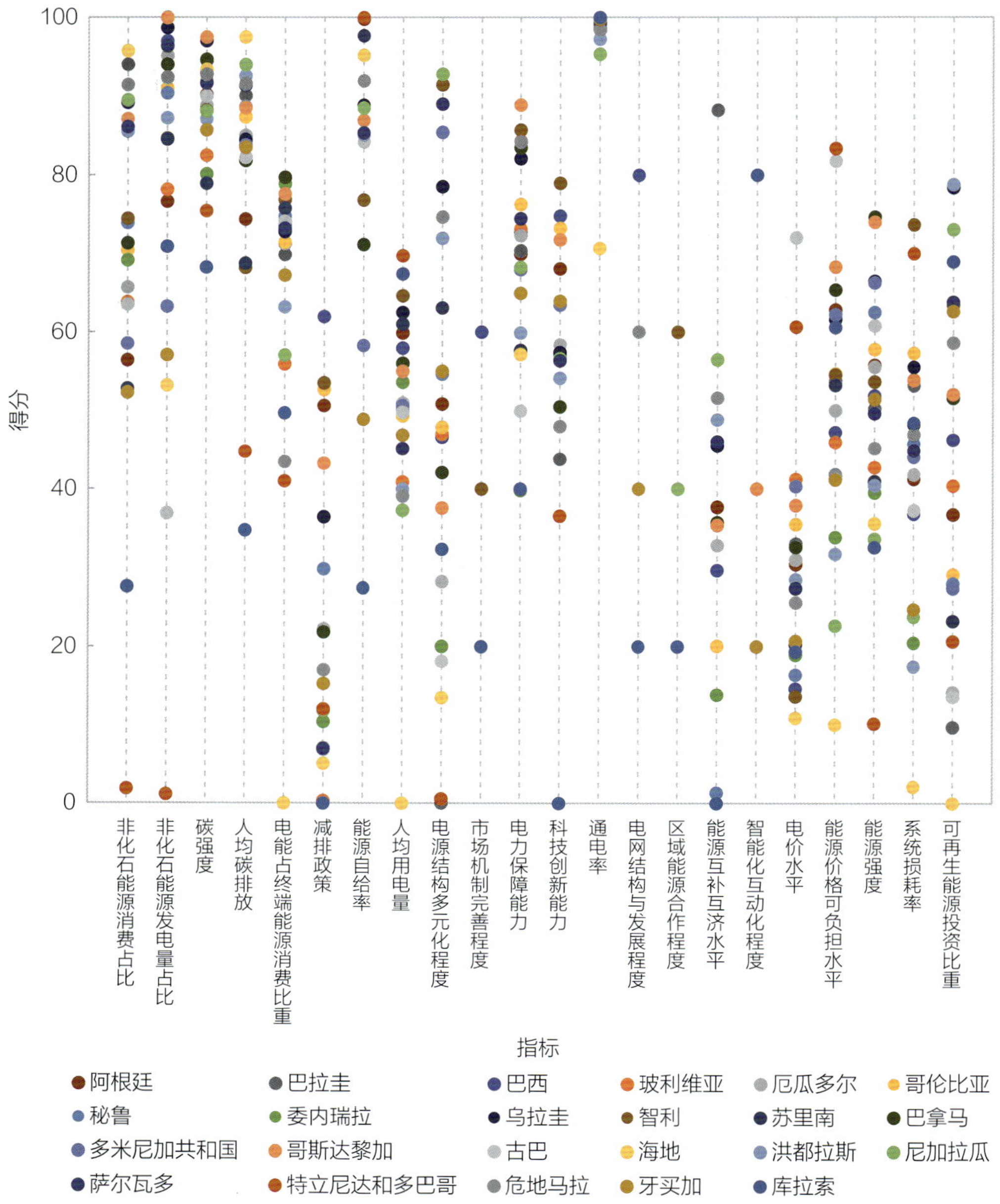

图3.30 中南美洲各国全球能源互联网发展指数指标分布

表3.6 中南美洲各国全球能源互联网发展指数排名

全球排名	国家	区域	区域内排名	绿色低碳	发展安全	互联互通	经济高效
24	乌拉圭	南美洲	1	3	3	4	4
30	巴西	南美洲	2	2	2	2	18
32	哥斯达黎加	中美洲	3	1	11	5	2
39	智利	南美洲	4	11	1	15	8
42	巴拉圭	南美洲	5	4	16	1	11
43	阿根廷	南美洲	6	15	4	3	9
45	哥伦比亚	南美洲	7	6	8	10	7

续表

全球排名	国家	区域	区域内排名	绿色低碳	发展安全	互联互通	经济高效
49	巴拿马	中美洲	8	9	15	8	3
50	萨尔瓦多	中美洲	9	5	6	12	12
51	危地马拉	中美洲	10	10	9	6	15
54	秘鲁	南美洲	11	7	5	13	16
62	尼加拉瓜	中美洲	12	8	7	7	21
68	厄瓜多尔	南美洲	13	13	14	9	14
72	洪都拉斯	中美洲	14	12	12	11	20
81	多米尼加共和国	西印度群岛	15	16	10	19	5
100	玻利维亚	南美洲	16	18	18	17	10
101	古巴	西印度群岛	17	20	21	16	1
114	苏里南	南美洲	18	19	13	21	17
118	委内瑞拉	南美洲	19	14	20	14	22
124	牙买加	西印度群岛	20	21	19	20	19
135	特立尼达和多巴哥	西印度群岛	21	23	17	18	6
137	库拉索	西印度群岛	22	22	22	22	13
139	海地	西印度群岛	23	17	23	23	23

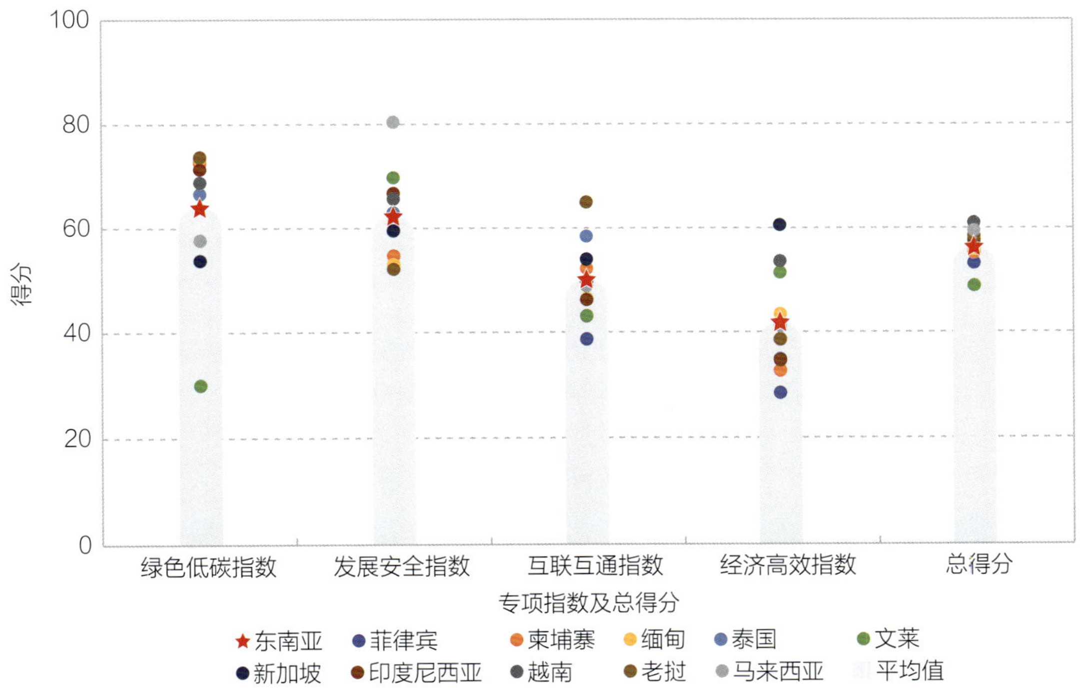

图3.31 东南亚各国能源转型发展水平分布态势

东南亚区域包含10个国家，大部分国家在全球排名处于中间靠后，各国能源转型各有优势。越南各维度发展较为均衡，可再生能源丰富，能源转型稳步推进，电力需求增长快。新加坡凭借其发达的经济水平、完备的市场机制和能源电力基础设施，具有高水平的电力覆盖和能源保障水平，经济高效得分在世界范围内处于领先水平。东南亚各国全球能源互联网发展指数指标分布如图3.32所示。东南亚各国全球能源互联网发展指数排名见表3.7。

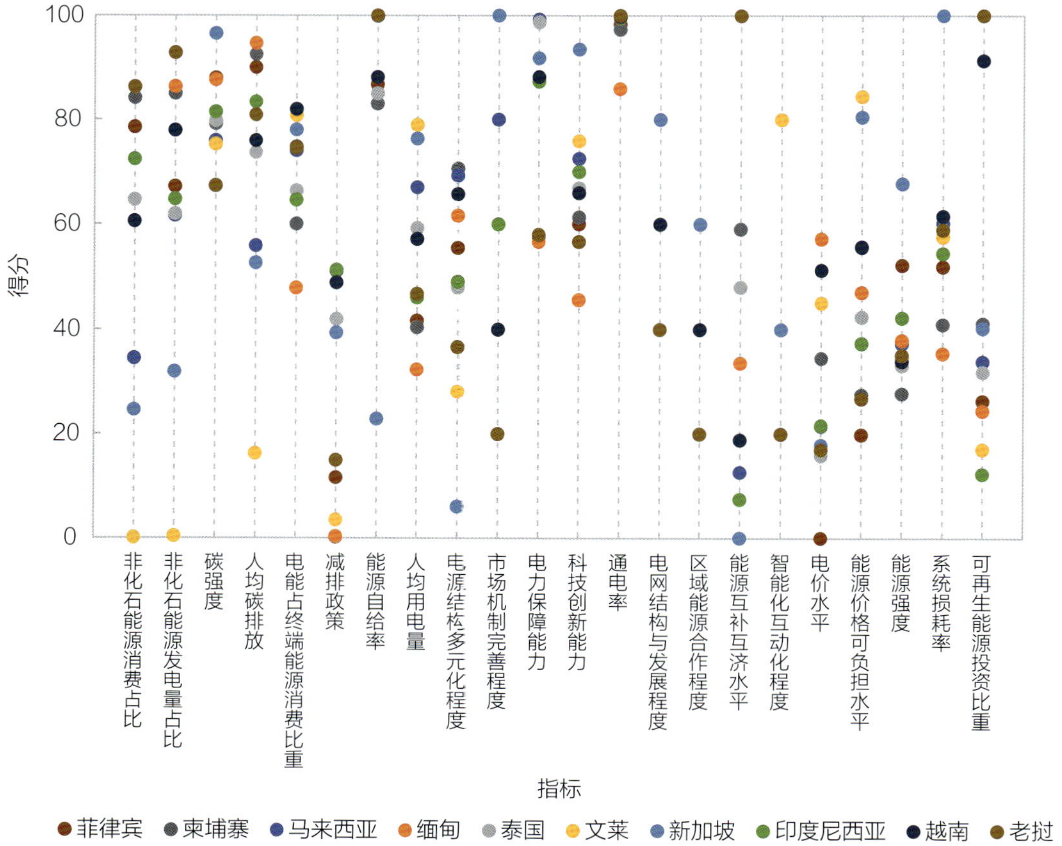

图3.32　东南亚各国全球能源互联网发展指数指标分布

表3.7　东南亚各国全球能源互联网发展指数排名

全球排名	国家	区域内排名	绿色低碳	发展安全	互联互通	经济高效
44	越南	1	6	4	5	2
56	马来西亚	2	8	1	6	5
61	老挝	3	1	10	1	6
66	印度尼西亚	4	5	3	8	8
67	泰国	5	7	5	2	7
69	新加坡	6	9	6	3	1
74	缅甸	7	2	9	7	4
80	柬埔寨	8	4	8	4	9
91	菲律宾	9	3	7	10	10
120	文莱	10	10	2	9	3

3.4.7 南亚

全球能源互联网指数区域排名中，南亚排名第七。绿色低碳指数、发展安全指数、互联互通指数、经济高效指数分别排名第六、第八、第九、第九。南亚地区高度依赖化石能源，能源转型任务艰巨，面临化石能源消费高、能源对外依存度高的问题。部分国家初级生物质利用高，人均碳排放低，属于低质量的绿色低碳发展。能源电力基础设施较为薄弱，电力消费水平较低，人均用电量不足1000千瓦时，智能化普及率较低，能源利用成本较高，能源保障水平较低。近年来政府加大对清洁能源开发支持力度，能源效率提升与基础设施改善是转型的首要任务。南亚各国能源转型发展水平分布态势如图3.33所示。

南亚包含5个国家，区域内国家得分集中在50分左右，总体排名均较为靠后。斯里兰卡排名领先，其水电比较突出，发电对季节的依赖性较强。农业和工业相对落后，服务业为支柱产业，人均碳排放低，绿色低碳和经济高效得分较高。印度能源结构以煤炭为主，对于绿色转型有较强的意愿，先后提出“一个太阳，一个世界，一个电网”倡议和碳中和目标。南亚各国全球能源互联网发展指数指标分布如图3.34所示。南亚各国全球能源互联网发展指数排名见表3.8。

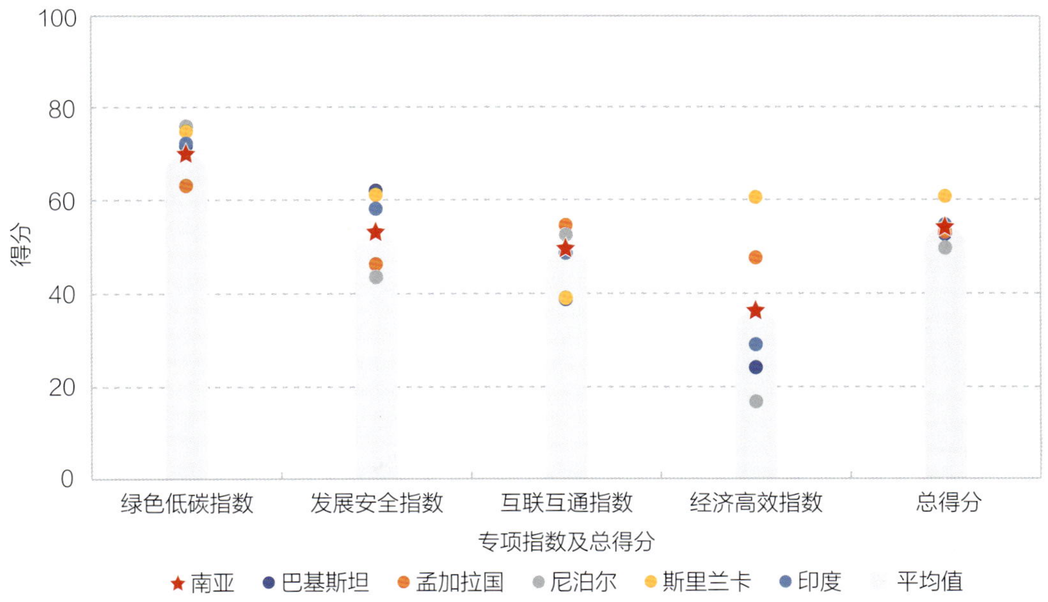

图3.33 南亚各国能源转型发展水平分布态势

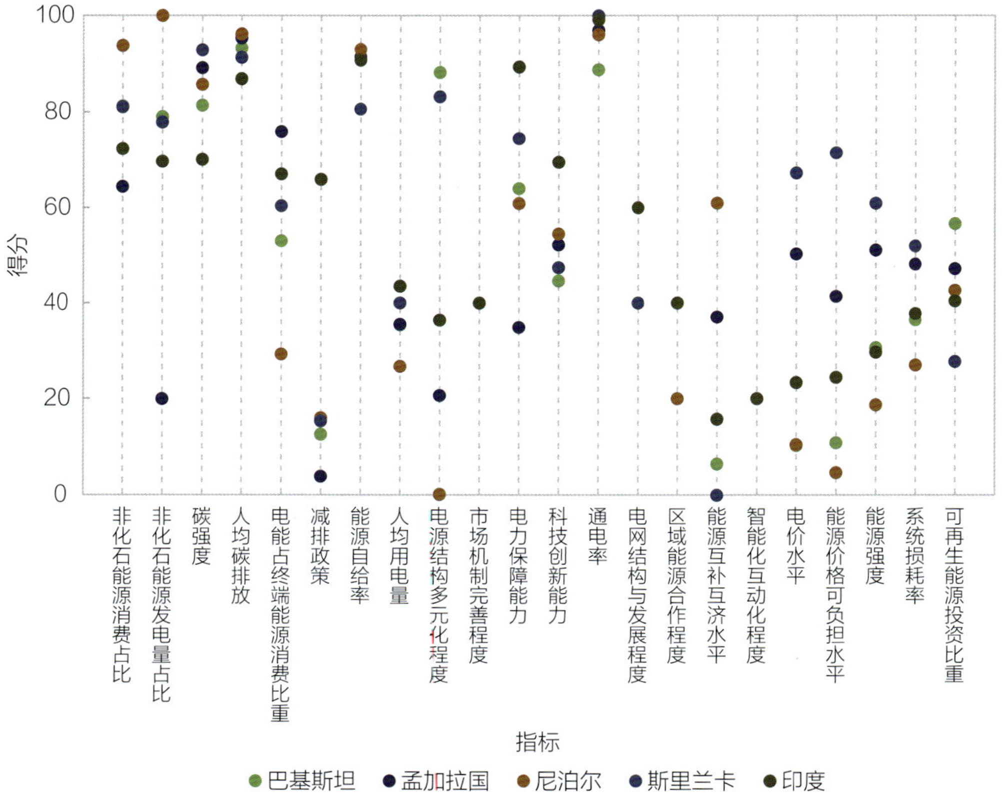

图3.34　南亚各国全球能源互联网发展指数指标分布

表3.8　南亚各国全球能源互联网发展指数排名

全球排名	国家	区域内排名	绿色低碳	发展安全	互联互通	经济高效
48	斯里兰卡	1	2	2	4	1
86	印度	2	3	3	3	3
92	孟加拉国	3	5	4	1	2
95	巴基斯坦	4	4	1	5	4
117	尼泊尔	5	1	5	2	5

3.4.8　俄罗斯和中亚

全球能源互联网指数区域排名中，俄罗斯和中亚排名第八。绿色低碳指数、发展安全指数、互联互通指数、经济高效指数分别排名第九、第九、第四、第八。俄罗斯和中亚具有得天独厚的能源蕴藏储量，能源品种丰富，是重要的油气资源供应地。因此该区域对化石能源消费依赖程度大，清洁能源开发较为落后，绿色低碳得分较低。各国的通电率较高，但是多数国家电能消费水平较低。区域性电力市场发展具有一定基础，但是电网智能化水平较低，电力交易规模较小，能源效率和能源保障水平有待完善。俄罗斯和中亚的能源绿色低碳、安全、高效转型迫在眉睫。俄罗斯和中亚各国能源转型发展水平分布态势如图3.35所示。

俄罗斯和中亚包含6个国家，各国自然资源禀赋差异大，区域内除土库曼斯坦外，其余国家排名差异较小。俄罗斯排名领先。俄罗斯以化石能源开发利用为主，塔吉克斯坦、吉尔吉斯斯坦等以水电开发利用为主，因此区域内绿色低碳差异较大。俄罗斯能源结构较为均衡，油气资源尤为丰富。非化石能源消费占比仅10%左右。俄罗斯实现100%通电，电力保障水平较高，俄罗斯与中亚各国之间实现骨干网架的初步互联，形成一定规模的电力交易。俄罗斯和中亚各国全球能源互联网发展指数指标分布如图3.36所示。俄罗斯和中亚各国全球能源互联网发展指数排名见表3.9。

3.4.9 西亚和北非

全球能源互联网指数区域排名中，西亚和北非排名第九。绿色低碳指数、发展安全指数、互联互通指数、经济高效指数分别排名第十、第七、第六、第四。西亚

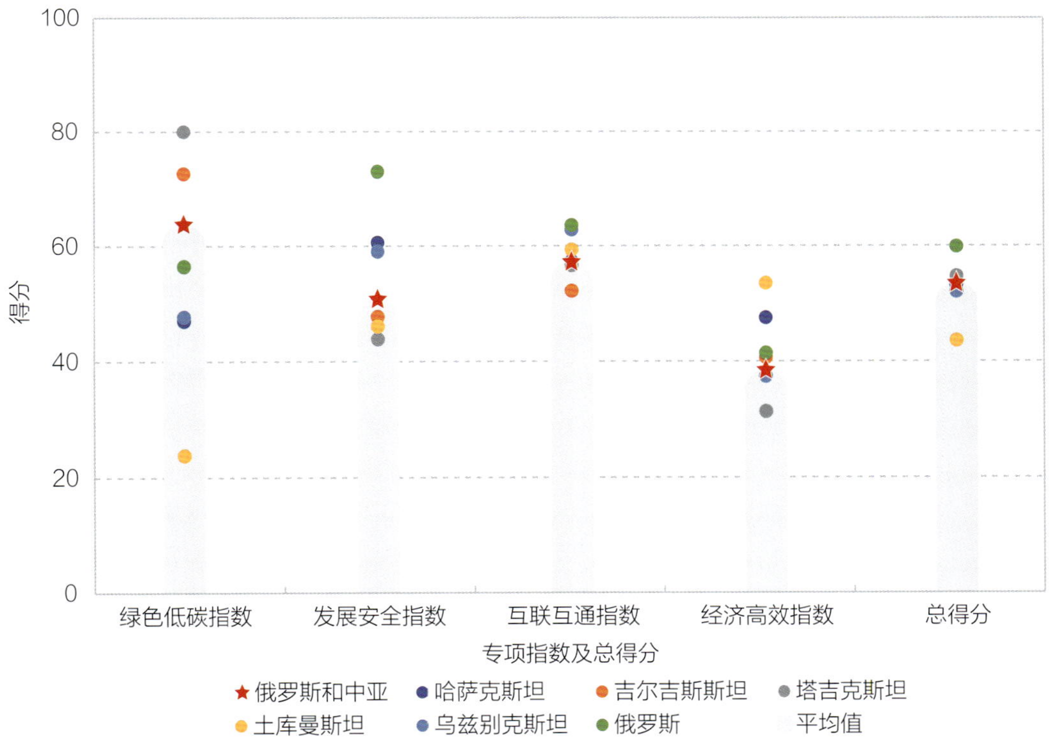

图3.35 俄罗斯和中亚各国能源转型发展水平分布态势

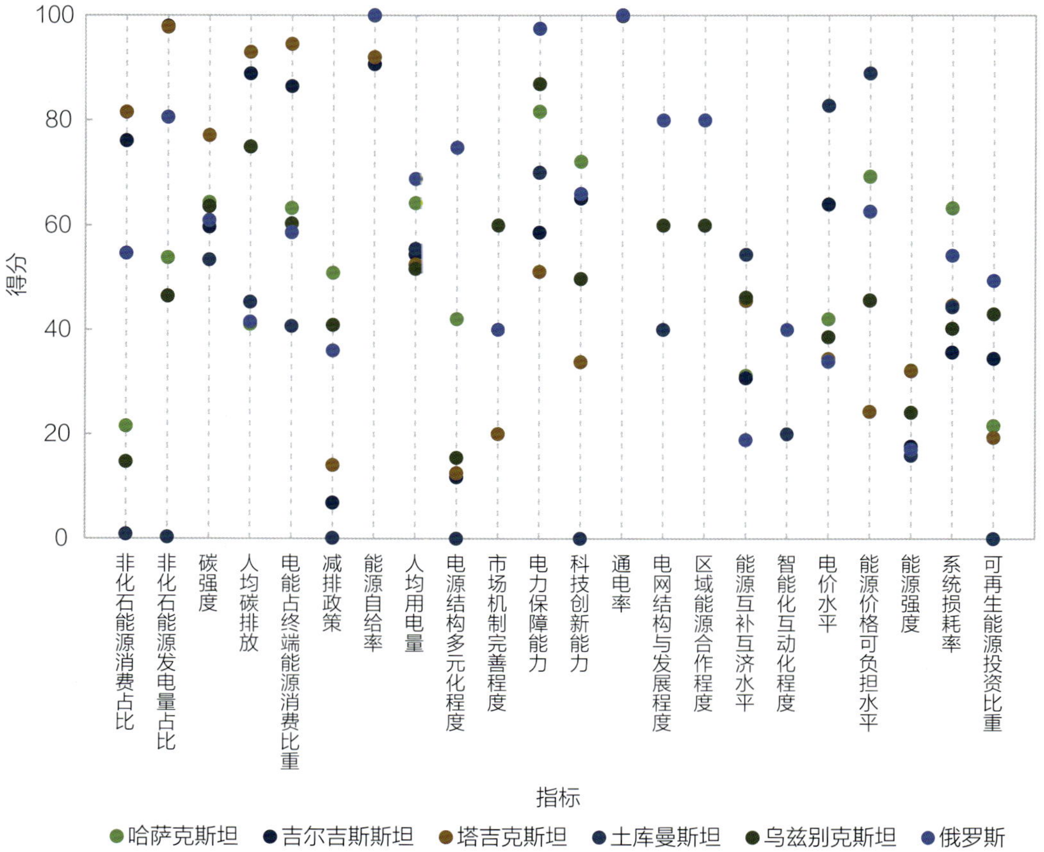

图3.36 俄罗斯和中亚各国全球能源互联网发展指数指标分布

表3.9 俄罗斯和中亚各国全球能源互联网发展指数排名

全球排名	国家	区域内排名	绿色低碳	发展安全	互联互通	经济高效
52	俄罗斯	1	3	1	1	3
84	塔吉克斯坦	2	1	6	5	6
85	吉尔吉斯斯坦	3	2	4	6	4
98	乌兹别克斯坦	4	4	3	2	5
90	哈萨克斯坦	5	5	2	4	2
132	土库曼斯坦	6	6	5	3	1

和北非是全球重要的油气能源产区，能源供应以化石能源为主，清洁能源开发水平和程度较低，石油和天然气成为沙特阿拉伯、卡塔尔等产油国的主要甚至是全部能源消费来源。因此该区域绿色低碳发展较为落后。区域内各国经济发展和电气化水平发展差异较大，超过一半国家人均用电量不足3000千瓦时。部分国家电力互联设施具有一定基础，但是区域电力市场机制不完善，跨国电力尚未形成规模。该区域人均GDP较高，电价和能源价格较低，能源保障水平高，经济高效指数排名靠前。绿色低碳发展或成为能源转型的突破口。西亚和北非各国能源转型发展水平分布态势如图3.37所示。

西亚和北非包含19个国家，中东和西亚国家排名两极分化，北部非洲排名普遍靠后。以色列化石能源占比高，煤炭和天然气是主要的能源，清洁能源主要是太阳能，尽管可再生能源占比较低，但是以色列重视开发可再生能源，积极推进能源转型。受地缘政治的影响，以色列十分重视能源安全，积极推进能源储备和能源贸易。电力基础设施较为完善，通电率和经济发展水平高，能源保障水平处于领先水平。西亚和北非各国全球能源互联网发展指数指标分布如图3.38所示。西亚和北非各国全球能源互联网发展指数排名见表3.10。

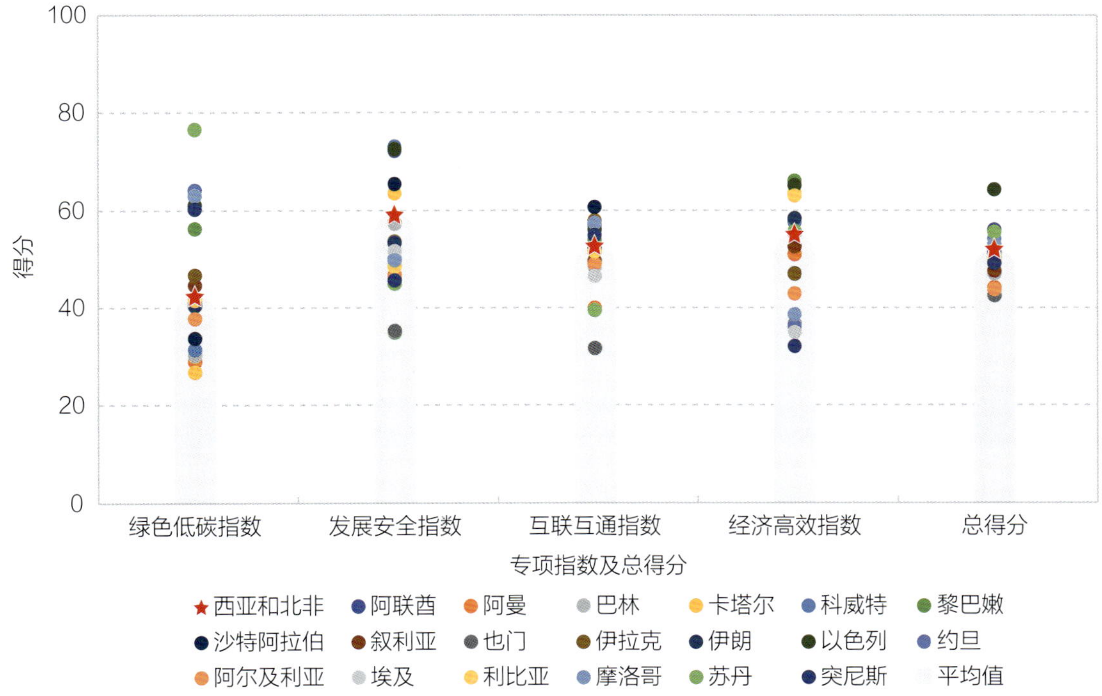

图3.37 西亚和北非各国能源转型发展水平分布态势

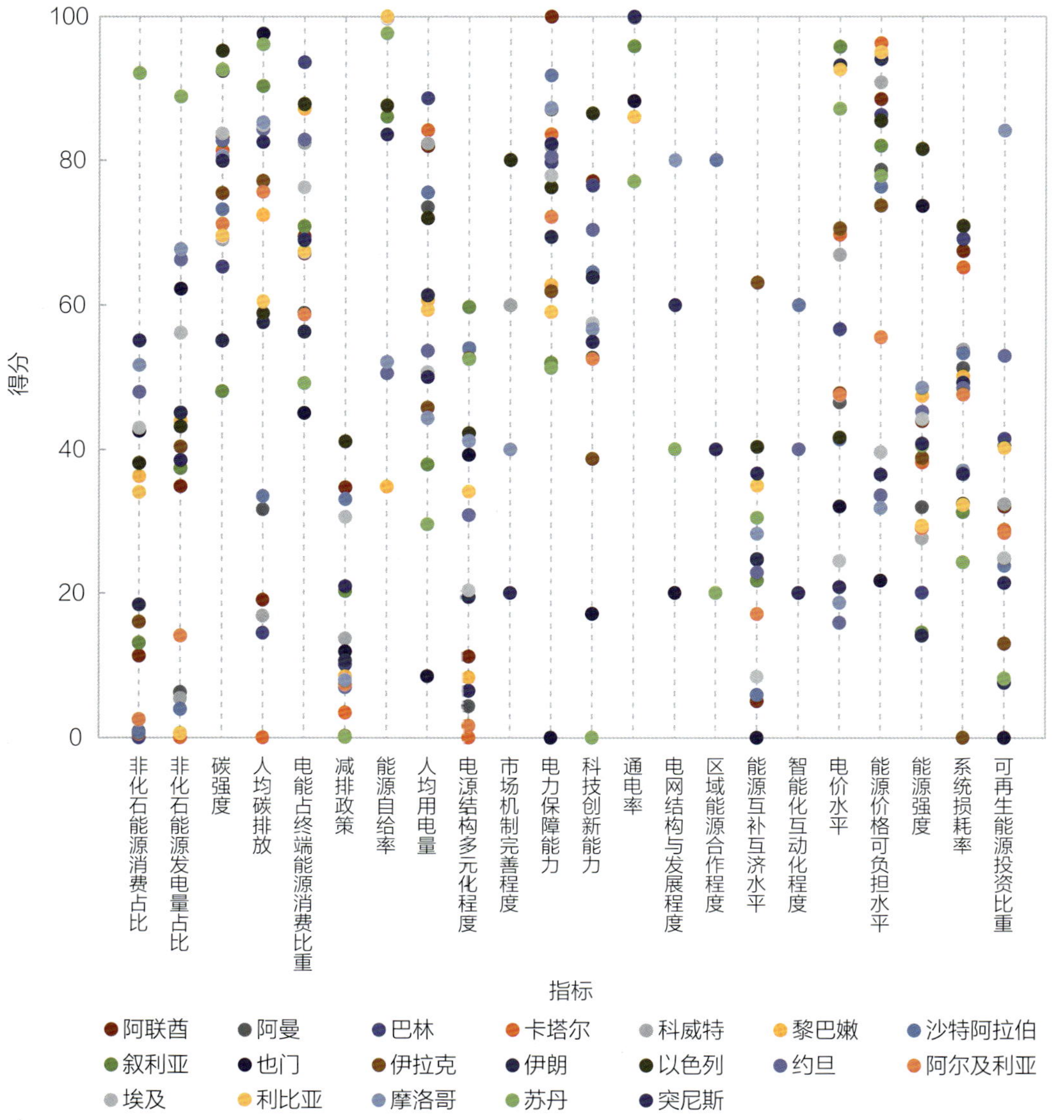

图3.38 西亚和北非各国全球能源互联网发展指数指标分布

表3.10 西亚和北非各国全球能源互联网发展指数排名

全球排名	国家	区域	区域内排名	绿色低碳	发展安全	互联互通	经济高效
35	以色列	中东和西亚	1	5	2	6	2
73	阿联酋	中东和西亚	2	12	3	12	6
75	苏丹	北部非洲	3	1	17	18	8
88	科威特	中东和西亚	4	16	1	5	7
93	摩洛哥	北部非洲	5	4	12	4	15
99	约旦	中东和西亚	6	2	11	10	17

续表

全球排名	国家	区域	区域内排名	绿色低碳	发展安全	互联互通	经济高效
104	黎巴嫩	中东和西亚	7	8	19	8	1
105	卡塔尔	中东和西亚	8	19	5	2	3
106	沙特阿拉伯	中东和西亚	9	15	4	1	12
110	伊拉克	中东和西亚	10	9	8	3	13
111	埃及	北部非洲	11	3	10	16	18
115	伊朗	中东和西亚	12	13	9	9	5
116	利比亚	北部非洲	13	11	13	11	4
119	突尼斯	北部非洲	14	7	16	7	19
123	叙利亚	中东和西亚	15	10	15	13	10
126	巴林	中东和西亚	16	17	7	15	9
130	阿曼	中东和西亚	17	18	6	17	11
131	阿尔及利亚	北部非洲	18	14	14	14	14
134	也门	中东和西亚	19	6	18	19	16

3.4.10 撒哈拉以南非洲

全球能源互联网指数区域排名中，撒哈拉以南非洲排名第十。绿色低碳指数、发展安全指数、互联互通指数、经济高效指数分别排名第三、第十、第十、第十。撒哈拉以南非洲绿色低碳水平表现突出，其中非化石能源消费占比较高，主要是以初级生物质为主；能源电力基础设施非常薄弱，人均用电量仅有520千瓦时，是全球无电人口主要集中区域，现代能源普及程度低，现代能源利用成本高，系统损耗率高，智能化和需求侧响应不足。撒哈拉以南非洲拥有丰富的水能和太阳能资源，具备绿色发展优势，需要寻找跨越式的创新发展道路。撒哈拉以南非洲各国能源转型发展水平分布态势如图3.39所示。

撒哈拉以南非洲包含24个国家，全球排名普遍靠后，国家间总得分差异较大，南部非洲排名相对靠前。津巴布韦排名领先，得益于其多样化的能源供应结构。津巴布韦水能资源丰富，水力发电是主要的电力来源，绿色能源开发潜力大，通电率和人均用电量均低于全球平均水平，电价水平较低，因此具备较高的能源可负担水平。津巴布韦重视能源绿色转型，可再生能源投资比重较高。撒哈拉以南非洲各国全球能源互联网发展指数指标分布如图3.40所示。撒哈拉以南非洲各国全球能源互联网发展指数排名见表3.11。

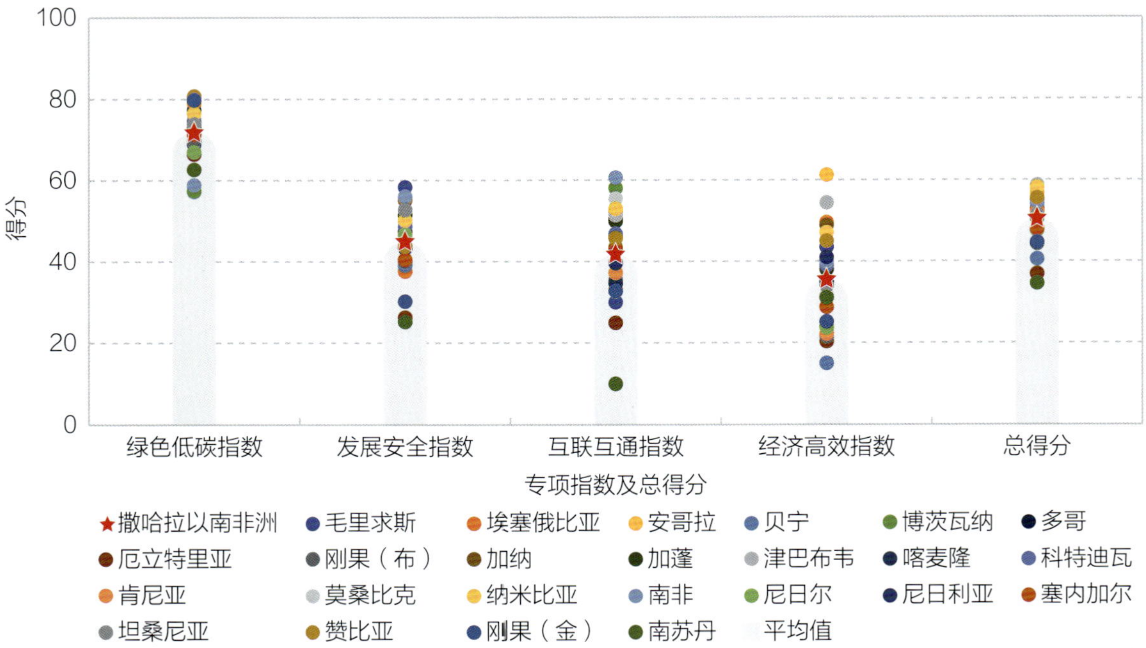

图3.39 撒哈拉以南非洲各国能源转型发展水平分布态势

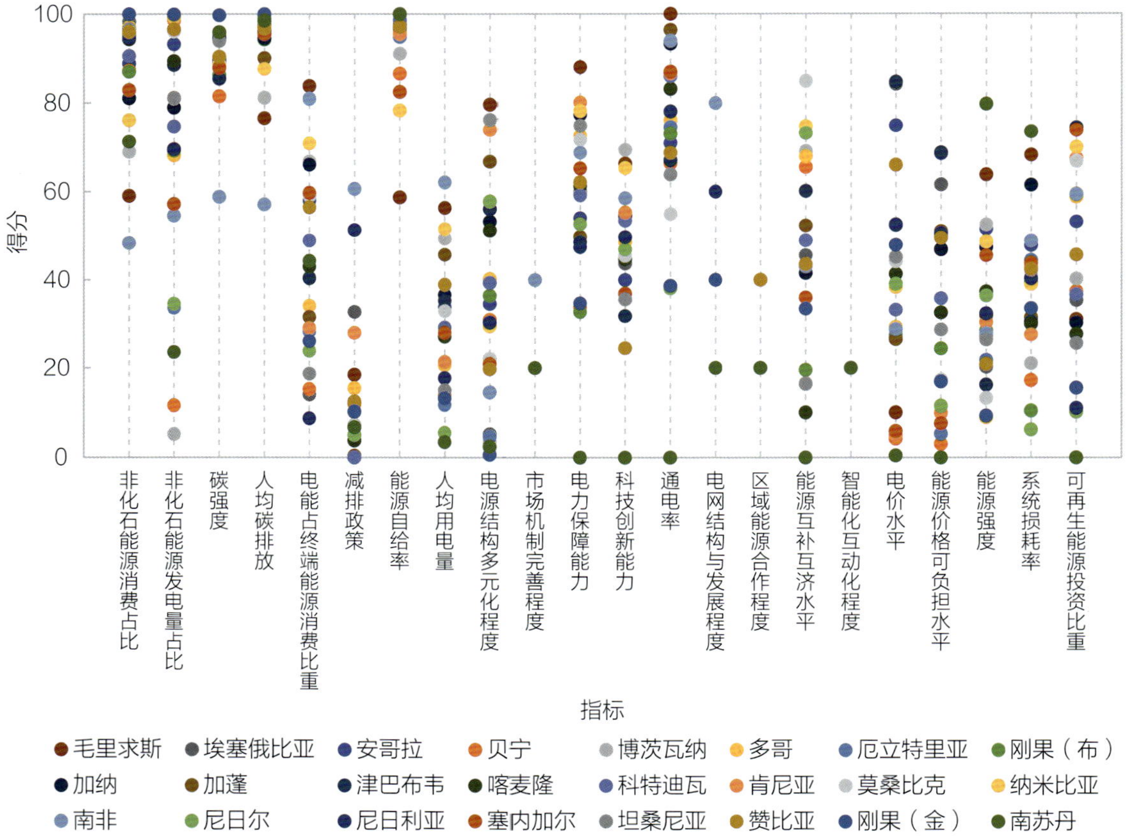

图3.40 撒哈拉以南非洲各国全球能源互联网发展指数指标分布

表3.11 撒哈拉以南非洲各国全球能源互联网发展指数排名

全球排名	国家	区域	区域内排名	绿色低碳	发展安全	互联互通	经济高效
59	津巴布韦	南部非洲	1	9	9	6	2
63	纳米比亚	南部非洲	2	8	8	4	5
64	加纳	西部非洲	3	10	4	10	4
70	安哥拉	南部非洲	4	6	12	19	1
76	莫桑比克	南部非洲	5	2	13	3	15
77	赞比亚	南部非洲	6	1	16	11	6
78	埃塞俄比亚	东部非洲	7	5	21	5	3
82	加蓬	中部非洲	8	15	6	8	12
87	南非	南部非洲	9	22	2	1	10
89	科特迪瓦	西部非洲	10	11	10	9	11
94	毛里求斯	东部非洲	11	18	1	22	7
96	肯尼亚	东部非洲	12	4	3	16	21
97	喀麦隆	中部非洲	13	7	7	18	13
107	坦桑尼亚	东部非洲	14	13	5	21	14
108	尼日利亚	西部非洲	15	12	17	15	8
109	多哥	西部非洲	16	14	11	7	19
113	博茨瓦纳	南部非洲	17	23	15	2	9
122	塞内加尔	西部非洲	18	16	18	13	17
125	尼日尔	西部非洲	19	19	14	12	20
128	刚果（金）	中部非洲	20	3	22	20	18
129	刚果（布）	中部非洲	21	17	19	17	22
136	贝宁	西部非洲	22	24	20	14	24
138	厄立特里亚	东部非洲	23	20	23	23	23
141	南苏丹	中部非洲	24	21	24	24	16

3.5 国家排名

全球能源互联网发展指数前10位的国家位于欧洲和北美洲，排名前3位的国家分别为瑞典、芬兰和瑞士，中国排名第36名。绿色低碳指数表现最好的国家主要位于欧洲、中南美洲等区域，前三名分别为冰岛、瑞典和哥斯达黎加。发展安全指数表现最好的国家主要位于欧洲、北美洲等区域，前三名分别为芬兰、美国和瑞典。互联互通指数表现最好的国家主要位于欧洲区域，前三名分别为卢森堡、瑞士和瑞典。经济高效指数表现最好的国家主要位于欧洲、西亚和北非等区域，前三名分别为挪威、瑞士和丹麦。全球排名前60名国家展示详见附录B。

3.5.1 全球能源互联网发展指数国家排名

全球能源互联网发展指数排名（前100名）见表3.12和图3.41。

表3.12 全球能源互联网发展指数排名（前100名）

排名	国家	GEIDI	排名	国家	GEIDI
1	瑞典	80.8	15	荷兰	69.0
2	芬兰	78.9	16	斯洛文尼亚	69.0
3	瑞士	78.9	17	韩国	68.0
4	挪威	76.4	18	西班牙	67.9
5	法国	76.0	19	卢森堡	67.4
6	丹麦	75.9	20	爱沙尼亚	67.4
7	英国	75.3	21	葡萄牙	67.3
8	德国	74.5	22	意大利	66.9
9	奥地利	73.0	23	新西兰	66.6
10	美国	71.4	24	乌拉圭	66.5
11	比利时	71.1	25	日本	66.3
12	冰岛	70.5	26	立陶宛	66.3
13	爱尔兰	70.5	27	拉脱维亚	66.1
14	加拿大	70.1	28	斯洛伐克	65.7

续表

排名	国家	GEIDI	排名	国家	GEIDI
29	澳大利亚	65.6	65	乌克兰	57.9
30	巴西	65.6	66	印度尼西亚	57.6
31	捷克	65.5	67	泰国	57.6
32	哥斯达黎加	65.2	68	厄瓜多尔	57.3
33	罗马尼亚	64.6	69	新加坡	56.9
34	希腊	64.6	70	安哥拉	56.7
35	以色列	64.4	71	波黑	56.3
36	中国	64.4	72	洪都拉斯	56.2
37	匈牙利	63.8	73	阿联酋	56.1
38	克罗地亚	63.5	74	缅甸	55.9
39	智利	63.3	75	苏丹	55.6
40	保加利亚	63.0	76	莫桑比克	55.6
41	黑山	62.6	77	赞比亚	55.5
42	巴拉圭	62.5	78	埃塞俄比亚	55.3
43	阿根廷	61.7	79	马耳他	55.2
44	越南	61.0	80	柬埔寨	55.2
45	哥伦比亚	60.9	81	多米尼加共和国	55.1
46	墨西哥	60.9	82	加蓬	55.0
47	土耳其	60.6	83	塞尔维亚	54.9
48	斯里兰卡	60.6	84	塔吉克斯坦	54.8
49	巴拿马	60.6	85	吉尔吉斯斯坦	54.7
50	萨尔瓦多	60.5	86	印度	54.6
51	危地马拉	59.9	87	南非	54.6
52	俄罗斯	59.9	88	科威特	54.3
53	亚美尼亚	59.8	89	科特迪瓦	54.2
54	秘鲁	59.7	90	哈萨克斯坦	53.3
55	阿尔巴尼亚	59.5	91	菲律宾	53.2
56	马来西亚	59.4	92	孟加拉国	53.2
57	波兰	59.4	93	摩洛哥	53.1
58	格鲁吉亚	58.8	94	毛里求斯	52.9
59	津巴布韦	58.7	95	巴基斯坦	52.6
60	马其顿	58.6	96	肯尼亚	52.4
61	老挝	58.5	97	喀麦隆	52.2
62	尼加拉瓜	58.3	98	乌兹别克斯坦	52.1
63	纳米比亚	58.1	99	约旦	51.9
64	加纳	58.0	100	玻利维亚	51.9

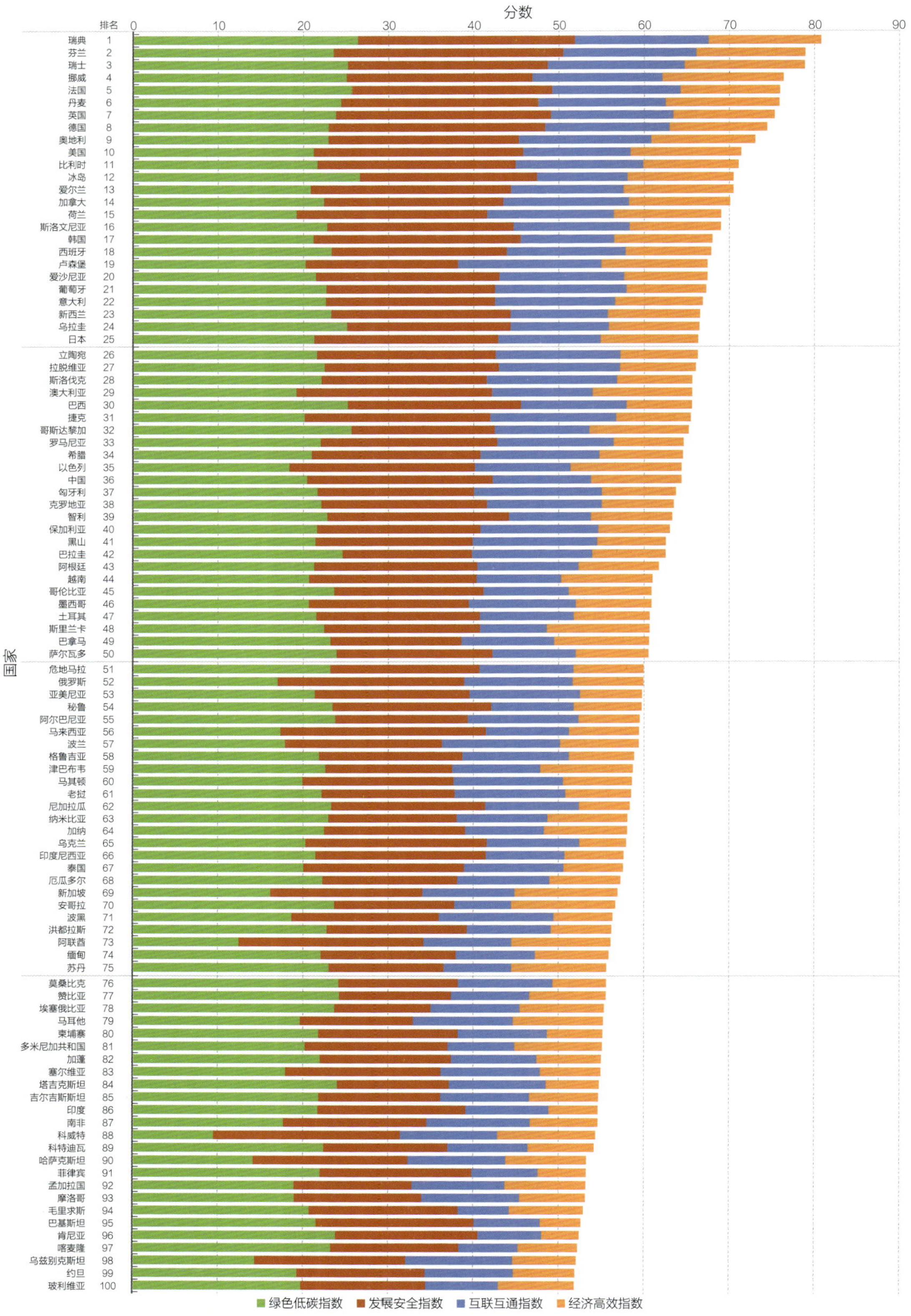

图3.41 全球能源互联网发展指数排名（前100名）

3.5.2 分项指数排名

绿色低碳、发展安全、互联互通、经济高效指数国家排名分别如图3.42～图3.45所示。

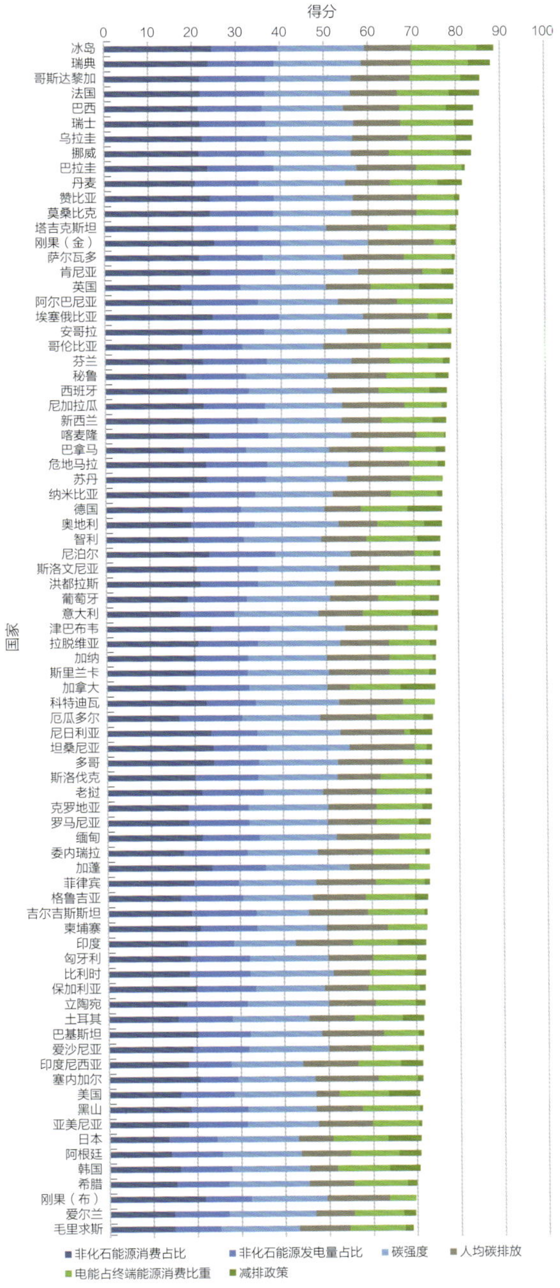

图3.42 绿色低碳指数国家排名（前80名）

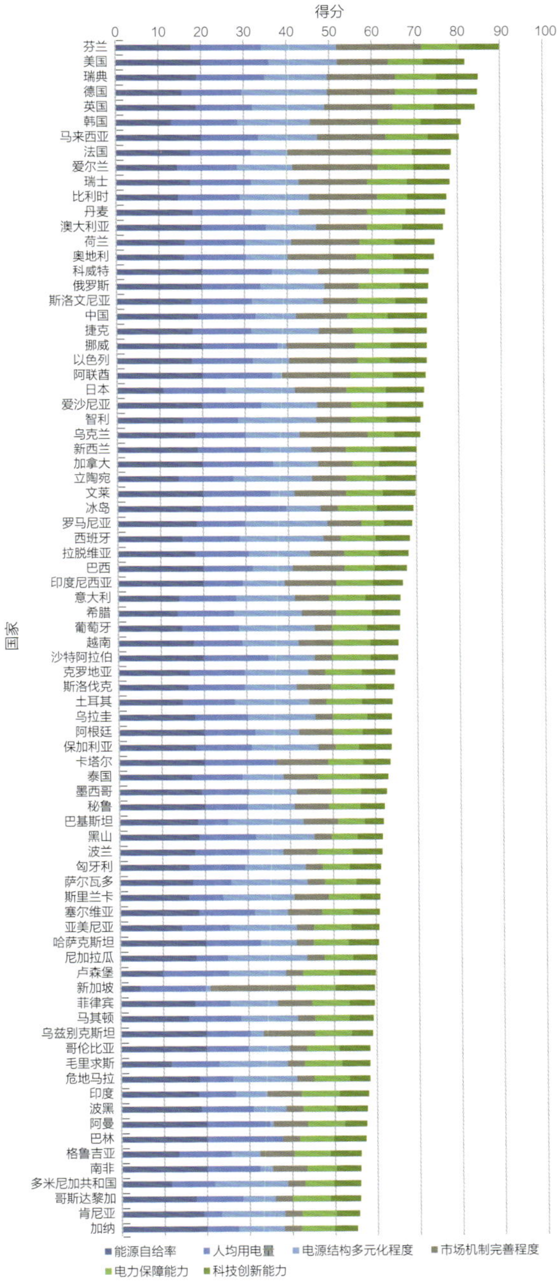

图3.43 发展安全指数国家排名（前80名）

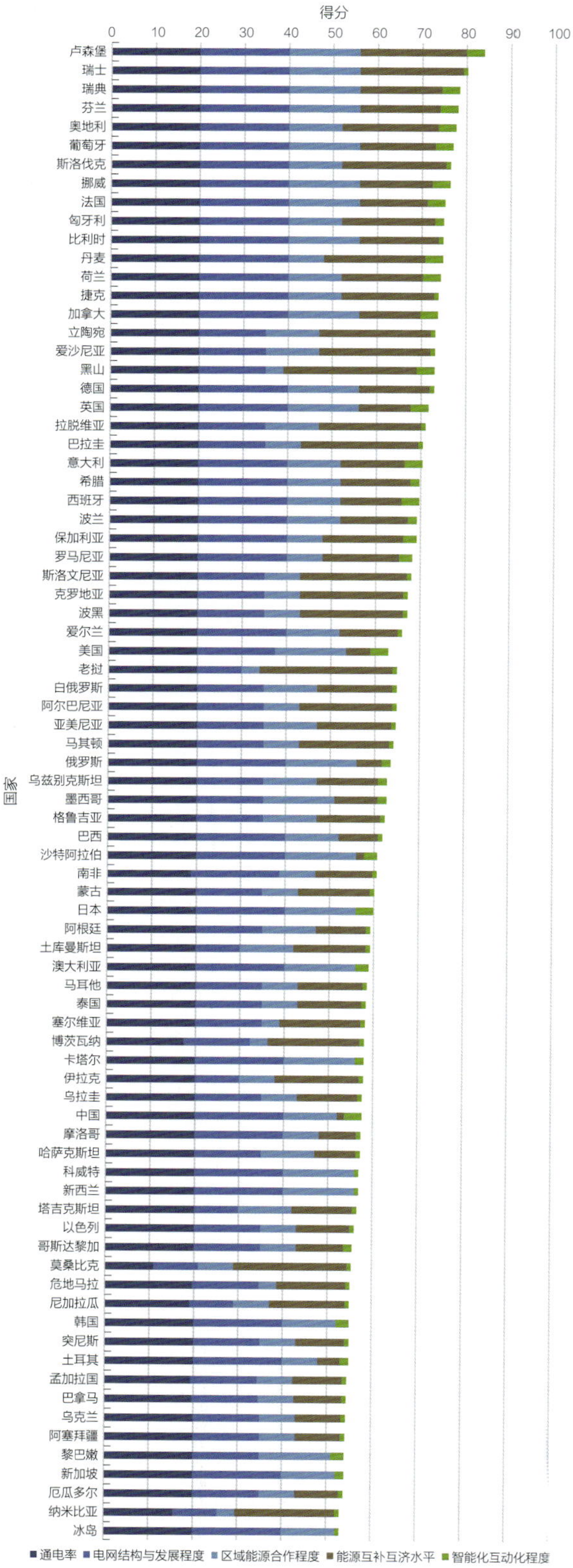

图3.44 互联互通指数国家排名（前80名）

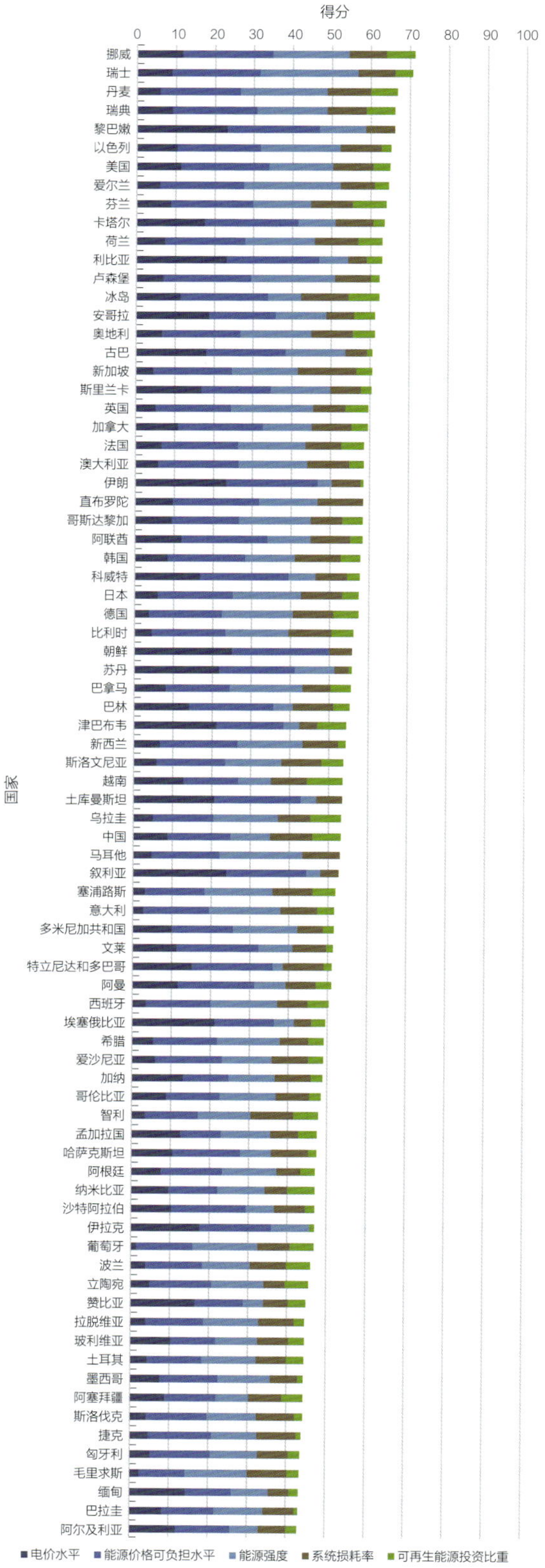

图3.45 经济高效指数国家排名（前80名）

4 全球绿色转型创新实践

实现全球能源绿色低碳转型和可持续发展，需要在关键技术、发展模式、工程实践等方面持续创新。尽管世界各国发展阶段、资源禀赋、技术条件各有差异，但每年不断落地实施的工程实践和创新模式为各国增强共识、创新思路、技术合作提供了宝贵经验。本章将聚焦清洁能源、电网发展、智能电网、终端用能等重点领域，着眼于综合影响大、创新价值高、转化推广好、工程示范强，在全球范围内选取本年度20个创新实践案例。2022年，多个区域重点清洁能源开发项目竣工投运，跨国跨洲电网互联工程、先进输电技术实施应用，用户侧智能电网应用、园区级智慧能源涌现新模式，绿氢、绿氢化工项目从规划设计走向开工投运，为全球能源互联网发展提供了可复制、可推广、可实施的样本。

4.1 清洁能源

近几年来，全球陆上水风光基地、海上风电基地开发等加速发展，许多大型基地项目已进入施工、试运行和投产阶段。其中，英国北海海上风电Hornsea 2、中国三峡能源“光伏+”模式实践、尼日利亚宗格鲁水电站、丰宁抽水蓄能电站和越南海上风电金瓯1号在开发规模、运营模式、系统建设等方面有创新特色，体现了清洁能源开发与环境治理工程的代表性特点。

4.1.1 英国北海海上风电Hornsea 2

1．项目概况

Hornsea 2海上风电场（见图4.1）是目前世界最大海上风电场，位于英国北海，毗邻Hornsea 1项目，由跨国能源公司Ørsted开发，距离英国约克郡海岸89千米。

该项目于2016年获得规划许可，于2022年8月31日全面投入运营。该项目为浮式海上风电项目，占海面积462平方千米，共安装165台8兆瓦风机，总装机容量1320兆瓦，年均供应绿色电力5亿千瓦时。风电出力通过总长373千米的66千伏阵列电缆输送到海上变电站和无功补偿站，再通过390千米的海底电缆和40千米的陆上电缆传输到英国国家电网，每年能为130万户家庭提供低成本、清洁和安全的电力。

图4.1 Hornsea 2海上风电场风机

2. 特点与创新

采用更高效的风电机组。该项目所用风力涡轮机单机容量8兆瓦，叶片长81米，叶尖达到海拔200多米，是目前海上风电项目最先进的机型之一。该风机能够在更大范围内捕捉到风，其年产量比世界第二大海上风电场Hornsea 1所用风机高出20%，极大降低了风电平准化度电成本。

采用“安全登塔”系统提高登塔安全可靠性。作为世界首创，该项目的每个风机都安装了安全登塔系统（get up safe，GUS）。该系统是一个吊臂悬挂系统，使技术人员能够在船员转运船和平台之间直接升降，从而确保技术人员登上风机进行检修时的安全。

3. 成效与价值

助力实现净零排放目标。作为净零排放目标的一部分，英国政府承诺到2035年实现发电去碳化，海上风电发挥着至关重要的作用。Hornsea 2项目的顺利投产，一方面助力英国政府实现到2030年海上风电达到50吉瓦的目标，提高其能源供应的安全性，另一方面还通过减少对化石燃料的依赖降低消费者用电成本。该项目通过碳补偿每年减少排放190万吨二氧化碳和4.6万吨二氧化硫[1]。

[1] 资料来源：https://centurionlg.com/2022/01/06/the-worlds-largest-wind-farm-hornsea-2-to-start-producing-power/.

带动风电产业链发展。该项目为英国海上风电供应链、与海上风电运维相关的产业提供了数千个工作岗位和数十亿英镑投资[1]。开发公司Ørsted投资1000万英镑在英国东海岸枢纽Grimsby建造海上风电运营基地，带动提供产业发展和相关就业。

4.1.2　中国三峡能源“光伏+”模式实践

1．项目概况

“光伏+”，即利用特殊的地理条件或基础设施，在发展光伏产业的同时发展农牧业、水产养殖等行业，实现协同发展，在实践中常有的模式有“光伏+农业”“光伏+渔业”等。

库布齐沙漠光伏治沙项目（见图4.2）是典型的“光伏+农业”项目。该项目是中国单体规模最大的光伏治沙基地项目，位于中国内蒙古鄂尔多斯市库布齐沙漠北缘。该项目分三期开发，一期已全容量并网[2]，二期和三期预计于2023年9月实现全容量并网[3]。该项目包括200万千瓦光伏场区、3座升压站、40万千瓦/80万千瓦时储能电站，以及10万亩（1亩=666.67平方米）沙漠治理生态建设工程，全部建成后年发电量达40亿千瓦时。该

图4.2　中国库布齐沙漠光伏治沙项目

[1] 资料来源：https://hornseaprojects.co.uk/hcrnsea-project-two/news/2022/08/hornsea-2-enters-full-operation.

[2] 资料来源：https://www.lvsenengyuan.com.cn/gf/221983.html.

[3] 资料来源：https://www.chinanews.com.cn/cj/2023/04-12/9988595.shtml.

项目采用板上发电、板下种植、板间养殖、治沙改土等方式，实现新能源发电产业同沙漠生态治理以及现代农牧业的有机结合。

安徽阜阳漂浮式光伏电站项目是“光伏+渔业”示范项目。该项目是全球单体规模最大的漂浮式光伏电站项目，位于中国安徽省阜阳颍上县。该项目分两期开发，一期已于2023年3月全容量并网，二期预计于2023年9月全容量并网。该项目总规模650兆瓦，占地面积约1.3万亩，全面建成后年发电量达7.1亿千瓦时。该项目充分利用采煤沉陷区闲置水面，通过合理布局光伏抑制水中微生物生长进而实现对水质的净化，采用“水上发电、水下养殖”的渔光互补模式，在实现光伏发电的同时发展渔业养殖。

2．特点与创新

采用高效的光伏系统。库布齐沙漠光伏治沙项目全部采用双面光伏板和跟踪式支架，同时吸收太阳直射光和地面反射光，实时跟踪太阳位置自动调整方向，可提高发电量约20%。

支架系统技术先进。安徽阜阳漂浮式光伏电站项目选用先进的“漂浮式”环保浮体作为光伏发电单元的支架系统，通过“水上发电、水下养鱼”的立体化空间利用，在不影响水面养殖的情况下，实现水面资源的综合利用。

3．成效与价值

实现清洁能源与环境治理协调发展。库布齐沙漠光伏治沙项目建成后可修复治理沙漠10万亩，年均减少向黄河输沙200万吨。安徽阜阳漂浮式光伏电站建成后年均节约标准煤约22.8万吨，减少二氧化碳排放约60万吨，对于保护生态环境、助力清洁能源转型具有重要意义。

开辟绿色循环经济发展模式。在库布齐沙漠光伏治沙项目中，通过沙漠旅游、光伏板保洁、物业服务等工作，当地每年可吸纳就业1200人，人均增收4200元。安徽阜阳漂浮式光伏电站项目充分利用采煤沉陷区，在获得发电收益的同时，带动发展水产养殖、科研示范、生态休闲、旅游观光等一系列产业，实现经济效益、环境效益、社会效益共赢。

4.1.3 尼日利亚宗格鲁水电站

1. 项目概况

宗格鲁水电站（见图4.3）是尼日利亚在建的最大规模水电站，也是“一带一路”非洲区域重点项目，位于尼日利亚尼日尔州宗格鲁镇卡杜纳河上。

该项目于2013年5月开工，其所含4台水轮发电机组于2022年底全部具备发电条件，预计2023年投产。该项目共设计安装4台单机容量175兆瓦立轴混流式水轮发电机组，总装机容量700兆瓦，年均发电量26.4亿千瓦时。水电出力分别通过一条135千伏线路和一条双回路330千伏线路并入尼日利亚电网，可满足尼日利亚首都阿布贾两倍用电需求。该项目以发电为主，兼具防洪、灌溉、养殖、航运等多种功能。

2. 特点与创新

撒哈拉以南非洲最大的电厂融资项目。2012年12月19日，中国电建国际公司与中国电力工程组成联合体，与尼日利亚联邦电力部签署了宗格鲁水电站EPC合同总承包协议，合同总额12.93亿美元，其中75%的资金来自中国进出口银行“两优贷款”（即中国对外优惠贷款和优惠出口买方信贷）。

大坝采用碾压混凝土技术。该项目拦河大坝主体为碾压混凝土坝，长233米，高101米，水库库容达114亿立方米。碾压混凝土坝是一种新坝型，通过采用超干硬性混凝土和碾压方法来修建大坝，能够确保在一年中任何时候都能开发施工，提

图4.3 尼日利亚宗格鲁水电站

升大坝建筑效率。这是该国首次使用碾压混凝土技术开发大坝。

3. 成效与价值

改善尼日利亚电力短缺现状。尼日利亚是非洲第一人口大国，但电力非常匮乏，目前仍有60%~70%的人口生活在无电环境当中。该项目全面投产后可满足尼日利亚能源总需求的10%，对改善本国电力紧缺局面、增强电网稳定性和持续供电能力等方面具有重要作用。

促进当地经济发展和劳动就业。该项目在建设过程中，项目管理人员、技术人员以及部分专业性较强的劳务派遣人员来自中国，其余劳务人员均来自尼日利亚当地，总体属地化比例约85%，提供6000多个当地劳务就业岗位。

4.1.4 中国丰宁抽水蓄能电站

1. 项目概况

丰宁抽水蓄能电站是世界规模最大的抽水蓄能电站，位于中国河北省承德市丰宁县，紧邻京津冀负荷中心和冀北千万千瓦级新能源基地。图4.4所示为丰宁抽水蓄能电站下水库。

该项目分两期开发，截至2023年4月投产容量占比已达75%，预计于2024年全面投产。该项目共安装12台单机容量30万千瓦机组，总装机规模360万千瓦，

图4.4 中国丰宁抽水蓄能电站下水库

年发电量66.12亿千瓦时，可满足260万户家庭一年的用电。丰宁抽水蓄能电站是服务北京冬奥场馆实现100%绿电供应的重点工程，也是中国华北地区唯一具有周调节性能的抽蓄电站，兼具调峰、填谷、调频、调相、紧急事故备用和黑启动功能。

2．特点与创新

首次实现抽水蓄能电站接入柔性直流电网。该电站直接并入±500千伏张北柔性直流电网，可以从源头上降低新能源发电的波动性，有效实现新能源多点汇集、风光储多能互补、时空互补、源网荷协同，支撑具有网络特性的直流电网高可靠高效率运行，为破解新能源大规模开发利用难题提供“中国方案”。

首次系统性攻克特殊地质施工难题。该项目地下洞室交叉纵横、机组台数多、机组间距小，在这样复杂的地质条件下建造超大型地下洞室群，施工难度大。在工程建设过程中，工作人员系统研究开挖变形与应力扰动机制及加固效果、地质环境因素、地应力分布规律、地下洞室群围岩破坏规律等，确保工程安全施工，为抽水蓄能大规模开发建设提供技术保障和工程示范。

3．成效与价值

促进清洁能源消纳和减排。丰宁抽水蓄能电站一次蓄满可储存新能源电量近4000万千瓦时，全年可消纳新能源87亿千瓦时，能够替代一定容量的煤电机组，每年可节约标准煤48万吨，减少二氧化碳排放120万吨，相当于造林24万余亩。

带动新能源相关投资与就业。建设丰宁抽水蓄能电站，改善当地交通和生活基础设施，带动投资和相关产业发展，拉动地方GDP增长超过422亿元。该项目建设高峰期作业人员达4000人，工程累计使用钢筋13.6万吨、钢板4.3万吨、承德本地水泥近80万吨[1]。

4.1.5 越南海上风电金瓯1号

1．项目概况

越南金瓯1号风电项目（见图4.5）是越南乃至东南亚目前最大的海上风电项目，位于越南南部金瓯省南根区登瑞县近海地区。

该项目于2021年10月开工建设，2023年4月完成工程建设。该项目为潮间带风电项目[2]，包括4个风电场，总装机容量350兆瓦，风机单机容量5兆瓦，年均发电量11亿千瓦时。风电出力通过集电电

---

[1] 资料来源：http://www.nea.gov.cn/2021-12/31/c_1310404022.htm.

[2] 潮间带处于陆地与海洋交接处，涨潮时被海水淹没，退潮时露出水面。

图4.5 越南金瓯海上风电工程现场

缆接入海上升压站，升压后通过220千伏线路接入越南电网。

2．特点与创新

创新研发双层海运工装。该项目施工方中国电建首创海上风电塔筒双层海运装备，结束长期以来直径超过5米的塔筒依赖单层海运的局面，将国际海运风电塔筒的最大堆高从10米提升至14米，最大堆重从100吨提升至240吨，有效节省船舶甲板面积，降低运输成本。

攻克风机吊装难题。风机吊装是海上风电项目难度最大的工作，该项目所用风机叶轮直径166米，风机轮毂中心高度91.24米，所在海域潮汐类型为不正规半日潮，潮涨潮落水位差达2米多，风机吊装面临严峻挑战。在工程过程中，工作人员克服风场水文地质条件多变等诸多不利因素，严格论证吊装技术方案、安全保障措施等，顺利完成风机吊装。

3．成效与价值

改善当地电力短缺现状。该项目建成后，每年将新增可再生发电量约11亿千瓦时，显著改善越南南部地区电力短缺现状，同时有效降低对化石能源的依赖，促进了该地区电力供应模式多元化。

助力越南实现净零排放目标。越南政府承诺到2050年前实现净零排放，海上风电发挥着重要的作用。越南南部沿海地区风力强劲，部分地区风速超过10米/秒，该项目建成后输送绿色电力至越南电网，每年将节约标准煤45万吨，减少二氧化碳排放88万吨。

4.2 电网发展

近几年来，全球电网规模稳步增长，欧洲、北美等区域已实现互联大电网，众多大型输电项目陆续进入规划、中标、可研、投运阶段，有力推动了全球能源低碳转型。其中，中国的准东—华东（皖南）±1100千伏特高压直流工程、张北柔性直流工程、白鹤滩—江苏/浙江±800千伏特高压直流工程和埃塞俄比亚—肯尼亚±500千伏直流输电工程、英国—挪威全球最长海缆互联工程是绿色转型创新的代表性电网建设与电网互联工程。

4.2.1 中国准东—华东（皖南）±1100千伏特高压直流工程

1．项目概况

准东—华东（皖南）±1100千伏特高压直流工程是目前世界上电压等级最高、输电容量最大、送电距离最远的输变电工程，起于中国新疆昌吉换流站，止于中国安徽古泉换流站。

该工程于2016年5月1日开工，2019年9月26日建成投产，途经中国境内六省，全长3324千米，共有铁塔6079基，输送容量1200万千瓦。该工程实现±1100千伏特高压输电系统分析、工程设计、设备制造、施工安装和调试试验核心技术，代表了特高压输电技术研发、装备制造、设计建造的世界最高水平，2022年底已累计外送电量超1800亿千瓦时。准东—华东（皖南）±1100千伏特高压直流工程换流站如图4.6所示。

2．特点与创新

采用高指标工程技术。该工程的技术研发、设计建造等要求都远远超过了其他的特高压工程。在工程建设中深度应用三维可视化、金具三维激光扫描、气体绝缘开关设备安装等技术，解决了超长空气间隙绝缘、过电压深度控制、电磁环境控制等世界级难题。

攻克高难度施工技术。该工程的作业规范、安全风险管控难度大，工程中的60多种精密电气设备实现“零瑕疵”安装：单台换流变压器重909吨，就位偏差要求小于3毫米；换流阀和气体绝缘

图4.6 中国准东—华东（皖南）±1100千伏特高压直流工程换流站

开关设备（GIS）安装落实“八级防尘”措施，洁净度要达百万级；全部桩基实现100%一类桩，设备基础尺寸偏差在±2毫米以内。

3．成效与价值

实现特高压直流输电技术创新突破。在成功突破±800千伏直流输电技术的基础上，该工程实现了±1100千伏电压等级的全新跨越，超大容量、超远距离、更低损耗的特高压直流输电，对于有序推进中国国内互联、洲内互联、洲际互联，具有重大示范意义，为全球能源互联网奠定基础。

促进可再生能源大范围配置。在送端，该工程可促进中国新疆地区电力资源开发。新疆风、光、热资源丰富、前景广阔，哈密已经建成千万千瓦级风电基地。在受端，该工程可以保障负荷中心用电需求，向中国长三角负荷中心送电，提高安全稳定水平，灵活性和适应性强。

4.2.2 埃塞俄比亚—肯尼亚±500千伏直流输电工程

1．项目概况

埃塞俄比亚—肯尼亚±500千伏直流输电工程是非洲大陆首条跨国直流输电联网工程，通过埃塞俄比亚向肯尼亚出口水电，输送高达2000兆瓦电力，带动埃塞俄比亚富余电能出口创汇，为肯尼亚提供稳定和充足的电力。

该项目输电线路总长约1045千米，其中433千米位于埃塞俄比亚，612千米位于肯尼亚，容量为2000兆瓦，总投资8.3亿美元，是非洲建成的第一条500千伏高压直流输电线路，也是肯尼亚的第一条直流线路。2022年11月17日，埃肯直流输电工程顺利完成带电调试，进入试运行阶段，标志着埃塞俄比亚开始向肯尼亚出口电能。图4.7所示为埃塞俄比亚—肯尼亚±500千伏直流输电工程线路。

2．特点与创新

采用国际领先标准体系。该项目线路勘测设计、绝缘配合、设备选型以及试验完全遵循欧标（EN）、美标（ASTM）、IEC和IEEE等国际性标准。工程按照世界银行环境-安全-健康-社会（ESHS）管理体系建设，体现环保与可持续性理念，为推广全球能源互联网先进理念打下坚实基础。

克服恶劣施工环境。在素有“非洲屋脊”之称的埃塞俄比亚，埃肯直流输电工

图4.7 埃塞俄比亚—肯尼亚±500千伏直流输电工程线路

程要穿越200余千米的原始森林无人区，沿线白天最高温度可达50℃，需要克服暴雨频袭、疟疾高发、交通困难、物资匮乏等施工挑战，该工程的顺利建成为推进电网互联进程在非洲大陆形成良好示范。

3．成效与价值

推动区域电网互联进程。埃肯直流输电工程被称为“东非电力高速公路”。工程建设填补了非洲高压直流输电建设领域的空白，实现东非电力基础设施与电网互联协调发展，促进北非与南非电力互联。

促进清洁电力大范围配置。埃塞俄比亚水电、风电、太阳能资源丰富，盈余电力充足。工程投运后，成为东非清洁能源输出的重要通道，输送高达2000兆瓦电力，带动埃塞俄比亚富余电能出口创汇，同时为肯尼亚提供稳定和充足的电力。

促进东非经济发展和民生改善。该项目在建设和运营阶段创造大量就业岗位，为埃塞俄比亚每年创造约1亿美元经济收入，减少环境污染和气候脆弱性，提升埃肯两国外交关系，极大促进埃肯两国经济社会发展及民生改善。

4.2.3 中国张北柔性直流工程

1．项目概况

张北柔性直流工程采用领先的柔性直流电网新技术，是全球首个输送大规模风电、光伏、抽水蓄能等多种能源的四端柔性直流电网。

张北柔性直流工程总投资125亿元，在中国新建张北、康保、丰宁和北京4座换流站，额定电压±500千伏，额定输电能力450万千瓦，输电线路长度666千米，将张北新能源基地、丰宁储能基地与北京负荷中心相连。在2022年北京冬奥会期间，张北柔性直流工程整体运行情况良好，首个柔性直流电网系统的稳定性、全套自主化核心装备的可靠性均得到了充分验证，累计输送新能源3.26亿千瓦时。图4.8所示为张北柔性直流工程北京换流站。

2．特点与创新

领先全球的柔性直流电网核心技术。张北柔性直流工程是世界首个柔性直流电网工程，需要攻克组网技术空白、输电能

图4.8 中国张北柔性直流工程北京换流站

力受限、运行可靠性低三大世界性难题，创造了世界上第一个真正具有网络特性的直流电网、最高电压等级最大容量的柔性直流换流站、最大容量交流耗能装置、最大功率全控可关断器件等12项世界第一，创新引领和示范意义重大。

创新研制并应用直流电网关键设备。工程研制并应用直流断路器、换流阀、控制保护等直流电网关键设备。以500千伏直流断路器的研制为例，以“人工过零”开断原理为基础，将集成门极换流晶闸管（IGCT）器件应用于高电压工程，提出阀组3柱并联式结构，解决了420个IGCT串联的动态、静态均压问题。

3．成效与价值

保障清洁电能供应。通过张北柔性直流工程，每年140亿千瓦时清洁电能输入北京地区，约占北京市年用电量的1/10，相当于减少标准煤燃烧490万吨，减排二氧化碳1280万吨。

开辟新能源大规模送出新路径。该工程建设了世界上首个风、光、储、输一体化的柔性直流电网工程，突破了交流电网强弱、新能源汇集距离等因素对新能源并网的限制，通过“多点汇集、多能互补、时空互补、源网荷协同”，实现了新能源侧自由波动发电和负荷侧可控稳定供电，为推动能源转型、保障能源安全提供了全新技术手段。

4.2.4 英国—挪威全球最长海缆互联工程

1．项目概况

英国—挪威跨国海底电缆工程North Sea Link是目前已投运的世界最长的海缆互联项目，可实现新能源跨国互补互济，极大促进英国和挪威两国可再生能源生产和消费。

该海缆互联工程（见图4.9）全长720千米，穿越了挪威和英国海域，连接挪威西南部的叙尔达尔（Suldal）和英国的布莱斯（Blyth），用±525千伏高压直流输电技术，额定传输容量140万千瓦，最终输电容量达到1400兆瓦。挪威与英国的电力供应具有明显的互补性，当英国风力发电量高时，挪威可从英国购买合理的电力，并将挪威的水留在水库中；当英国风力发电量小时，也可以从挪威购买水电，更有效地促进电力跨区域进行交易。

2．特点与创新

攻克多项铺设技术难点。该项目需要解决导体纵向阻水技术、软接头开发、金属护套及铠装的防腐、防蚀设计、大长度海底电缆安全预警和测温控制、大长度电缆和接头的例行试验等一系列技术难点，同步提升配套的应用材料、生产工艺和监测设备的发展。

解决复杂环境施工挑战。这条电缆有716千米的长度全都铺设在水下，海底地貌与环境条件复杂，受天气、海域深度影响显著，项目施工难度巨大。在实际铺设的过程中创新开发建造海上浮动平台等新设备，以保障连接电缆的复杂工序顺利完成。

3．成效与价值

促进电力市场发展。这条电缆的运行标志着英国电力市场和北欧电力市场首次

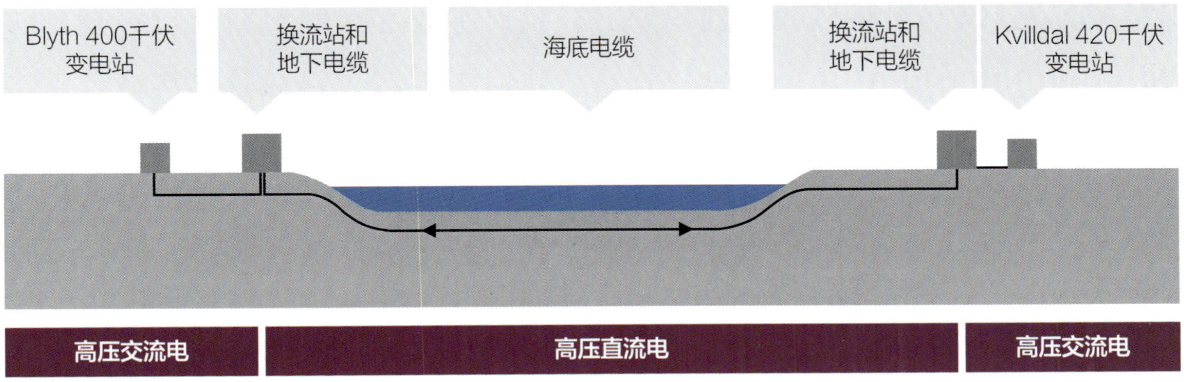

图4.9 英国—挪威海底互联工程示意图

连接，实现英国风力发电与挪威水电之间的互补互济。该互联项目的电缆传输功率可达到1400兆瓦，能够最大限度地利用自然资源生产的电力，为英国和挪威两国提供廉价、清洁的能源供应。

推动能源清洁化转型。通过该项目，英国和挪威将从可再生能源中获取更多电力，包括海上和陆上风能、大型和小型水电，有助于增加共享使用可再生能源的机会，助力化石能源减排，从而有效应对气候变化带来的挑战。据估计，从开通到2030年，互联电缆将使英国的碳排放量减少2300万吨。

4.2.5 中国白鹤滩—江苏/浙江±800千伏特高压直流工程

1. 项目概况

白鹤滩水电站电力外送通道工程是中国“西电东送”重点工程，主要作用是将白鹤滩水电站发出的清洁水电，通过特高压工程送往中国东部沿海地区，实现了国际高压输电技术前沿的多项技术突破。

白鹤滩—江苏、白鹤滩—浙江±800千伏特高压直流工程起于中国四川省凉山州布拖县，途经中国境内4省，分别止于江苏省苏州常熟市和浙江省杭州市临平区，建设周期不到2年。2022年7月1日，白鹤滩—江苏±800千伏特高压直流输电工程竣工投产；同年12月30日，白鹤滩—浙江±800千伏特高压直流输电工程顺利竣工投产，共同形成1200万千瓦送电能力，成为中国西电东送主力电源，有效缓解中国东部供电紧张局面。图4.10所示为白鹤滩—江苏±800千伏特高压直流工程换流站。

2. 特点与创新

混合级联直流输电新技术首次应用。该工程采用常规直流加柔性直流的混合级联特高压直流输电技术，集成了特高压直流大容量、远距离、低损耗、高可靠性与柔性直流控制灵活、适应性强、电压动态支撑能力强的优势。技术方案突破了交直流故障穿越、振荡抑制、受端分步闭锁策略、柔性直流短路电流抑制、功率互济等多项技术难题。

新设备研发实现创新突破。工程研发了可控自恢复消能装置、大容量单柱

图4.10 中国白鹤滩—江苏±800千伏特高压直流工程换流站

换流变压器、幅相校正器、混合级联新型控保等13大类20种新设备，解决了基于大电容硬件装置系统回路高频阻抗重构等技术难题，突破了电工技术领域一批共性基础问题，大幅提升了工程可靠性、安全性和经济性，未来也具有可推广的广阔前景。

3. 成效与价值

促进清洁能源优化配置。该工程与白鹤滩水电站同期投产，避免了水电站弃水，有助于提高资源配置效率。同时，通过受端配套的500千伏电网，助力当地电网互联互通，增强电网水火互济能力，缓解高峰时期用电压力，将有力支持华东地区应对用电负荷高峰。

促进沿线各地经济增长。仅白鹤滩—江苏工程的总投资就达307亿元，有力拉动了电源、电工装备、用能设备、原材料等上下游产业发展，直接带动生产规模约1000亿元，增加就业岗位超过2万个，推动区域经济协调发展。

4.3 智能电网

近几年来，全球各大洲在综合能源服务、智能化供应方案、智能电网、虚拟电厂、储能方面都取得了快速发展，提出了创新模式，许多重大项目进入实施落地阶段。其中中国雄安智能电网、沙特智能电能表、中国国网新能源云、美国加州虚拟电厂、中国江苏镇江储能电站等是绿色转型创新的代表性智能电网与智慧能源项目。

4.3.1 中国雄安智能电网

1. 项目概况

雄安智能电网是新建城区智能电网的成功样本，以坚强智能电网为基础平台，大规模接受区外清洁电力，全额消纳本地可再生能源，促进风、光、水、热（冷）、气等多能耦合互补和分布式电源、储能、电动汽车等多元聚合互动，在雄安新区打造智慧能源网架体系，实现传统电网转型升级。

雄安新区位于中国河北省中部，配套建设的雄安智能电网系统中，电网侧采用世界最先进的“双花瓣”“双环网”网架结构，已建成500千伏变电站1座、220千伏变电站2座、110千伏变电站3座，在建110千伏及以上变电站9座，已建成投运张北—雄安1000千伏特高压交流输变电工程。电源侧，利用张北新能源基地、西南水电配合雄安本地地源热泵等分布式清洁能源，实现多种能源转换利用，提高清洁能源占比，目前雄安新区已建成运行换热站64座、地热井134口，为7万多户居民提供清洁地热供暖，已投运分布式光伏1.6万千瓦。负荷侧，依托V2G、需求侧响应、信息通信、能源交易等先进技术，实现集群多元负荷的灵活互动，雄安电力调度生产运维中心等建筑楼宇获国标近零能耗建筑标识。图4.11所示为雄安剧村城市智慧能源共生体航拍图。

2. 特点与创新

秒级自愈的坚强电网。雄安新区容东片区商业地块由共计建设25座开关站，组成8个供电环路，通过部署新一代调控主站系统、D5000调度自动化系统、DTU配电自动化系统、智能辅助控制系统，为商业楼宇提供秒级自愈的坚强电网支撑。

创新构网型微电网技术。雄安新区建成白洋淀35千伏微电网示范工程，创新应用“站-线-台”多源多级自治组网灵活供

图4.11 中国雄安剧村城市智慧能源共生体航拍图

电规划技术、构网型储能变流器两层虚拟同步均衡控制技术，统筹建立“云-边-调”协同机制，实现多电压等级微网集群互济互补、自治自愈等功能，在国际上首次完成35千伏配电系统黑启动、无缝并离网切换等试验，为新能源资源富集、电网联系薄弱、常规电网工程实施困难区域电网发展提供了新的思路。

创新打造花园式变电站。雄安新区采用“一站一特色一景观”设计理念，建成国内首个分层划拨并成功确权的电力附属设施剧村220千伏变电站，提出“共享融入”变电站规划设计概念，以变电站为基础，创新探索覆土空间复合利用，建设“智慧能源+城市景观”共生体，打造多业态融合发展的能源新样本。

3. 成效与价值

提供新建城区智能电网建设样板。雄安城市电网采用世界最先进的“双花瓣”“双环网”等网架结构和技术，打造数字化主动电网，服务智慧新城建设。配套建设的雄安剧村城市智慧能源融合站、张北—雄安1000千伏特高压交流输变电工程、京雄高铁站光伏发电、雄安新区碳排放监测平台等一批绿色实践案例，为新建城区电网高质量发展树立了标杆。

促进城市绿色低碳清洁智能发展。雄安电网建成了基于“双花瓣”“双环网”网架结构的高可靠性配电网示范工程，实现了目标电网实际运行可靠率99.9999%。张北—雄安1000千伏特高压交流输变电工程每年为雄安新区输送70亿千瓦时以上的清洁电能，为雄安新区100%清洁能源供应奠定基础。雄安高铁站的屋顶光伏发电组件每年可为雄安高铁站提供580万千瓦时的清洁电力，减少二氧化碳排放4500吨，相当于植树12公顷（1公顷=1万平方米）。

4.3.2 沙特智能电能表

1. 项目概况

沙特智能电能表项目是世界单次部署规模最大的智能电能表项目，是沙特配网自动化和电力数字化的重点项目，也是中国国家电网有限公司在海外开展的首个智能计量项目（见图4.12）。

该项目范围包括沙特西部和南部地区500万只智能电能表的安装和头端采集系统的部署以及为期两年的运维工作，项目投资11亿美元。项目于2019年2月19日签署合同，于2021年3月30日完成所有电能表安装，于2021年10月1日成功进入运维阶段，标志着沙特境内电能表实现自动抄读，为沙特配电自动化和电网数字化提升迈出了重要且关键的第一步。

图4.12 沙特智能电能表项目

2. 特点与创新

世界单次部署规模最大。该项目16个月内在沙特境内部署1000万只智能电能表，为世界单次部署规模最大的智能计量类项目，中国电力技术装备有限公司中标西部和中部500万只智能电能表的部署。项目一次性完成沙特全境智能电能表部署，完成沙特机械电能表向智能电能表的跨越式升级。

创新的项目实施模式。项目执行阶段受全球新冠疫情影响，人员难以赴现场支持。项目团队采用中国—沙特联动及全球多个国家联动支持的模式，充分利用现代化项目管理工具，实现安装、监管、档案管理全信息化。在16个月的时间内完成整个标包500万只电能表的部署。

采用新型通信方案。项目业主对于抄读指标要求极为严苛，在充分调查研究的情况下，项目实施方根据不同场景采取了多样化的通信方案，并首次采用了PLC-RF双模的通信方式，利用两种通信方式的互补，显著提升抄读指标，顺利完成抄读要求并按时转入运维阶段。

3．成效与价值

提高沙特用电服务水平，推动沙特电网数字化进程。项目的成功实施，使沙特电能表计量服务从机械计量转型成为自动抄读，极大提升了沙特用电计量效率和用电服务水平，推动了沙特配电自动化及电网数字化进程，为沙特能源转型奠定了坚实的基础。

促进技术引入和产能带动，提升当地制造业水平。项目使用先进产品与技术，实现了计量技术和设备向沙特的引入与交流，带动外部产能向沙特输出，也将多年以来形成的计量技术、设备和经验服务于沙特电网数字化的建设。通过推动国际企业间合作建设工厂等模式，在沙特形成智能高质量的智能电能表产业链，提升了当地制造业水平。

促进民生改善，助力沙特国家战略实施。项目建成后有力推动了沙特用电多样化、电源多元化，起到改善民生的作用。另外，沙特智能电能表项目也是沙特“愿景2030”国家战略的重点项目，是沙特国家数字化的重要组成部分，项目的成功实施为加快沙特经济社会转型，推动“愿景2030”的实现起到重要作用。

4.3.3 中国国网新能源云

1．项目概况

国网新能源云是中国国家电网有限公司投资建设的新能源综合服务平台，也是全球规模最大的新能源云平台，于2021年4月20日发布上线。2022年8月18日，国网新能源云被全球基础设施中心（Global Infrastructure Hub，GIH）定义为“助力能源数字经济和新基础设施”载入信息库。

该平台以电网服务为核心，支撑设计了环境承载、资源分布、规划计划、厂商用户、电源企业、用电客户、电价补贴、供需预测、储能服务、消纳计算、技术咨询、法规政策、辅助决策、大数据服务（碳中和支撑服务）等共15个子平台，为能源主管部门、行业协会、研究咨询单位、装备制造企业、发电企业、广大用户等提供规划研究、接网查询、场站监测、设备运维、补贴申报、消纳分析、政策与技术咨询、辅助决策等服务（见图4.13）。

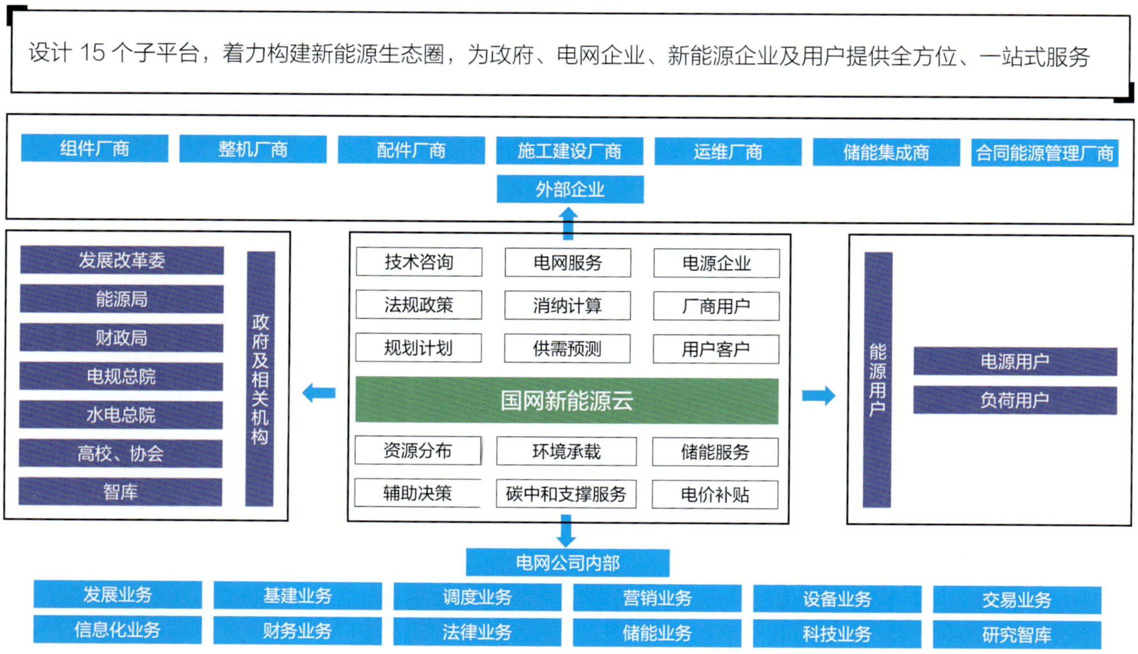

图4.13 中国国网新能源云生态圈

2．特点与创新

全方位服务新能源发展的一站式平台。国网新能源云发挥电网枢纽平台作用，基于云计算、大数据等先进技术，将新一代信息技术与新能源全价值链、全产业链、全生态圈的业务深度融合，具备为新能源规划建设、并网消纳、交易结算等提供全流程、全环节、全场景数据和专业服务的功能，实现了“数据一个源，业务一条线，新能源一张图”。

综合运用各项创新技术攻关云平台建设。新能源云创新运用了人工智能、边缘计算、数字孪生、区块链等各项关键技术，搭建了新能源云总体架构体系。例如，新能源云依托电网的枢纽作用，支持电力行业标准的新能源设备、传感器接入，降低设备接入和管理难度；在网络传输方面，按照电力行业安全规范要求，从设备接入、数据传输、网络安全等维度，构建云边端的安全体系，有效保证设备接入的安全性和防止数据传输过程中泄密。

3．成效与价值

支撑能源全产业链发展。新能源云为中国国家电网有限公司经营区内超过330万座、装机容量6亿千瓦的全部新能源场站提供运行监测和信息咨询服务，服务产业链上下游企业近1.3万家。新能源云还在国网经营区27家省级电网企业部署应用，目前入驻企业1.3万多家，用户超过35万个。

服务落实碳达峰碳中和目标。紧紧围绕“碳达峰、碳中和”目标，新能源云设计形成碳公信、碳价值、碳研究、碳生态四大应用体系，推出碳效码、碳金融、碳普惠、碳存证、碳实测等应用场景，在中国浙江等地试点取得良好成效，为实现碳中和提供支撑服务。新能源云荣获2022年第四届全球工业互联网融合创新应用典型案例，成为中国服务实现碳中和的成功实践。

4.3.4 美国加州虚拟电厂

1. 项目概况

2022年6月特斯拉、太平洋天然气与电力公司（PG&E）在美国加利福尼亚州推出虚拟电厂（Virtual Power Plant，VPP）项目，允许家用储能系统Powerwall电池用户在电网供电紧张或发生停电事故时向电网出售电量并获得报酬。图4.14所示为典型虚拟电厂功能模块示意图。

该项目可创建由约5万个Powerwall电池组成的虚拟电厂，并为通过该VPP出

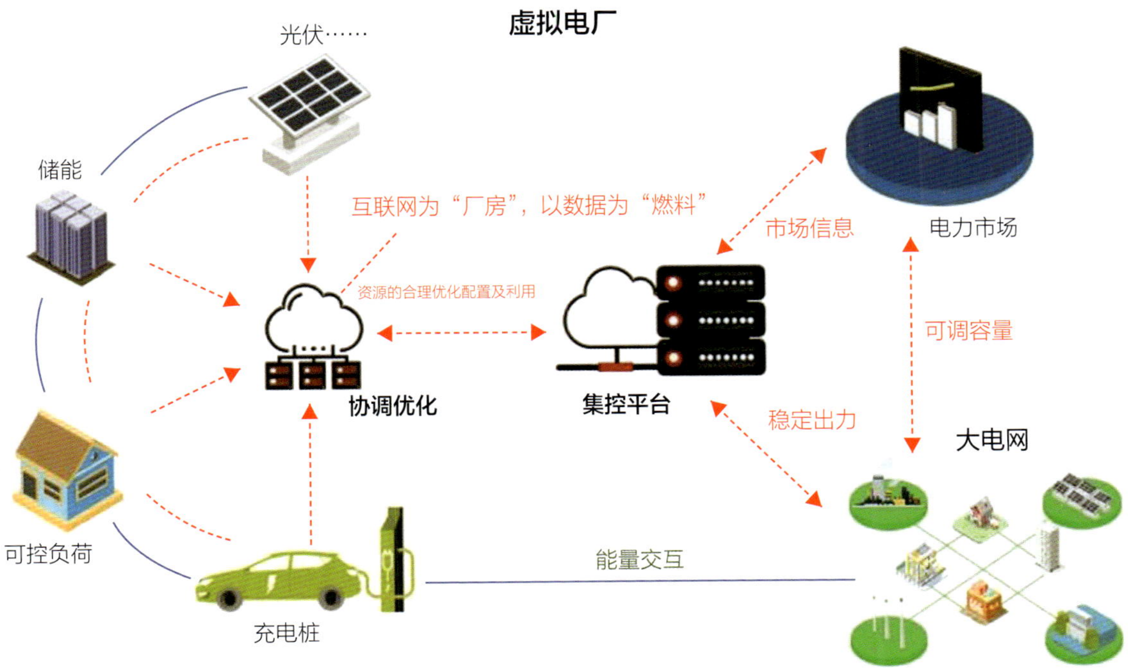

图4.14 典型虚拟电厂功能模块示意图[1]

[1] 资料来源：全球能源互联网发展合作组织，虚拟电厂技术和商业模式研究，2022。

售电力的Powerwall业主依据所供电量提供1～10美元/千瓦时的报酬。在电力富余时段，将光伏发电能量储存在Powerwall中；电力低谷时段，则从Powerwall向电网供电。2022年8月，特斯拉在缺电最严峻的加州举办了一场紧急响应活动，共2342个Powerwall用户参与参加紧急响应活动，共计输出16兆瓦电力，效果堪比一个小型发电机。

2．特点与创新

参与用户规模创新高。特斯拉通过增加报酬的方式吸引更多用户参与虚拟电厂活动，最多可聚合5万个用户。如果所有用户系统均为Powerwall 2电池（7千瓦/13.5千瓦时），总共可达350兆瓦容量，相当于在加州安装350兆瓦/675兆瓦时的第二大公用事业规模的电池。

数字化手段助力电力市场调节。通过数字化手段聚合并协调分布式能源参与市场运作，解决了太小规模分布式能源不能参与电力市场的问题。参与方多样化，包括电力公司、硬件制造商、软件供应商、第三方聚合商、普通用户等。

3．成效与价值

节约电厂和电网投资成本。通过虚拟电厂实现电力系统削峰填谷，在建设、运营、激励等环节投资远低于火电厂，能够有效节约投资成本。美国加州电网公司表示，将建设世界上最大的分布式电站，以此来减少对于化石燃料的依赖。

提升节能和减碳效益。虚拟电厂节电过程中对环境无污染、成本低，能获得显著的碳减排效益和更高的经济效益。基于虚拟电厂技术的电力需求响应行动，能够快速有效地调节电网负荷，消纳清洁能源电量，进而减少碳排放量。

保障加州电网安全性与可靠性。通过虚拟电厂实现分布式电源、储能微网、储能系统、可控负荷、电动汽车等分布式能源的聚合和协调控制，作为一个特殊电厂参与电力市场和电网运行、接受电网调度指令、参与需求侧响应、提供电网辅助服务，迎接电力间歇性难题。

4.3.5 中国江苏镇江储能电站

1．项目概况

中国江苏镇江储能电站项目是目前全球容量最大的电网侧储能电站、全球功能最全面的储能电站、全球首套毫秒级响应的源网荷储能系统。该项目能够在用电低谷时作为负荷充满电力，在用电高峰时作为电源释放电力，有效填补电力缺口，保障生产生活用电。同时，该项目电能大规模存储和快速释放，填补了电网常规控制方法盲区，实现电能灵活调节和精确控制，对构建新型电力系统具有示范作用。

江苏镇江储能电站示范项目（见图4.15）采用“分散式布置、集中式控制”方式进行建设，新建8个储能电站，采用磷酸铁锂电池，总容量为10.1万千瓦/20.2万千瓦时，总投资约7.6亿元，2018年7月并网投运。该储能电站每天可为镇江地区提供近40万千瓦时的电力供应，满足17万居民的生活用电，缓解夏季电网供电压力，促进电网削峰填谷。

2. 特点与创新

具备调峰调频黑启动等全面功能。该项目采用磷酸铁锂电池作为储能介质，具有安全可靠性强、能量密度高、充放电速率快、使用寿命长的优点，不仅可提高电网供电能力，弥补电力缺口，还能发挥调峰、调频、黑启动、需求响应等作用。另外采用动态无功补偿装置替代传统无功补偿装置，通过对电流的实时追踪，实现对无功和谐波的瞬时动态补偿。

采用模块化、标准化设计。该项目储能电站一、二次设备高度集成，采用标准预制舱体布置形式，可实现设计方案模块化、设备基础通用化、施工建设标准化，

图4.15 中国江苏镇江建山储能电站

缩短建设周期，节约建设成本。优化了电气主接线，将多面变流器舱相互连接后接入一台进线柜，可大幅降低设备成本，有效减少占地面积。

实现储能设备毫秒级响应。该项目智能网荷互动终端通过调度数据网光纤通道，上行与毫秒级精准切负荷主站、营销控制快速响应主站通信，下行与站端监控系统通信，通过对变流器的精准控制，实现储能设备从“负荷”向“电源”的毫秒级转变，为建立“大规模源网荷储友好体系”奠定基础。

3．成效与价值

提高电网供电和灵活调节能力。该项目不仅可提高电网供电能力约10万千瓦，还可通过毫秒级充放电转换能力为电网运行提供调峰、调频、备用、黑启动、需求响应等服务，具有显著的示范引领作用。该项目每年可减少火电厂因调频造成的燃煤消耗5300吨，相当于少建一座20万千瓦的常规调峰电厂，可节省电厂投资及电网配套投资约16亿元。

提高新能源消纳能力。该项目快速响应和灵活性能够弥补新能源的随机性和间歇性，可大幅提升电网对新能源的接纳能力，减少二氧化碳排放1.3万吨，减少二氧化硫排放400吨，提高能源系统整体效率，推动地区能源低碳绿色转型。

促进源网荷储系统升级应用。该项目最多可提高双倍其功率20.2万千瓦的毫秒级响应能力，促进大规模源网荷储友好互动系统升级应用，提高电网故障初期系统的稳定性，推动储能技术标准建立与规范体系完善，助力源网荷储协调发展。

4.4 终端用能

近几年来，全球各大洲在电动汽车与车联网应用及技术水平进一步发展，许多绿氢制备与应用、电制燃料制备与应用项目进入落地实施阶段，园区级终端用能数字化管理技术与平台、零碳产业园区等快速发展。其中中国深圳电动汽车与电网互动运营管理平台、德国壳牌Refhyne电制氢项目、中国兰州液态太阳燃料合成示范项目、中国江苏怡宁能源微碳慧能科创产业园、中国远景鄂尔多斯零碳产业园是绿色转型创新的代表性终端用能领域项目。

4.4.1 中国深圳电动汽车与电网互动运营管理平台

1．项目概况

深圳电动汽车与电网互动运营管理平台是利用规模化电动汽车与电网互动关键技术，探索可持续开展互动场景和商业模式，形成多方主体参与、互利共赢的车网互动生态的典型案例。

该项目将建成支持百万辆级车网互动的运营管理平台，部署不少于1万个车网互动充电枪，实现三万辆级的车网互动示范，总投资3400万元。2021年项目开始实施，2022年6月车网互动运营管理平台正式上线运行。截至2023年3月，平台在深圳已累计接入121座充电站，接入设备数超7500台，其中包括3000余台车网互动充电桩；装机容量约15.8万千瓦，最大功率调节量达7.1万千瓦。近两年已参与需求侧响应35次，累计响应量超31.2万千瓦时。图4.16所示为粤港澳大湾区首个车网双向互动示范工程（深圳市龙华区民兴苑停车场）。

2．特点与创新

市场化、多场景、支持复杂用户交互和管理的平台设计。车网互动运营管理平台面向多类型市场化电力交易品种设计，

图4.16 中国粤港澳大湾区首个车网双向互动示范工程（深圳市龙华区民兴苑停车场）

适用于居民小区充电站、公共快充站、法人车队充电站等多种场景，并建立了面向用户的“调研-采集-预测-引导”闭环组织体系，实现对充电场站各类灵活资源的精准调控，支撑了电力市场参与。

系列化的“云边端”车网互动解决方案。攻克了电动汽车聚合技术，建成接入功率超百万千瓦的车网互动聚合平台。突破场站智能调控技术，研发了中国首个光储充智慧调控场站管理终端。研制中国首个具备谐波治理功能的共直流母线充放电系统，供电效率比传统充电站提升5%以上。

“云-车-桩”协同的电动汽车状态监测、评估、预警及处置技术。基于多维数据融合，开发了动力电池高可靠预警模块和桩-云协同安全长寿命处置模块，确保车网互动行为不突破动力电池安全边界，实现动力电池的安全和寿命管理，支撑车网互动安全可靠开展。

3．成效与价值

推动车网互动可持续发展。深圳车网互动运营管理平台深入践行“价值驱动”理念，将多种类型电动汽车灵活调节能力与多种类型电力市场需求相匹配，从而实现了车网互动网-站-车之间的价值传导，促成多方互利共赢，改变了车网互动工程多依赖补贴运转的现状，初步实现车网互动可持续发展。

促进交通能源绿色转型。项目通过对接电力市场，适时、适度开展车网互动，发挥了削峰填谷、阻塞缓解等作用，在新能源占比不断提升、电动汽车等各类新型负荷蓬勃发展的背景下，支撑了新型电力系统的电力实时平衡和电网安全、经济、可靠供电，为交通能源绿色转型提供了良好环境。

带动新兴产业发展。项目构建了电动汽车用户与电网灵活高效互动的能源服务新业态，开拓了智能充电桩、场站智能终端等智能设备市场和相关云服务、APP市场，带动了上下游产业发展。

4.4.2 壳牌Refhyne电制氢项目

1．项目概况

壳牌Refhyne电制氢是壳牌和英国电解槽生产商ITM Power联合建造10兆瓦质子交换膜电解水制氢项目（见图4.17），

图4.17 壳牌Refhyne项目制氢厂外景

是欧洲已投运的规模最大的质子交换膜制氢项目。该项目是欧盟委员会资助的Refhyne European项目一部分，旨在加速生产实现气候中和目标所需的绿氢。

该项目位于德国莱茵兰壳牌能源化工园区，总占地600余平方米，电解槽由ITM Power建造、壳牌运营，2018年正式启动建设，2021年7月建成投入运营。项目每年利用可再生能源生产约1300吨绿氢，绿氢直接通过管道供应给园区炼油厂作为炼化原料。项目一期建成10兆瓦电解槽，计划二期将电解槽规模扩大到100兆瓦，预计二期于2024年交付。

2．特点与创新

采用质子交换膜电解槽技术电解水制氢。项目配备10兆瓦质子交换膜电解槽，相比目前应用最广的碱性电解槽，质子交换膜电解槽响应速度更快、效率更高，该项目对于探索质子交换膜电解槽的大规模工业应用具有重要意义。

实现“绿氢+炼化”耦合模式实践创新。项目包括可再生能源发电、电制氢、气体压缩和净化、输氢、炼化等多个模块，为“绿氢+炼化”项目的设计运行提供了丰富的实践经验。二期建成后，绿氢还将应用于交通、建筑供暖等领域，为“绿氢+”提供更加丰富的应用场景和耦合模式。

3．成效与价值

建立石化行业低碳发展模式。石化行业属于高碳排放、难脱碳的行业。在实现气候中和的过程中，原油材料属性将日益凸显，而化工型炼厂碳排放强度比燃料型炼厂更高。该项目使用绿氢替换了部分炼化用氢，建立了一种石化行业低碳发展模式，该经验也可在世界范围内推广。

降低化石能源依赖。欧洲炼厂的炼化用氢主要通过天然气蒸汽重整制取，天然气是维持炼厂运行的重要能源。在欧洲能源危机的背景下，探索“绿氢+炼化”发展模式有助于降低炼化行业对天然气的依赖，保障能源安全。

4.4.3 中国兰州液态太阳燃料合成示范项目

1．项目概况

液态太阳燃料合成示范项目（见图4.18）是全球首个千吨级的“液态阳光”合成示范工程。该项目是碳捕集与电制燃料、原材料技术相结合的典型案例，通过光伏发电为电解槽提供能量来源电解水制备绿氢，绿氢与从合成氨工厂尾气捕获的二氧化碳合成甲醇，实现变废为宝。

该项目装置由光伏发电、电解水制氢和二氧化碳加氢合成甲醇三个基本单元

图4.18 液态太阳燃料合成示范项目

构成，配套建设总功率为10兆瓦的光伏发电站和2台1000立方米/时（标准状况）电解水制氢设备。项目总占地约289亩，总投资约1.4亿元，于2020年1月试车成功。

2. 特点与创新

采用先进二氧化碳加氢制甲醇技术。项目基于高选择性、高稳定性二氧化碳加氢制甲醇催化技术，采用固溶体双金属氧化物催化剂，在工业化装置上实现了千吨级绿色甲醇的合成，甲醇选择性可达98%，催化剂运行1000小时以上无明显失活，成功实现了液态阳光合成技术的工业示范。

实现“绿氢+CCUS”零碳循环模式。项目以清洁电力制备氢气，利用碳捕集、利用与封存（CCUS）技术，将捕集的二氧化碳作为碳资源进行转化，规模化合成甲醇，实现了碳资源循环利用，为实现碳中和目标提供了切实可行的模式。

3. 成效与价值

探索可再生能源利用新模式。项目以清洁电力为能量来源，将水和二氧化碳转化为甲醇，相当于将电能转化为化学能，为提高可再生能源利用率、解决可再生能源消纳难题提供了创新技术路线。

解决绿氢存储运输难题。氢能作为一种清洁、高效的零碳能源，发展潜力巨

大。氢储运是氢气从生产走向应用的关键环节，但当前氢储运技术存在瓶颈，制约了绿氢的规模化发展。项目将绿氢转化为易于存储、运输的甲醇等液体燃料，为解决氢储运难题提供了新方法。

4.4.4 中国江苏怡宁能源微碳慧能科创产业园

1. 项目概况

江苏怡宁能源微碳慧能科创产业园是以新能源为主体的源网荷储一体化园区级成功案例，充分利用建筑景观及风光资源，建设多形式光伏、风力发电系统，形成“自发自用，余电上网”的高比例新能源供应体系，通过数字化技术对园区碳生产要素进行采集分析，实现碳资产“可视、可控、可管”。项目在综合能源、智

慧园区、低碳发展、创新服务等多方面具有示范意义。

江苏怡宁能源微碳慧能科创产业园（见图4.19）占地156亩，规划建设16栋建筑，总建筑面积约13.4万平方米，园区清洁能源占比超过85%，主要产业形态为新能源装备研发集成和技术孵化实践。项目于2021年2月开工，2022年10月建设投运，由国网江苏省电力有限公司盐城供电分公司、中国能源建设集团有限公司江苏省电力设计院有限公司与华为技术有限公司共同建设。

2. 特点与创新

高比例清洁能源应用。园区清洁能源占比超过85%。部署光伏、风电等新型发电设备，提高清洁能源配置能力。园区建设交直流配电网，通过智能双向能量路由器实现母线柔性互联。通过预制舱储能和V2G充电桩提高光伏、风电等新能源的就地消纳能力。建筑内部署铅碳电池，存储新能源发电并为小电压等级负荷供电。以地源热泵、空气源热泵结合储冷储热系统，降低园区供冷制热能耗。

图4.19 中国江苏怡宁能源微碳慧能科创产业园全貌

园区管理数字化。采用最新的5G和Wi-Fi 6技术，实现园区网络全覆盖。在园区广泛部署智能物联网关、智能摄像头、能源路由器等边缘智能设备，实现园区人、车、物、能、碳等万物互联、实时感知，园区智能终端覆盖率达到100%。园区数字平台实现20个专业子系统统一接入和汇聚、融合，园区各要素在线监测、智能诊断。综合运营中心基于大数据、AI等新技术的分析，实现园区管理可视、可管、可控，支持业务敏捷决策与创新。

全流程追踪管理碳排放。项目采用华为公司提出的三元转型模型，从能源转型、零碳转型和数字化转型三个维度指导园区建设。运用数字技术连接人与碳、物与碳、碳与能，实现园区碳排放在线、实时监测及碳排放全生命周期管理。通过对车辆、楼宇、办公、照明等各子系统的智能调节和联动协同，实现园区用能设备的优化运行，提高能源利用效率。通过用能系统、供能系统和碳管理系统的协调互动，提高新能源的消纳能力和有效利用。通过能源流、碳流、信息流和价值流四流融合，不断降低园区碳排放，逐步实现“双碳”目标。

3. 成效与价值

以数字技术推动园区能源转型。以数字平台为核心，协同支撑能源管理和碳管理两大体系，实现园区管理智慧化、能源高效化、运营绿色化和交易在线化。每年可节约电能300万千瓦时，减少二氧化碳排放5600吨，节约标准煤1200吨。项目获得“2022年信息社会世界峰会（WSIS 2022）环境赛道”冠军奖，并入选“2022年保尔森可持续发展奖十大绿色创新项目”。

以数字平台创新拓展市场及商业模式。以数字平台为核心，以云边协同为手段，通过能源管理、碳管理、园区管理和碳能协同四大应用拓展新业务和市场，为园区用户提供能效提升、多能供应、需求响应、能源交易代理、碳交易、能碳数据分析等创新服务，在为客户提供服务的同时探索创新商业模式，共建多方共赢的能源互联网生态圈。

4.4.5 中国远景鄂尔多斯零碳产业园

1. 项目概况

远景鄂尔多斯零碳产业园（见图4.20）是全球首个零碳产业园区，基于“新型电力系统”“零碳数字操作系统”和“绿色新工业集群”三大创新支柱打造，通过新能源+电化学储能+绿氢“能源岛”+绿电交易实现零碳排放。

远景鄂尔多斯零碳产业园由鄂尔多斯市政府和远景科技集团在内蒙古鄂尔多斯伊金霍洛旗共同规划建设。2022年4月，产业园一期项目建成投产。截至2022年11月，园区已入驻9家中国新能源领域头部企业，初步形成了以远景科技集团为龙头，内蒙古华景新材料有限责任公司、龙江万锂泰新能源科技股份有限公司、湖南镕锂新材料科技有限公司为配套的电池及储能产业链；以隆基绿能科技股份有限公司为龙头的光伏产业链；以山西美锦能源股份有限公司、国鸿氢能科技（嘉兴）股份有限公司、协鑫（集团）控股有限公司为龙头的氢燃料电池及绿氢设备制造产业链；以上汽红岩汽车有限公司、上海捷氢科技股份有限公司为龙头的新能源汽车制造产业链。

2. 特点与创新

“源网荷储”一体化发展模式。园区

图4.20 中国远景能源零碳产业园区外景

集成了可再生能源、储能设施和绿色新工业集群，通过智能物联网源荷互动控制系统和基于绿氢的零碳能源岛，产业园一期已经实现100%清洁能源，入园企业电价低于项目所在地内蒙古自治区工商业标准电价。未来，园区80%能源将由本地风电、光伏直供，20%与电网交易。

通过数字化技术实现高效能碳管理。园区在运营、管理方面充分运用数字化技术，依托远景科技集团开发的“方舟能碳管理系统”，对园区生产单元信息进行采集和优化管理，实现发输配用储协同运行。系统对碳足迹实时监测，直通外部的绿色权益市场采购绿电、绿证、碳信用，实现碳盘查、碳跟踪、碳减排、碳抵消等一站式服务，实现碳中和闭环。

采用先进零碳园区建设、运营、计量、评价、认证规范。依托项目实践经验，内蒙古自治区先后发布《绿色电力应用评价方法》《零碳产业园计量评价规范》《零碳产业园区建设规范》等系列地方规范标准，从规划布局、统计核算、减排路径、评估改进等方面为零碳产业园的建设提供前瞻性指导，推动中国地方零碳产业园区的建设实践的规范与完善。

3. 成效与价值

带动地区转型发展。项目所在地鄂尔多斯是中国煤都，经济发展和财政收入高度依赖煤炭资源。依托零碳产业园区，鄂尔多斯以能源转型带动产业转型，计划围绕新能源打造链条完整的大规模产业基地，实现经济发展动能转换。到“十四五”末，鄂尔多斯计划实现新能源装机容量达到5000万千瓦，占电力总装机比重超过50%。

经济社会效益显著。远景鄂尔多斯零碳产业园对地方经济发展、新增就业、产业绿色转型有显著的带动和促进作用，预计2025年将助力当地实现3000亿元绿色新工业产值，创造10万个绿色高科技岗位，实现1亿吨二氧化碳年减排的目标。

促进国际标准建设。在远景鄂尔多斯零碳园区项目实践基础上，远景科技集团与法国必维国际检验集团（Bureau Veritas）发布全球首个“国际零碳产业园标准”，对产业园区提出了覆盖零碳能源、智能管理、产业循环与社会减碳四方面的要求，与国际标准接轨，并与SBTi科学碳目标的要求一致，帮助入园企业实现自愿减排目标。基于能碳管理平台打造零碳数字认证体系，赋予园区内产品可追踪溯源、符合各类国际标准且经过权威机构认证的“零碳绿码”，为零碳碳产品的认证和贸易提供标准和便利。未来零碳园区模式将有望进一步在欧洲、澳洲、中东以及东南亚等地区复制推广，赋能全球工业城市低碳和零碳转型。

5 全球能源转型发展展望

全球能源转型态势受经济增长、发展目标、技术进步、市场环境、国际形势等多重因素影响，存在较强的波动性和不确定性。对能源转型态势的研判既要研判长期性、战略性、方向性的重大趋势，又要结合阶段性的新特征新问题研判近中期的关键态势。本章将在全球能源互联网发展指数评估的基础上，从经济发展、能源供需、能源安全、互联互通、技术创新和国际合作六个维度对全球能源发展态势进行展望分析。其中，近中期的研判将基于中短期能源电力发展预测，长期态势将基于全球能源互联网发展合作组织自主开发的综合评估模型及全球能源互联网碳中和综合方案进行展望分析，综合评估模型及框架详见附录C。全球能源转型发展展望框架如图5.1所示。

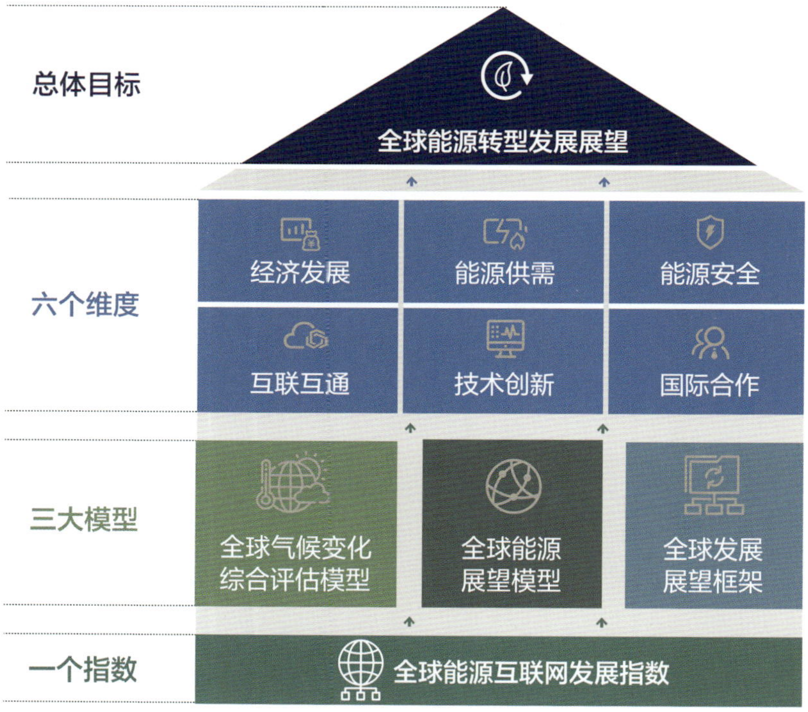

图5.1 全球能源转型发展展望框架

5.1 经济社会

经济发展是关系能源发展模式、结构与公平的系统性命题。全球经济发展初步呈现脱碳态势，近中期仍需防范区域冲突和能源安全问题造成全球经济发展受阻问题。远期全球经济发展将逐步脱碳，关键是实现能源公正包容转型，以低碳排放水平跨越“环境库兹涅茨曲线”拐点。基于绿色低碳转型，实现经济高质量、可持续发展，保障民生福祉已经成为全球性行动。经济低碳发展的风口下，能源转型与经济发展协调并举是经济发展方式变革的重要战略选择，将直接影响气候目标的实现，也是推动经济社会全面、绿色、低碳发展的关键。

5.1.1 人口规模

全球人口规模将持续增长，到21世纪中叶增速逐渐放缓。人口规模是影响国家和地区能源电力消费需求的重要因素。根据联合国经社部2022年发布的《世界人口展望》，2030年前世界人口将继续保持稳健增长，年均增速约0.9%。预计2030年，全球人口达到85.1亿。2050年，人口达到96.9亿，人口增长逐步趋缓，增长率下降至0.5%左右。2060年，全球人口将突破100亿。非洲、南亚等地区人口增长较快，预计2030年和2050年，非洲人口将分别达到16.9亿和24.7亿，较2022年增加2.8亿和10.6亿，南亚地区人口分别达到21.6亿和24.7亿，较2022年增加1.7亿和4.7亿。欧洲、东亚等地区人口增长较慢，在2030年前将进入负增长阶段。全球65岁以上老龄人口占比逐年增加，2030年达到11.7%，2050年达到16.1%。全球各大洲人口预测如图5.2所示。

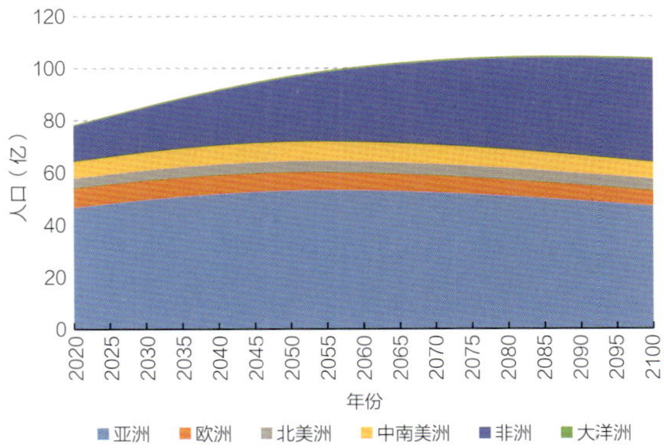

图5.2 全球各大洲人口预测

城镇化率将不断提升，成为全球经济发展的重要动力。当前欧洲、北美、中南美洲等地区城镇化率已处于较高水平。伴随着工业化进程和基础设施水平提升，亚洲和非洲将在未来全球城市人口增长中占据主导地位。根据联合国《世界城镇化展望》，预计2030年，全球城市人口将增长至51.7亿，年均增速约1.7%，占总人口的比重增至60.4%，其中亚洲新增城镇人口5.4亿，非洲新增城市人口2.7亿。预计2050年，全球城市人口将达到65.6亿，城市人口占比增至68.4%。全球新增城市人口中约九成来自亚洲和非洲，其中亚洲新增城市人口12.1亿，城镇化率达到66.2%，非洲新增城市人口8.1亿，城镇化率达到58.9%。全球及各区域城镇化率预测如图5.3所示。

无电人口比例有望进一步下降，全球人口用电格局呈现均衡化趋势。当前，全球人口电力消费占比格局呈现“三七”分布，即全球70%人口使用30%的电量。2000、2010、2020年用电不均衡系数[1]分别为0.66、0.56、0.51，用电不均衡

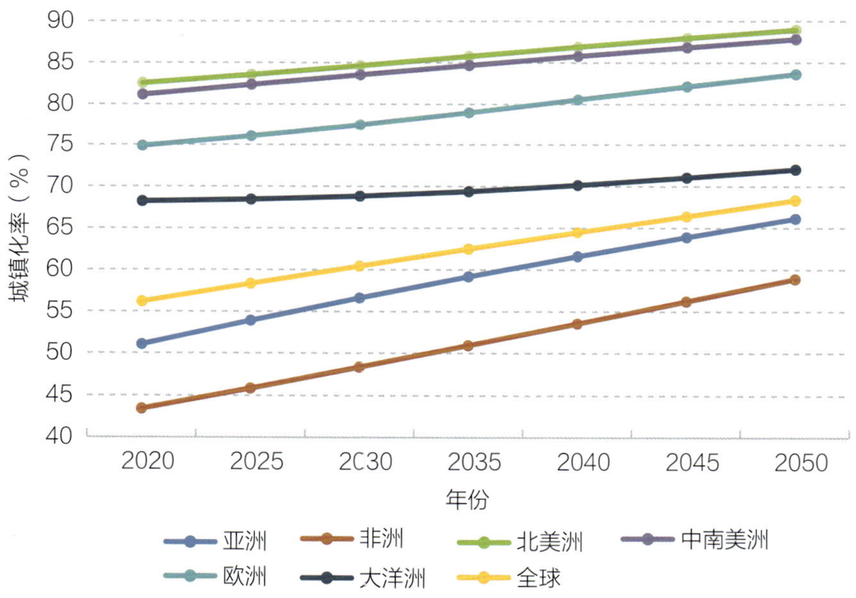

图5.3 全球及各区域城镇化率预测

[1] 用电不均衡系数是本研究借鉴基尼系数创新提出的综合反映用电差异状况的一个分析指标，数值介于0到1之间，越大则意味着用电水平越不平均，参考基尼系数可以认为0.4为差距警戒线。

差距呈现缩小趋势但依然严峻。全球仍有7.3亿无电人口，其中撒哈拉以南非洲占比达到77%[1]。解决贫困和边缘化人群能源可及性成为能源普惠发展着力点，对提升欠发达地区劳动生产率水平、人均消费水平，实现人口高质量发展意义重大。非洲大陆可再生能源发展潜力巨大，随着各国积极开展清洁能源发展规划布局与投资建设[2]，未来通电覆盖率有望得到进一步提升，有效解决电力短缺问题，极大改善能源贫困，实现“确保人人获得负担得起、可靠和可持续的现代能源”。全球用电不均衡分布趋势如图5.4所示。

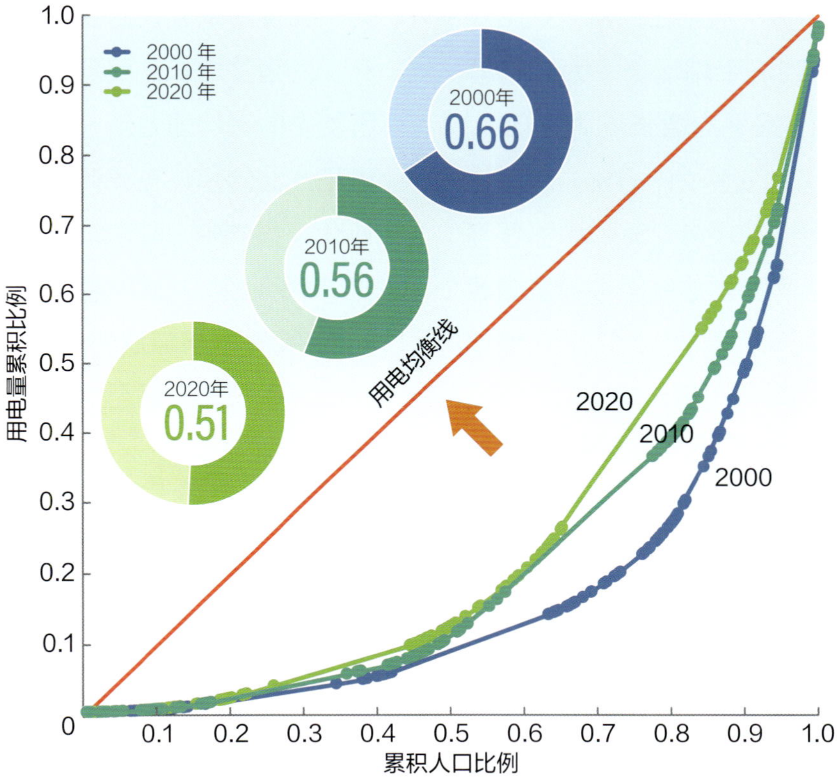

图5.4　全球用电不均衡分布趋势

[1] 根据联合国最新统计数据，2020年全球无电人口7.33亿，撒哈拉以南非洲无电人口约有5.68亿。

[2] 埃及计划2035年光伏发电装机容量达到43吉瓦，摩洛哥计划到2030年将可再生能源产能提升至12吉瓦，肯尼亚设定2030年实现100%可再生能源发电目标，南非公布了非洲首个国家氢能发展路线图。

5.1.2 经济增长

短期来看，全球经济处于缓慢复苏态势，新兴市场国家将成为全球经济增长的重要引擎。当前，全球经济仍然处于疫情后缓慢复苏中，面临着通胀高企、金融体系动荡、地缘政治局势紧张、就业增长疲软等多重压力和挑战。根据国际货币基金组织研究结果，全球2023年经济增长率将由2022年3.4%下滑至2.8%。2023—2028年，全球经济平均增长率为3.1%，其中新兴市场国家平均增长率为4.0%，中东和中亚国家增长率为3.6%，撒哈拉以南非洲国家增长率为4.2%，均显著高于全球平均增长率。发达经济体经济增速放缓，平均增长率为1.7%。IMF对全球各地区GDP增速预测见表5.1。

中长期看，全球经济保持良好增长前景。新能源、新材料、新一代信息技术、人工智能、生物制药等新产业、新技术加快发展与融合，引领新一轮生产、消费、流通领域的变革，不断催生出新经济、新模式、新业态。“一带一路”等合作倡议下多边、多元、多层次的合作机制加快构建，《区域全面经济伙伴关系协定》（RCEP）等自贸协定将释放巨大红利，推进区域经贸合作走深走实，能源电力、交通等基础设施互联互通程度不断提升，为经济增长、贸易投资和产业合作开辟新空间。伴随着新一轮全球产业革命演进和产业转移与布局调整，发展中国家工业化、城市化进度有望稳步加快。预计2030年，全球GDP将达到约120万亿美元[1]，全球经济增速将放缓至2.9%。预计2050年，GDP增至约200万亿美元，经济增速2.6%。

表5.1 IMF对全球各地区GDP增速预测

地区	2023年GDP增长率	2023—2028年平均增长率
发达经济体	1.3%	1.7%
欧盟	0.8%	1.8%
中东和中亚	2.9%	3.6%
中南美洲	1.6%	2.3%
新兴市场国家	3.9%	4.0%
撒哈拉以南非洲国家	3.6%	4.2%
全球	2.8%	3.1%

[1] 2020年不变价，下同。

全球经济增长可持续性增强。在云计算、大数据、物联网、人工智能等新一代信息技术的大规模应用下，数字经济将实现高速发展，产业数字化和数字产业化将成为经济增长的新动能。随着全球数字经济走向深化应用、规范发展、普惠共享的新阶段。能源网、交通网、信息网“三网融合”成为未来全球基础设施发展的新趋势，形成广泛互联、智能高效、清洁低碳、开放共享的新一代综合性基础设施体系，带动各类生产要素全方位解放，推动世界经济从工业经济向数字经济、平台经济、网络经济加速转型。“三网融合”将撬动百万亿美元规模投资，为经济增长注入新动能，显著降低全社会成本，提升经济发展效率和包容性。

5.1.3 低碳产业

能源转型带动新兴制造业快速发展，加快新产业链培育，形成产业分工新格局。与传统能源产业链相比，新能源汽车、风电、光伏、特高压输电、储能、氢等新能源设备制造产业链链条长、规模大、布局广。新能源汽车产业规模增长迅猛，2022年销售规模接近4000亿美元。2022年，中国新能源汽车产销量连续第8年位列全球第一，在动力电池领域市场份额达到58.4%。欧盟、美国、日本、韩国均出台法案积极布局本土新能源汽车制造（见表5.2）。非洲、中南美洲等富矿资源地区未来也有望通过相关产业布局迎来重要发展机遇。预计2030年，全球新能源汽车保有量将从2020年1100万辆上升至超过2亿辆，零售渗透率达到60%，市场规模超过8000亿美元。预计2050年，保有量将超过7亿辆。需求增长带动新能源汽车产业链各环节加速扩张和产业分工格局重塑。

表5.2 全球主要国家和地区新能源汽车产业支撑政策和相关法案

国家/区域	政策/法案	主要内容
中国	《新能源汽车产业发展规划（2021—2035年）》	强化整车集成技术创新和产业基础能力提升，鼓励新能源汽车、能源、交通、信息通信跨界协同。提出2025年新能源汽车销量占比20%目标
美国	《通胀削减法案》	对满足本土制造比例要求的新能源汽车进行税收抵免
欧盟	《净零工业法案》提案	提出到2030年制造业本土化至少达到40%的目标，其中锂电池达到85%
日本	《蓄电池产业战略》	提出到2030年建立150吉瓦时/年的制造基地、全球生产能力达600吉瓦时/年等目标
韩国	《2030二次电池产业（K-电池）发展战略》	提高对韩国本土基础设施投资，构建本土电池生态系统，提出2030年实现占据40%全球市场份额的目标

新技术与能源革命深度融合趋势加强，产业变革加速推进。新能源技术广泛渗透各个领域，大数据、云计算、人工智能、5G技术等新技术与光伏制造、风力发电等能源产业相融合，拓展新能源发展空间。绿氢制取、储运和应用等氢能产业链发展，推进可再生能源与储能互补发展，推进多能互补、协同高效的终端能源体系建设。同时电动化、智能化、网联化发展将促进充换电、车网互动、无人驾驶、电池回收等新基础设施和新业态发展。预计2030年，全球绿氢发电市场规模翻番，达到2500亿美元。中国虚拟电厂运营市场规模超过4500亿元[1]，换电市场规模有望达到2000亿元，V2G有望达到1000亿元。预计2050年，全球绿氢发电市场规模将达到1万亿美元[2]。

传统高耗能高排放产业加快实现低碳变革。钢铁、有色金属、石油化工等传统高耗能产业领域的投资将不断加快，实现新能源、新技术与新产能的协同布局，通过清洁替代、电能替代实现燃料变革、原料变革和生产方式变革，助力工业领域脱碳。钢铁行业将加快构建电为中心、电-氢-生物质能协同互补的能源消费体系，形成低能耗、低排放的行业发展格局。预计电炉炼钢和氢能炼钢的比重2030年有望上升至27%和7%，2050年有望上升至38%和10%。有色金属冶炼产业将实现清洁电力替代，进一步提高电气化程度和资源循环利用率，实现“绿电开采+冶炼”，预计2030年，电解铝行业可再生能源电力占比将从当前25%上升至33%，2050年上升至80%。化工产业将逐渐摆脱对化石能源的依赖，与绿氢、生物质、CCUS等技术路线实现协同发展。预计2030年，电加热、电化学工艺和设备将实现规模化应用，替代化石能源投入，提升工艺流程的电气化率和综合能效。预计2050年，随着电制原材料技术实现广泛商业应用，绿氨、绿甲醇产量有望分别达到0.8亿、0.6亿吨。

---

❶ 资料来源：华西证券研报预测。

❷ 资料来源：Goldman Sachs, Carbonomics-the clean hydrogen revolution, 2022.2.

5.1.4 绿色投资

全球各国政府积极出台新政策与法案鼓励绿色投资。美国政府2022年通过《通胀削减法案》，其中有3690亿美元计划用于能源支出和气候投资，影响全球新能源产业链布局和重要矿产市场运行。欧盟计划将2021—2027年财政预算（2万亿欧元）中至少30%的资金用于支持应对气候变化项目及经济社会绿色转型，并提出《欧盟绿色工业计划》，拟从欧盟基金中拨出2500亿欧元（约合人民币1.84万亿元）支持各成员国加速工业脱碳和工业绿色转型。日本提出“绿色成长战略”，在海上风电、氢能、氨燃料等产业领域加强研发与投资。中国不断完善支持能源绿色低碳转型财政金融支持政策，加快新能源产业链培育和绿色基础设施建设，绿色金融发展规模领跑全球，2022年本外币绿色贷款余额22.03万亿元，同比增长38.5%，高于各项贷款增速28.1个百分点。

全球绿色投资加速增长，但地区之间仍然不平衡。2022年，全球对能源转型领域[1]的投资达到1.3万亿美元[2]，创历史新高，较2021年增长19%，较疫情前2019年增长70%，其中可再生能源投资5000亿美元。中国在全球范围内吸引到最多的能源转型投资，规模超过5000亿美元，美国其次，约1400亿美元。由于缺乏相应的技术援助和融资机制，发展中国家可再生能源投资相对较低，国际可再生能源署数据表明，2020年，全球一半以上人口（主要居住在发展中国家和新兴国家）只获得了全球绿色投资的15%，其中撒哈拉以南非洲国家在2000—2020年间获得的投资额不到全球投资额的1.5%。发展中国家须进一步采取行动，针对绿色技术制定积极的工业、创新和能源政策，通过国际合作等方式加强绿色投资，才能受益于能源转型和产业变革新机会，进入生产力水平更高、竞争力更强的多样化发展轨道。根据当前趋势判断，预计2030年，全球能源转型领域年均投资有望超过3.5万亿美元；预计2050年，全球能源转型领域年均投资超过6万亿美元。

绿色投资将提供更多就业岗位，助力经济公正与包容转型。全球范围内，随着气候政策落实，能源转型进程加速，新能源产业投资与蓬勃发展将创造更多就业岗位。根据联合国估算，每一美元投资所创造的就业机会，可再生能源是化石燃料行业的三倍。2021年全球与可再生能

---

[1] 投资领域包括可再生能源、能效提升、交通电气化、电加热、储能、氢能、CCS等。

[2] 资料来源：国际可再生能源署《2023年全球可再生能源融资概况》（The report Global Landscape of Renewable Energy Finance 2023）。

源相关工作岗位达到1270万个。ILO预计2030年全球能源转型新增2400万~2500万个就业岗位，太阳能占可再生能源劳动力总数将占到1/3以上，是增长最快的可再生能源行业，中国和印度可再生能源领域的工作岗位将分别达到1000万个和450万个。IRENA预测，到2050年，可再生能源领域雇佣人数将达到4200万人。

5.2 能源供需

清洁低碳发展是能源转型的核心，能源清洁低碳转型特征体现为供需两侧的结构性变革。在供给侧，清洁能源逐步取代化石能源成为主导能源，清洁发电成为装机和电量主体，形成以清洁能源为主导、“风光水火储”多能互补的能源生产格局。在需求侧，清洁电能替代煤、油、气，全社会电气化水平大幅提升，形成以电为中心、“电氢冷热气”互通互济的能源消费格局。

5.2.1 能源生产

能源生产将形成清洁能源主导的供应格局。全球一次能源需求先增后降，2025年一次能源需求达到222亿吨标准煤，2030年将达到峰值，约226亿吨标准煤，2050、2060年分别降至194亿、186亿吨标准煤[1]，人均能源消费量均超过1.8吨标准煤。能源供应将加速深度清洁替代，水、风、光等清洁能源与储能协同开发，推动清洁电能全球消纳与配置。清洁能源逐渐成为主导能源，煤油等化石能源相继达峰，且达峰后逐步下降。2025年全球清洁能源占一次能源比重将超过20%，可再生能源消费相比当前水平翻一番。2040年左右清洁能源将超过化石能源成为能源供应主体，化石能源消费总量将降至50亿吨标准煤左右，2050、2060年全球清洁能源占一次能源比重将分别达到75%、85%。全球一次能源消费总量及结构预测如图5.5所示。

[1] 按热当量法统计，若按发电煤耗法，2030、2050、2060年一次能源需求分别为258亿、285亿、283亿吨标准煤。

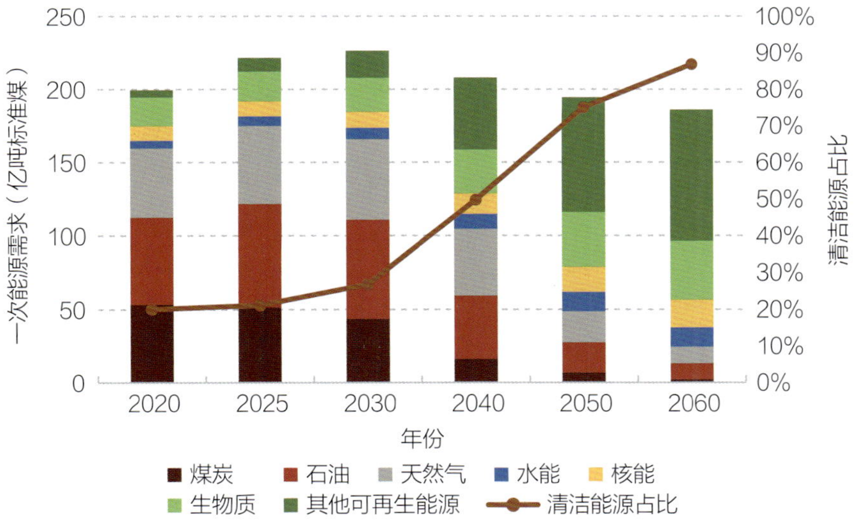

图5.5 全球一次能源消费总量及结构预测

电力生产将形成“风光水火储”多能互补格局。电源结构持续优化。2025—2050年，清洁能源装机容量每年增长11.8亿千瓦，达到351.5亿千瓦；2050—2060年，清洁能源每年新增装机容量3.8亿千瓦，达到390亿千瓦。到2050年，清洁能源装机容量达到352亿千瓦，清洁能源装机容量占比达到94%，风光水火储比重分别为28%、48%、7%、6%、4%。电力生产结构中，清洁能源发电量占比由2025年的45%升至2050年的93%。同时保留一定的化石电源装机作为应急电源，在实现全球碳中和的过程中尤其是在极端天气气候条件下能够保证系统供电安全。全球电力生产“风光水火储”互补格局如图5.6所示。

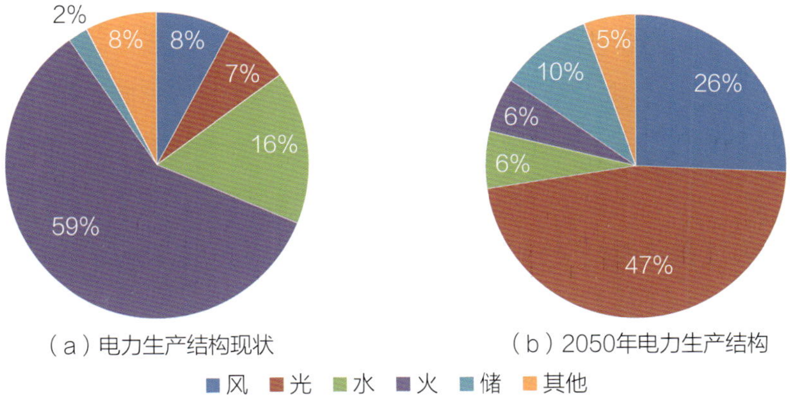

图5.6 全球电力生产“风光水火储”互补格局

清洁能源发电将成为主体电源。全球光伏、风电、水电资源丰富，理论蕴藏量分别约20万万亿、2000万亿、46万亿千瓦时，足以满足全球能源清洁转型需要。光伏发电采用集中式与分布式并举的方式，2025、2050、2060年分别达到18亿、183亿、204亿千瓦。风电主要采用规模化集中开发方式建设陆上和海上风电基地，2025、2050、2060年分别达到15亿、105亿、117亿千瓦。常规水电重点在非洲、亚洲和中南美洲建设大型水电基地，2025、2050、2060年分别达到13亿、25亿、25.3亿千瓦。

5.2.2 能源消费

能源消费将形成电为中心的用能格局。人口和经济增长、能效提升等因素综合作用，推动全球终端能源消费先升后降。2025年终端能源消费总量约159亿吨标准煤，全球用电量约34万亿千瓦时，电气化水平达到23%。2050、2060年终端能源消费总量分别为149亿、143亿吨标准煤，通过加快电气化推动清洁电能全球消纳，全球用电量分别增至83万亿、89万亿千瓦时，占终端能源的比重分别达到63%、70%左右，氢能占比超过10%，终端各部门电气化率均超过60%。

能源使用将形成“电氢冷热气”互通互济格局。清洁能源电解水制氢（绿氢）将逐渐具有经济竞争力，促进终端能源使用脱碳，逐渐形成电为中心、电与氢冷热气协同、可再生能源直接利用及合成燃料为辅的能源消费格局。工业领域，能源主要用于制冷和制热，制冷制热能源消费占比超过70%。预计2025年，能源消费仍以电、热、气为主，电、氢、热、气占比分别为31%、0.4%、42%、22%。预计2050年，工业领域能效提升推动冷热气消费占比下降，电气化水平逐步提高，电、氢、热、气占比分别为58%、11%、21%、9%。建筑领域，随着全球城镇化发展，能源消费呈现先增后降的趋势。当前，建筑用能中50%用于制热和制冷。预计2025年能源消费仍以电、热、气为主，电、冷、热、气占比分别为39%、0.3%、16%、27%。随着城镇化水平进一步发展，制冷需求将会持续提升，预计2050年，电、氢、冷、热、气占比分别为68%、3%、0.4%、15%、10%。交通领域，未来将逐步由以燃油为主转向以电氢为主的用能结构，电能替代、生物质能替代、氢能替代、能效提升等推动交通领域用能结构更加多元。预计2025年，电气化水平超过3%，氢能和生物燃料占比分别达到1%和4%；2050年电气化水平将超过40%，氢能和生物燃料占比分别提升至13%和20%。工业和建筑部门“电氢冷热气”消费格局如图5.7所示。

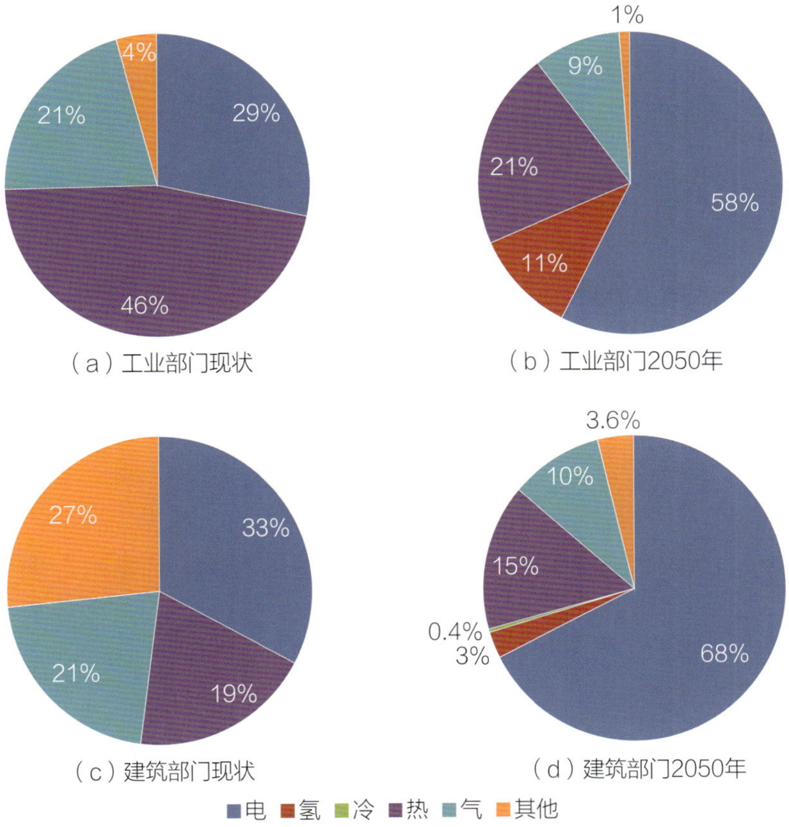

图5.7 工业和建筑部门“电氢冷热气”消费格局

5.3 能源安全

能源安全是能源转型的底线。受地缘政治、国际贸易、资源储量影响，全球能源供应安全风险加剧，主要体现在化石能源、关键金属矿产和电力供应三个方面，其中化石能源投资减弱将导致未来供应紧张，关键金属矿产供应短缺将成为能源转型关键制约，电力供应受极端天气频发影响将呈现“风险倍增”态势。

5.3.1 供应安全

全球化石能源投资减弱，远期存在供应短缺风险。受前期全球新冠疫情影响，全球化石能源需求减弱，多数油气公司亏损严重，对新建项目投资意愿不足，给远期供应能力带来严重影响。当前，煤炭、石油、天然气的储采比分别为139、53.5、48.8，储量有限叠加生产能力保障不足将导致未来化石能源存在供应短缺风险。预计2025年，煤炭、石油、天然气供应量总体供应充足，但局部存在供应短缺。远期若仍按照现有能源规模消费，欧洲、亚洲等地区将面临严重能源供应危机。

关键金属供需缺口扩大，资源竞争加剧供应风险。根据国际能源署预测，实现全球能源清洁低碳转型，关键矿产资源需求总量将是当前的4倍。预计2030年，铜的需求从目前的600万吨增至1600万吨，供应压力最大，其他关键矿物的需求增长率更快，主要包括用于太阳能光伏的银和硅、风力发电机的稀土元素和电池的锂。预计2050年，锂、镍、钴资源需求增速快，需求分别增长20、10、50倍。银、铂、碲、钴、铟的需求量也将分别达到全球储量的4.4、2.9、2.7、1.9、1.7倍。如果将建筑、机械、通信等其他非能源部门的关键金属需求计算在内，供需缺口将进一步扩大。全球低碳转型加深关键矿产资源供需矛盾。根据《自然》杂志最新研究，到2040年镍、钴等关键矿产需求将超过供应能力，主要是因为关键矿产资源储量有限、分布不均，且受开采技术、环境法规影响，产量难以满足需求增长。同时，部分地区通过构建“关键矿产”同盟关系增强本地区供应安全，由此多国争夺全球资源控制权将加剧全球关键金属供应风险。

电力供应不确定性增强，极端天气加大供应风险。目前全球绿色低碳转型进程逐渐加快，近30%的国家进入化石能源增

量替代或存量替代阶段。全球已有13个国家进入化石能源存量替代阶段，能源消费增量全部通过非化石能源满足，27个国家进入增量替代阶段，能源消费增量主要通过非化石能源满足，超过1/5国家的非化石能源占比大于50%。预计2025年，清洁能源发电装机成为供应主体，占比从当前的40%增长至55%，增量替代是电力安全供应的关键。预计2050年，清洁能源发电装机比重增至95%，存量替代将成为制约电力供应安全的关键。随着水风光等可再生能源占比进一步提高，"极旱无水、极热无风、极寒无光"会导致电力供应不稳定性增强。全球近一半大停电事故由天气特别是极端天气诱发，因此极端天气气候事件成为电力供应安全的"风险倍增器"，这将加剧电力系统安全稳定运行面临的挑战。

5.3.2 贸易安全

全球油气贸易流向格局由"逆时针"转向"顺时针"，贸易安全制约局部地区能源供应。能源供应的地缘政治影响日益加剧，供应和需求阵营对抗不断加码，经贸制裁、能源断供、重要基础设施破坏等不确定性事件频发，国际油气贸易流向已经由"逆时针"转向"顺时针"[1]，激化区域性阶段性供需失衡。未来随着全球油气供应紧张持续，各地区将会倾向于采取区域合作方式加强自身能源安全。预计2025年，油气出口仍主要来源于中东地区和俄罗斯，占全球出口比重超过45%。远期来看超过一半的油气进口来自亚太地区，以印度和中国为主。随着欧洲清洁能源开发利用，欧盟油气进口比重呈现下降趋势。

[1] 资料来源：中国石油集团经济技术研究院，国内外油气行业发展报告，2023。

全球关键矿产资源贸易博弈激烈，部分地区资源高度集中带来供应安全风险。全球大部分关键矿产来源地较为单一。以对风电、电池储能、核电影响较大的锂、钴为例，澳大利亚和智利合计供应全球约80%的锂，刚果（金）供应全球64%的钴。部分国家通过法律约束钴矿石开采、加工、出口，目的在于加强矿产资源的定价权，巩固资源产业地位。预计2025年，南美、非洲成为矿产资源主要出口地区，铜、锂、镍、钴高度集中格局形成。远期来看矿产资源进口地区主要集中在中国、美国、欧盟等清洁能源发展规模较大的地区。矿产资源消费主要集中在中国、美国、欧盟等国家和地区，资源生产与消费逆向分布给资源安全供应带来一定风险，影响全球能源转型进程。未来提升资源循环利用潜力将成为应对资源供应紧张主要举措之一。预计中国废弃锂、钴、镍将分别超过0.5万、1.1万、5.2万吨/年。随着资源循环利用进一步发展，矿产贸易格局对供应安全影响有望减弱。

全球电力贸易缓慢增长，交易电量以清洁电力为主。2020年全球电力贸易量接近1.5万亿千瓦时，近5年来年均增长12.4亿千瓦时。全球电力贸易主要集中在欧洲、北美地区，其中欧洲电力交易量为0.9万亿千瓦时。电力交易主要以清洁电力为主，如加拿大出口至美国电力主要为水电。未来随着可再生能源全球范围开发与配置，区域间电力贸易量将逐渐扩大，如非洲与欧洲联网输送太阳能发电。

5.3.3 市场安全

国际油气价格短期宽幅震荡，长期来看受替代能源和需求减弱影响，油气价格将重新回到较低水平。受俄乌冲突影响，全球能源供应紧张推高油气价格。能源原材料价格上涨及供应链中断使新能源开发成本也由降转升，2022年各类能源平准化度电成本增长3.5%～13.5%。以石油价格为例，原油库存、剩余产能、桶油成本、行业回报率、油气投资趋势等都将影响石油供需格局，并呈现出石油价格长期波动现象。未来随着化石能源投资减少，国际油气公司向清洁能源领域转型以及化石能源需求减弱，油气价格将重新进入下行区间。预计2025年，布伦特原油价格将降至75美元/桶左右。远期来看石油价格有望进一步下降。

关键金属价格整体呈波动上升趋势，长期来看能源转型将使关键金属价格飙升并维持高位。2021年以来，在动力电池等能源低碳技术快速发展的驱动下，锂价已经上涨50%以上，铜价自2011年以来首次突破1万美元/吨。新能源快速发展下，关键金属供给受制于产能，供应链发展相对滞后导致关键金属对价格信号反应迟缓。同时，受到开采技术创新、市场集中度和环境法规的影响，需求的快速增加和供给的较慢响应共同推高关键金属价格。预计2025年，关键矿产价格呈持续波动态势，主要受产能、运输等因素主导。远期来看以锂、钴、镍为代表的关键矿产资源价格将整体上升并维持高位，主要原因是供给缺口扩大。未来关键矿产价格攀升同样会造成电力装备制造成本提升，增加光伏组件、风机、电动汽车电池等下游产业压力。

能源转型短期会推高电力供应成本，长期来看电力价格有望低于当前水平。未来电力系统成本受电源结构、发电造价、燃料成本、电网投资以及关键金属价格等因素影响。随着高比例可再生能源发展带来的储能投资增加、碳成本上涨，电力供应成本短期将呈现上升趋势。随着市场化程度不断完善和有效价格机制形成，系统成本在全环节进行合理疏导，电力供应成本由升转降。预计2025年，全球电力供应成本小幅上涨，相比当前增加20%～30%。远期来看随着新能源开发成本进一步下降，电力供应成本相比当前有望下降10%～20%。

5.4 互联互通

基础设施互联互通是促进各国资源共享与优势互补、推动能源清洁转型的重要基础。近年来，跨国能源基础设施互联互通水平显著提升。以电网为载体加速基础设施互联互通可以利用各地的时区差、季节差、电价差，推动能源生产国际化、配置国际化、贸易国际化发展。随着人们对清洁低碳可持续发展认识的不断提高和氢能全产业链的技术进步，氢能在能源转型中的价值日益凸显，未来将形成就地制备利用与大范围优化相结合的格局。

5.4.1 电力配置系统

未来电网将呈现出以大电网为主导、多种电网形态相融并存的格局。交直流混联大电网依然是能源资源优化配置的主导力量，同时微电网、分布式能源、储能和局部直流电网将快速发展，与大电网互通互济、协调运行，支撑新能源高效开发利用和各类负荷友好接入。电网的枢纽平台作用进一步凸显，有效支撑各种新能源开发利用和高比例并网，实现各类能源设施便捷接入、“即插即用”。

输电网规划持续加强，未来电网互联呈现进一步扩大的趋势。欧盟提出了跨欧洲能源互联网战略（the trans-european networks for energy，TEN-E），并于2020—2022年进行了修订，提出至2030年跨国电网互联水平达到15%。优先发展4条电力走廊，包括北海海上电网、西欧南北电力互联、中东欧和东南欧的南北电力互联、波罗的海电力互联。欧盟承诺将提供资金促进国家间合作开发能源互联互通基础设施。埃及积极推进与沙特互联项目，目前已完成87%的架空线安装，预计2025年5、11月将分别实现输电能力达150万、300万千瓦目标；埃及—希腊海缆互联项目也开始进行可行性研究，传输容量为200万千瓦。预计2030年，全球电力流以各大洲内跨区跨国电力交换为主，跨洲电力交换处于起步阶段。2035年全球跨洲跨区电力流总规模预计达到3.3亿千瓦，其中跨洲电力流4600万千瓦。预计2050年，清洁能源基地进入大规模开发阶段，全球电力流形成清洁能源全球大范围优化配置、多能互补、跨时区互济格局，承载跨区、跨洲电力流6.6亿千瓦。2050年全球电力流格局示意图如图5.8所示，欧洲电力流格局示意图如图5.9所示。

配电网进一步升级完善，促进能源智能化水平和利用效率提升。随着智能电网、智慧城市和节能减排战略的加快实施，以及分布式电源的快速发展和电动汽车、储能等大量应用，配电网正在由传统的无源网络成为有源网络，功能和形态正在发生显著变化，供电安全性、可靠性、适应性将越来越高。未来配电网、小微电网和虚拟电厂等将在全球范围快速发展。随着配电网逐步完善升级，全球电力

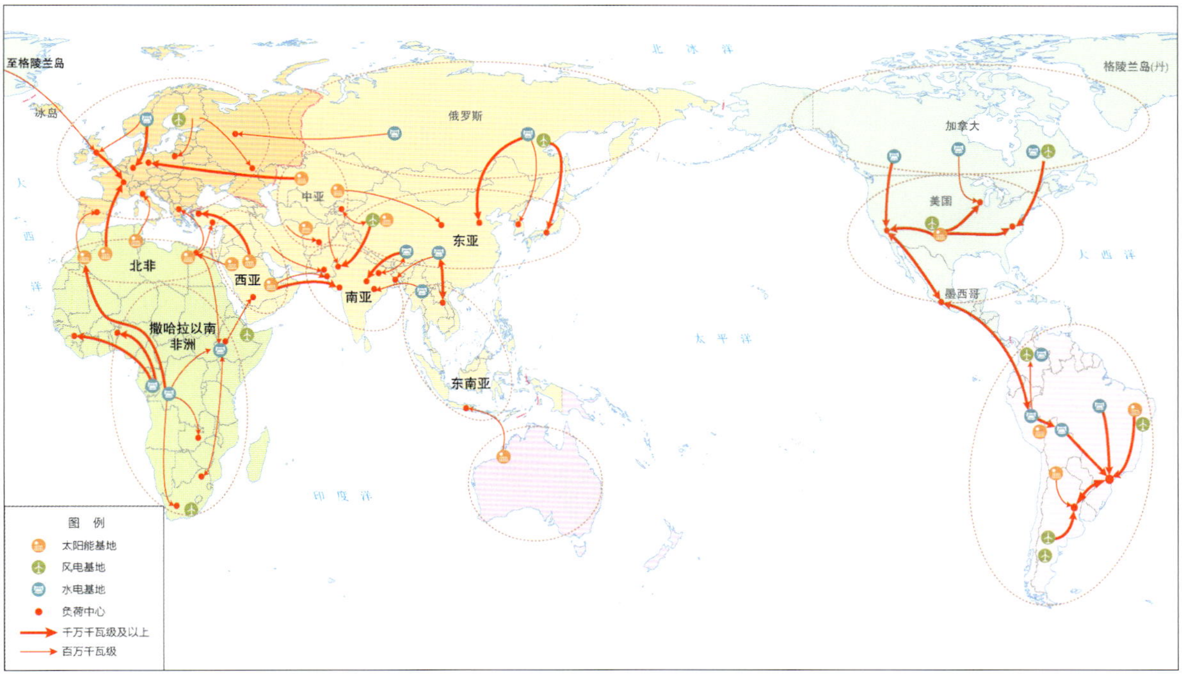

图5.8 2050年全球电力流格局示意图

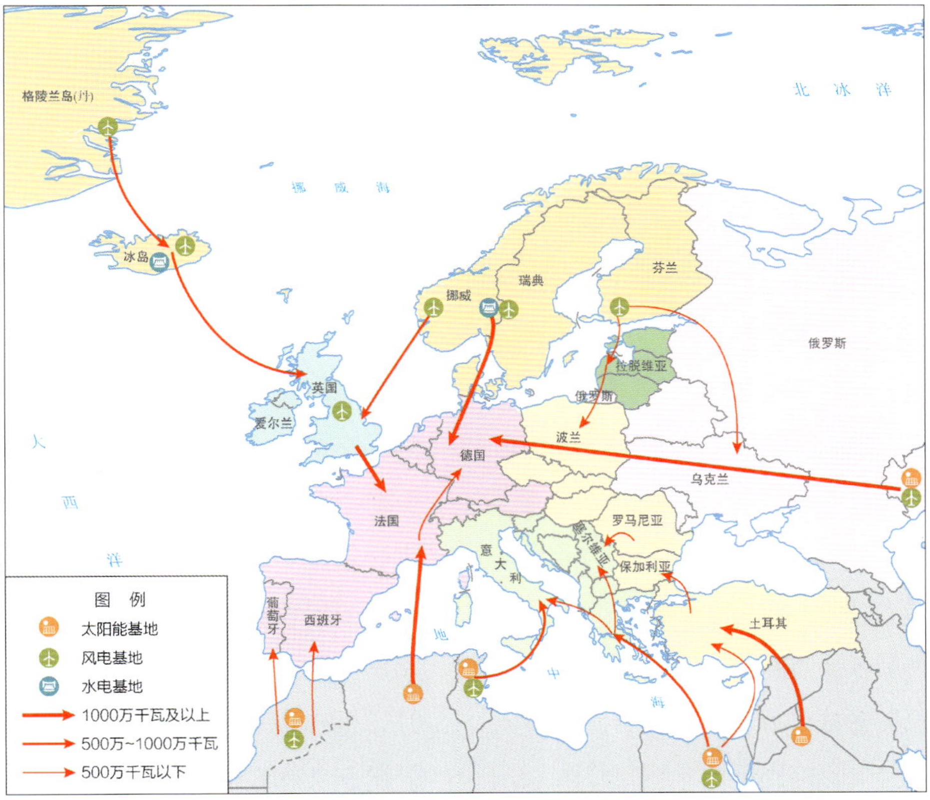

图5.9 欧洲电力流格局示意图

可及性进一步提升，无电人口问题得到解决。建设智能配电网、新型储能、分布式电源、智能楼宇、智能家居等，促进能源在供需两侧灵活互动、高效使用，提升城市能源系统效率。

5.4.2 绿氢配置系统

绿电绿氢开发同源、应用互补，绿氢配置形成就地制备利用与大范围优化相结合的格局。绿氢来自绿电，属于“三次能源”，氢能也可以通过燃料电池或燃氢轮机进行发电，相比其他能源，氢更容易实现与电的双向转化，相互耦合形成电为中心的综合能源体系。绿氢是终端能源消费的重要补充，能够在航空、航海、冶金等电能难以直接替代的领域实现深度电能替代。未来加快全球绿电制氢基地开发布局，绿氢配置形成“就地制备利用与大范围优化相结合”的格局。

结合不同输送和应用场景，氢能储运形式多样化发展。有高压气氢、液氢、载氢化合物等不同储氢方式，适用于各类场景的输氢方式多种多样。长管拖车和槽罐车安排灵活，是中短距离公路氢气运输的主要方式，适合于小规模氢的就近配送。纯氢管道投资高，但运量规模大，运营成本低、能耗小，是实现氢气大规模长距离运输的重要方式。利用现有天然气管网掺氢混输可大大降低输氢设备投资，是短期内实现氢气远距离输送的发展趋势。未来航运输氢一般用于超长距离运输，且制氢和用氢地点宜距离港口较近，需要配套氢转换、气化等基础设施。除直接输氢外，利用电网送电，然后再用氢中心就地制氢，也是未来实现氢能输送的重要方式。

预计2050年，绿氢发电和绿氢化工需求快速增长，实现大规模推广应用。氢能实现跨洲及洲内跨区的大范围优化配置，输送规模约5000万吨，占全球氢能总需求的10%。北非、西亚距离欧洲用能中心相对较近，通过输氢管道及海运每年可外送约1760万吨绿氢；西亚除送欧洲外，富余的绿氢通过海运送南亚和东亚约540万吨。大洋洲距离东亚、南亚等用能中心较远，港口基础设施完善，采用海运液氢或氢化合物等形式外送约1330万吨。南美洲清洁能源资源丰富，绿氢开发条件好，通过海运方式外送北美约550万吨，外送东亚约810万吨。远期全球绿氢供需及输送规模示意图如图5.10所示。

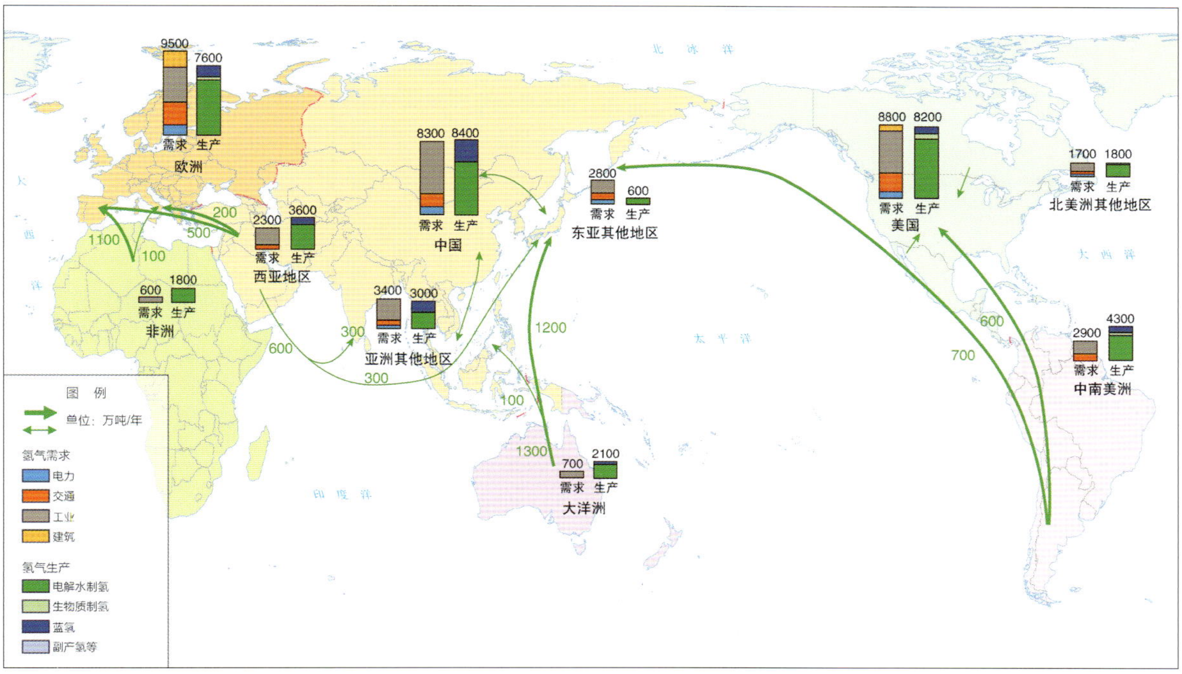

图5.10　远期全球绿氢供需及输送规模示意图

5.5　技术创新

技术创新是推动全球能源转型的主要驱动力，将为全社会实现碳中和目标提供根本支撑，未来清洁发电、新型储能、先进输电、电能替代、绿氢及绿色化工、碳捕集利用及封存等技术值得关注。根据全球能源互联网发展合作组织测算，未来清洁替代、电能替代、能效提升等方面的技术发展将成为减排的主要贡献。预计2020—2050年清洁替代累积减排贡献约50%，电能替代累积减排贡献约30%，能效提升、碳捕集利用与封存等其他技术累计减排贡献约20%。技术减排贡献分解图如图5.11所示。

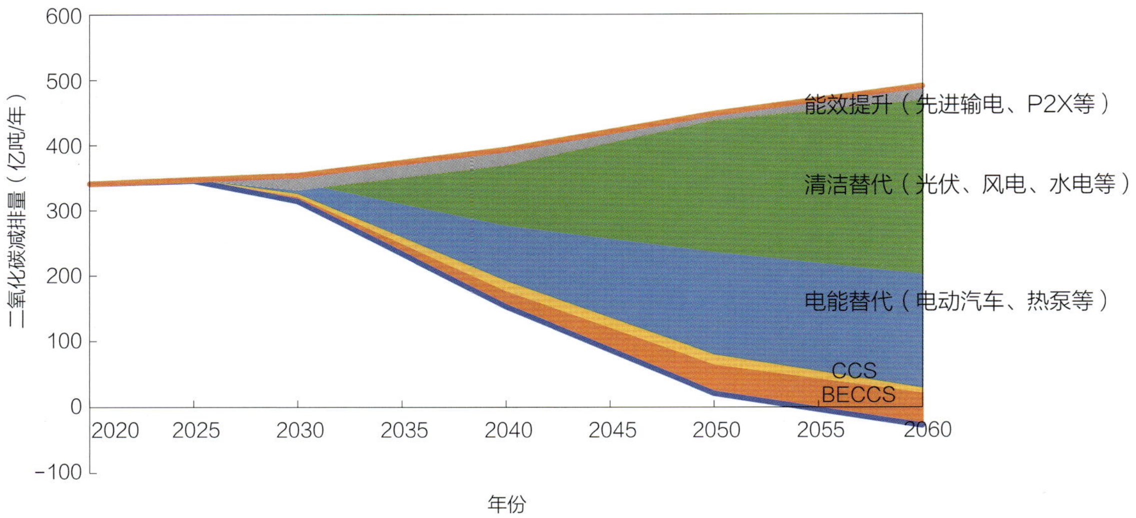

图5.11 技术减排贡献分解图

5.5.1 清洁发电技术

1. 风力发电

提升单机容量、效率、低风速适应性，提高海上环境适应性，提升电网友好性是风电技术重要发展方向。叶片结构设计、新型叶片材料研发、海上风机基础结构选择和结构模态分析、载荷计算和疲劳分析、风机抗低温运行技术、叶片除冰技术等是攻关重点。预计2030年，陆上风机平均单机容量超过4兆瓦，平均风轮直径达到150米；海上风机平均单机容量超过10兆瓦，平均风轮直径达到200米。陆上风电平均度电成本降至3.8美分/千瓦时，海上风电降至8美分/千瓦时。陆上风电度电成本预测如图5.12所示，海上风电度电成本预测如图5.13所示。风电装机容量增至29亿千瓦，占总装机容量的比重约21%。预计2050、2060年，陆上风机平均单机容量将分别超过12、15兆瓦，平均风轮直径分别达到220、230米；海上风机平均单机容量超过20、25兆瓦，平均风轮直径分别达到250米。陆上风电平均度电成本将分别降至2.3、2美分/千瓦时，海上风电分别降5、4美分/千瓦时。预计2060年，全球风电装机容量将增至117亿千瓦，占总装机容量的比重约29%。

2. 光伏发电

提高电池转换效率是光伏发电技术重要发展方向。降低光损失、载流子复合损失和串并联电阻损失是提高电池转换效率的攻关重点。研究制造新型多PN结层叠电池，是突破单结电池效率极限的关键。预计2030年，晶硅电池组件转换效率将

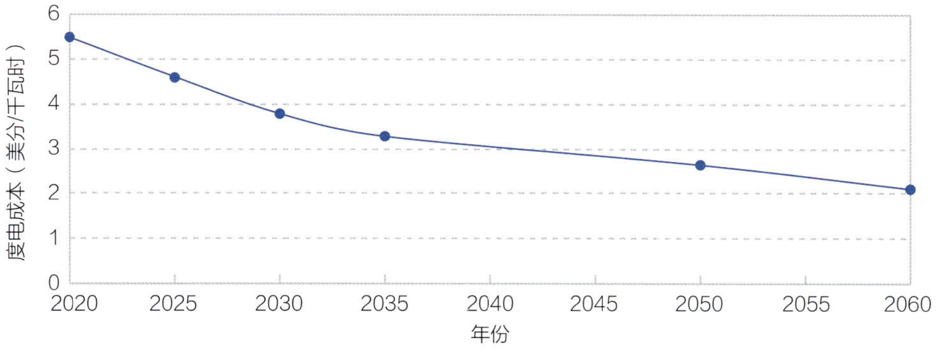

图5.12 陆上风电度电成本预测

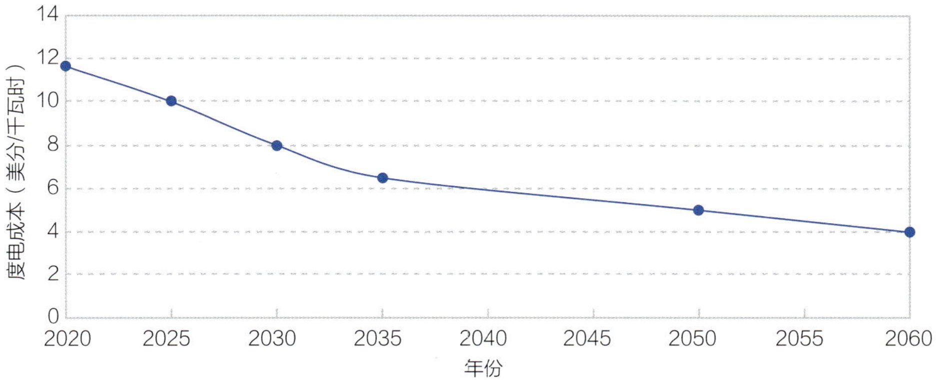

图5.13 海上风电度电成本预测

达到26%，铜铟镓硒薄膜电池组件转换效率达到21%，平均度电成本预计降至2.2美分/千瓦时。全球光伏装机容量增至39亿千瓦，占总装机容量的比重约28%。预计2050、2060年，采用多PN结层叠电池的组件转换效率将分别达到35%、37%，平均度电成本将分别降至1.3、1美分/千瓦时。光伏发电度电成本预测如图5.14所示。预计2060年，全球光伏装机容量增至204亿千瓦，占总装机容量的比重约51%。

3．光热发电

提高运行温度、发电效率和降低成本是光热发电技术重要发展方向。改进和创新集热场的反射镜排布和跟踪方式，研发新型硅油、液态金属、固体颗粒、热空气等新型传热介质，研发超临界二氧化碳布雷顿循环等新型发电技术是攻关重点。预计2030年，光热电站传热及发电环节工作温度超过600℃，储热效率提高到90%左右，发电效率达到50%；平均度电成本降至8美分/千瓦时。全球光热装

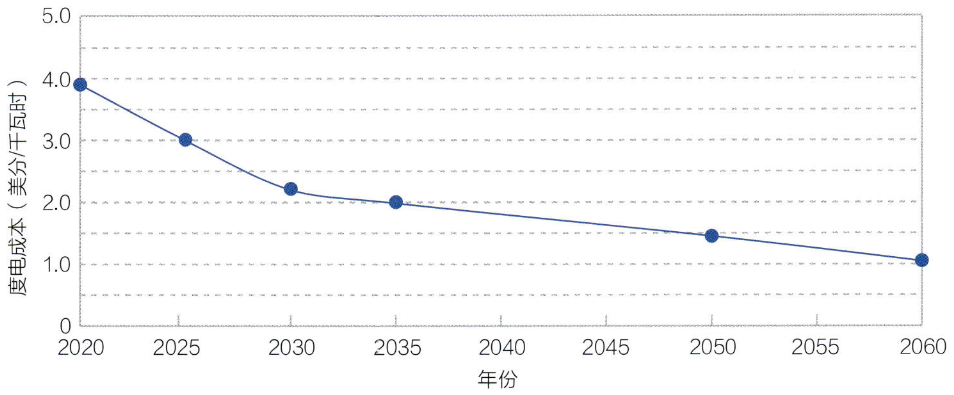

图5.14　光伏发电度电成本预测

机容量增至1.6亿千瓦，占总装机容量的比重约1%。预计2050、2060年，光热电站传热及发电环节工作温度将分别达到800、900℃，储热效率将均提高至95%以上，发电环节采用超临界二氧化碳布雷顿循环发电技术，发电效率约65%；平均度电成本将分别降至4.4、4.2美分/千瓦时。光热发电度电成本预测如图5.´5所示。预计2060年，全球光热装机容量增至10.6亿千瓦，占总装机容量的比重约2.7%。

5.5.2　新型储能

1．电化学储能

提高电池的安全性和循环次数，降低成本是电化学储能重要发展方向。预计2030年，钠离子电池等将成为电力系统重要的大规模储能设备，全固态电解质的新型锂离子电池实现商业化应用，电池的安全性明显提高，循环次数将提升至7000～8000次，能量密度将提升至250瓦时/千克，系统建设成本将降至

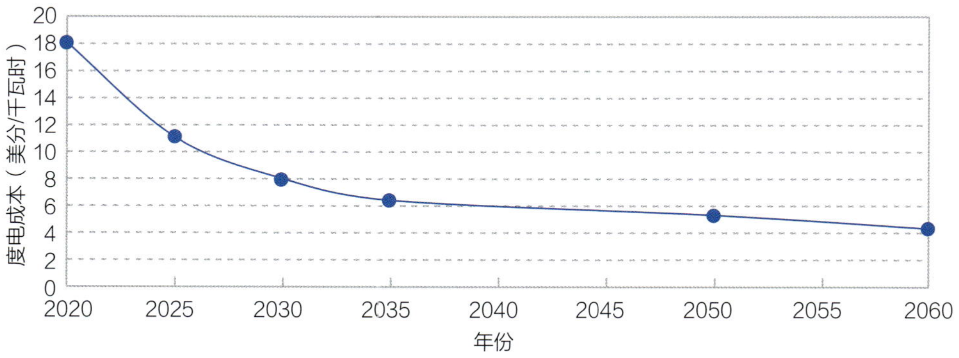

图5.15　光热发电度电成本预测

150～200美元/千瓦时。预计2050—2060年，全新结构的锂硫电池、金属空气电池实现大规模应用，电化学储能安全问题将得到有效解决，循环次数将提升至1万～1.4万次，能量密度将提升至300～350瓦时/千克，系统建设成本将降至70～90美元/千瓦时[1]。

2. 新型重力储能

新型重力储能具有原理简单、循环寿命长的优点，与抽水蓄能相比还具有建设部署灵活、环境友好、可模块化设计且规模易扩展等优势。2022年4月，中国天楹股份有限公司启动中国首个新型重力储能示范项目，规模为2.5万千瓦/10万千瓦时，采用Energy Vault（EV）公司的第二代重力储能技术（EVx），循环效率达到75%左右。第二代储能技术（EVx）概念图如图5.16所示。

图5.16 第二代储能技术（EVx）概念图

提高循环效率，降低成本是新型重力储能重要发展方向。预计2030、2050年，通过应用更高效的电机和更简化的系统设计，可将系统循环效率分别提高至80%、85%左右。随着技术进步及应用规模扩大，重物及建筑体成本有望大幅下降，特别是采用建筑废料、焚烧灰渣、矿山尾矿或退役风机叶片等均可作为重物模块建设材料，在降低成本的同时还可以获得环保效益，预计2030、2050年，系统建设成本有望降低至2500、1500元/千瓦时，在电网调峰等应用场景中逐步体现出竞争优势。

3. 新型抽水蓄能技术

新型抽水蓄能是指以新能源为主要动力，在流域间建设一系列调蓄水库、不同高程的短距离引水道、可逆式水泵水轮机组和水轮发电机组，实现跨流域调水和电能存储的一种综合性水利水电工程。新型抽水蓄能改变了常规抽蓄在同一组上、下水库间就地循环抽发的运行方式，可实

[1] 资料来源：全球能源互联网发展合作组织，大规模储能技术发展路线图，2020。

现“就地抽发”和“异地抽发”协同开发，并由新能源驱动水流在不同高度间自由流动，克服地形障碍。新型抽水蓄能是一种联结“水系统”与“电系统”的综合工程，具有调水和蓄能两个功能，将实现“水”与“电”两种资源的高效利用和协同优化。

基于“新型抽水蓄能”理念建设绿色蓄能调水工程（见图5.17），提升系统灵活性，促进新能源开发利用，将具有显著社会经济环境效益。以中国为例，中国西南“五江一河”（雅鲁藏布江、怒江、澜沧江、金沙江、雅砻江、大渡河）到西北的绿色蓄能跨流域调水工程年调水量达400亿立方米，全长1.1万千米，新增抽水蓄能装机容量6.5亿千瓦，水力发电装机容量1.9亿千瓦，储能效率达86%，超过常规抽水蓄能。工程可满足新增10万平方千米耕地的用水需求，满足15亿～20亿千瓦新能源灵活性调节要求，每年减排45亿吨二氧化碳、130万吨二氧化硫、150万吨氮氧化物和30万吨烟尘。基于“新型抽水蓄能”理念建设绿色蓄能调水工程在美国中央河谷、非洲刚果河、尼罗河等流域均有应用潜力。

5.5.3　先进输电技术

1．特高压交流输电

特高压交流输电技术是构建大容量、大范围坚强同步电网的关键技术。特高压交流输电技术在关键技术和核心设备方面已实现大规模应用，并构建了完善的试验基地和标准体系，具备丰富的工程经验。经济性方面，1000千伏特高压交流输电工程变电站造价约2.6亿美元/座，线路造

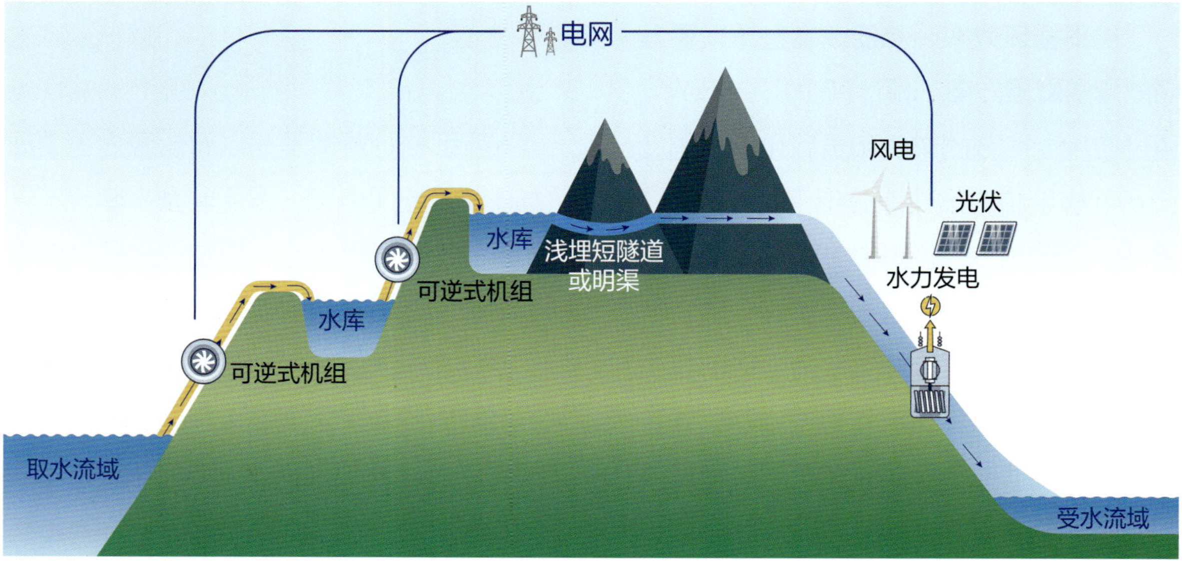

图5.17　绿色蓄能调水工程结构示意图

价约70万～90万美元/千米[1]。

节约走廊、降低损耗、环境友好、运行智能化是特高压交流输电技术重要发展方向。紧凑型同杆并架技术、特高压可控串补、适用于极端天气的特高压变压器、GIS和互感器等是攻关重点。预计2030年，特高压交流输电技术在优化设计、可靠性增强、灵活性和经济性提升、适应全球各种极端气候条件的核心设备等方面将有所突破。特高压交流站设备购置费有望下降30%左右，线路投资将基本维持现有水平，输电工程总投资有望降低10%左右。预计2050、2060年，基于特高压交流输电技术的大规模同步互联电网将全面形成，实现能源基地远距离输电至负荷中心，特高压交流的变电投资将在2030年基础上再降低15%、20%左右。

2．特高压直流输电

特高压直流输电技术是实现远距离、大容量电力高效输送的先进技术，输送距离可达2000～6000千米。特高压直流输电在关键技术和核心设备方面已实现大规模应用，并构建了完善的试验基地和标准体系，具备全球大规模推广应用条件。经济性方面，±800千伏和±1100千伏电压等级换流站单站投资分别为6.6亿美元和11.8亿美元左右，架空线工程单位长度投资分别为50万～70万美元/千米和108万美元/千米左右[2]。

---

[1]，[2] 资料来源：电力规划设计总院，电网工程限额设计控制指标（2018年水平），2019。

提高电压等级、输送容量、可靠性和适应性水平，进一步降低成本是特高压直流输电重要发展方向。研发适应极寒、极热和高海拔等各种极端条件下的直流输电成套设备，满足全球各种应用场景下清洁能源超远距离、超大规模输送的需求，研发特高压混合型直流、储能型直流等新型输电技术是攻关重点。预计2030年，特高压直流输电距离、容量、拓扑及关键设备将实现进一步提升和改进，实现±1500千伏电压等级和2000万千瓦输送容量的突破。特高压直流换流设备购置费有望下降10%，线路投资将基本维持现有水平。预计2050、2060年，特高压直流输电成为电网跨洲互联和清洁能源超远距离输送的成熟技术，将进一步研发和推广特高压直流组网技术，在欧洲等区域形成广泛连接负荷和清洁能源中心的直流电网。经济性方面，特高压直流输电工程的换流站投资在2030年基础上再降低10%、15%左右。

3．柔性直流输电

柔性直流输电技术是实现清洁能源并网、孤岛和海上平台供电、构建直流电网的新型输电技术。目前，最高电压水平是中国±800千伏/800万千瓦乌东德特高压混合多端柔性直流工程，第一个环形直流电网工程是中国±500千伏/300万千瓦张北四端柔性直流工程。经济性方面，柔性直流输电技术目前总体造价仍高于常规直流。

提升基础器件可靠性及运行控制能力，降低换流损耗水平，实现直流组网是柔性直流输电技术重要发展方向。预计2030年，柔性直流换流站损耗将从当前的1.2%～1.5%下降至0.8%左右，接近常规直流输电的损耗水平，可靠性提升至常规直流工程水平，单位容量造价将下降至86美元/千瓦。预计2050、2060年，特高压柔性直流输电技术可实现全球大规模推广应用，有力支撑清洁能源的接入和直流电网构建。柔性直流输电工程的换流站投资在2030年基础上有望进一步降低20%、25%左右。

5.5.4 电能替代技术

1．电动汽车

突破动力电池关键核心技术，进一步降低电池成本是电动汽车重要发展方向。降低制造成本、增加能量密度、提高充放效率、延长使用寿命、提高电池安全性技术是未来攻关重点。预计2030年，全固态锂离子电池等新架构动力电池将逐渐成为主流，单体能量密度将提高至500瓦时/千克，成本有望降至430~580元/千瓦时（60~80美元/千瓦时），整车安全性大幅提升，续航里程将超过1000千米。预计2060年，钠离子电池、锂离子电池、金属空气电池等不同技术路线的动力电池可满足不同电动汽车消费者的差异化需求，自动驾驶、共享出行、车网智能互动等技术广泛应用，全球电动汽车保有量达到17.5亿辆，在乘用车中占比接近100%。

2．热泵

提升多级压缩机热泵系统的能效水平，提高空气源热泵在低温环境的适应性是热泵技术重要发展方向。预计2030年，热泵普及率将超过10%，每百户空调拥有量将超过150台；预计2060年，热泵普及率将超过40%，每百户空调拥有量有望接近200台。热泵普及率与空调每百户保有量预测如图5.18所示。

5.5.5　绿氢及绿色化工技术

1．电制氢

氢是质量、能量、密度最高的物质，具有广阔的应用前景。电制氢主要包括三种技术路线：碱性电解槽技术发展成熟、设备结构简单，是当前主流的电解水制氢方法；质子交换膜技术能有效减小电解槽的体积和电阻，电解效率可达到70%～80%，功率调节更灵活；高温固体氧化物电解槽技术利用固体氧化物作为电解质，在高温（800℃）环境下电解反应的热力学和化学动力学特性得以改善，电解效率可达到90%左右，目前仍处于示范应用阶段。

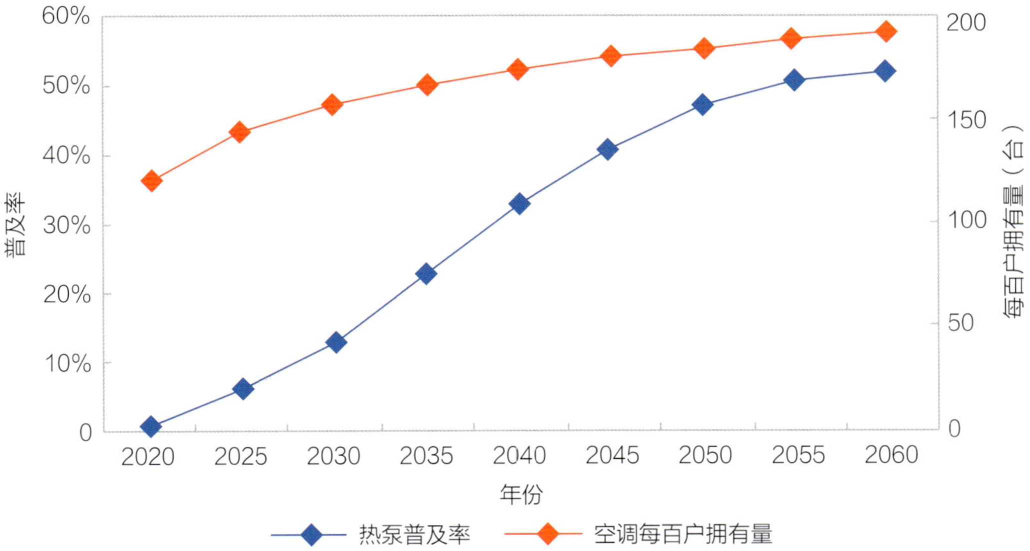

图5.18　热泵普及率与空调每百户保有量预测

提高各类电解槽转化效率，降低设备成本是电制氢技术重要发展方向。预计2030年，清洁能源发电成本和电解设备成本快速下降，电解水制氢将具备经济性优势，电制氢成本可达2～2.5美元/千克，将逐步成为具有竞争力的制氢方式。预计2060年，清洁能源发电成本将进一步下降，电解水制氢成本将降至1～1.1美元/千克，成为最具竞争力和主流的制氢方式。

2．电制燃料及原材料

提高反应的选择性、能量转化效率，降低设备成本是电制氨技术重要发展方向。预计2030年，优化电解水和哈伯法反应器两套系统的集成和配合，电制氨综合能效可提高到55%，成本将降至0.45美元/千克，电制氨产业与化肥产业紧密结合，将成为电制原料产业代表性产品；预计2060年，电制氨成本将进一步降至0.25美元/千克，成为最具竞争力的合成氨方式。

提高全过程的能量转化效率，降低设备成本是电制甲烷、电制甲醇技术重要发展方向。预计2030年，电制甲烷综合能效可提高至60%，成本将降至0.75美元/立方米左右，将在终端用户实现示范应用；电制甲醇成本将降至0.55美元/千克左右，在清洁能源富集地区逐步开展商业化实验和示范。预计2060年，电制甲烷综合能效将提高至70%，成本将降至0.35美元/立方米，在远离天然气产地的用能终端得到广泛应用；电制甲醇成本将降至0.25美元/千克，以电制甲醇为核心的电制液体燃料和原材料的产业链将初步形成。

5.5.6 碳捕集利用及封存技术

提高二氧化碳捕集效率，降低能耗与成本，减少二氧化碳输送过程中的泄漏，提高运输稳定性和地质封存的安全性是CCUS技术重要发展方向。应用于燃烧后捕集的新型复合吸收剂研发、二氧化碳低温分馏技术、二氧化碳管网系统设计制造、二氧化碳利用与封存一体化技术等是攻关重点。

碳移除技术将促进能源领域及全社会实现碳中和。为满足全球工业领域化石能源使用脱碳及全社会碳中和要求，全球利用CCUS、BECCS和DAC[1]等碳移除

[1] 碳捕集、利用与封存（carbon dioxide capture, utilization and storage, CCUS）是指将二氧化碳从排放源中分离后或直接加以利用或封存，以实现二氧化碳减排的工业过程，主要包括碳捕集、输送、封存和利用技术。生物质能-碳捕集与封存（BECCS）是结合生物质能和二氧化碳捕集与封存从而实现温室气体负排放的技术。直接空气捕获（direct air capture, DAC）是指直接利用化学溶液分离空气中的二氧化碳并捕集，捕获的二氧化碳经过纯化注入地下，或者用于制造燃料或塑料等商业产品。

技术的碳捕集量逐年增加，预计2030年，碳捕集项目初具规模，年捕集量约8.4亿吨/年，预计2050、2060年，年捕集量分别增至54.7亿、62亿吨/年。CCUS方面，主要用于化石能源发电、工业化石能源燃烧、化石能源燃料制备等领域，随着CCUS技术成熟及化石能源退出影响，CCUS捕集量呈现先增后降的趋势，预计2050、2060年，CCUS捕集规模分别约19.4亿、10亿吨/年；DAC方面，DAC受技术成熟度和碳捕集浓度低的影响，年捕集量有限，预计2050、2060年，DAC捕集规模分别约2.7亿、6.2亿吨/年；BECCS方面，主要用于生物质发电、生物柴油、生物质制乙醇、生物质制氢等生产过程中，可以实现二氧化碳负排放，年捕集量逐渐增加，预计2050年，生物质燃料生产碳捕集约26亿吨，发电部门生物质碳捕集量约5.6亿吨，制氢及终端生物质能碳捕集量约0.9亿吨，BECCS总碳捕集量将增加至32.5亿吨，助力全社会实现碳中和。全球碳移除总量及结构如图5.19所示。

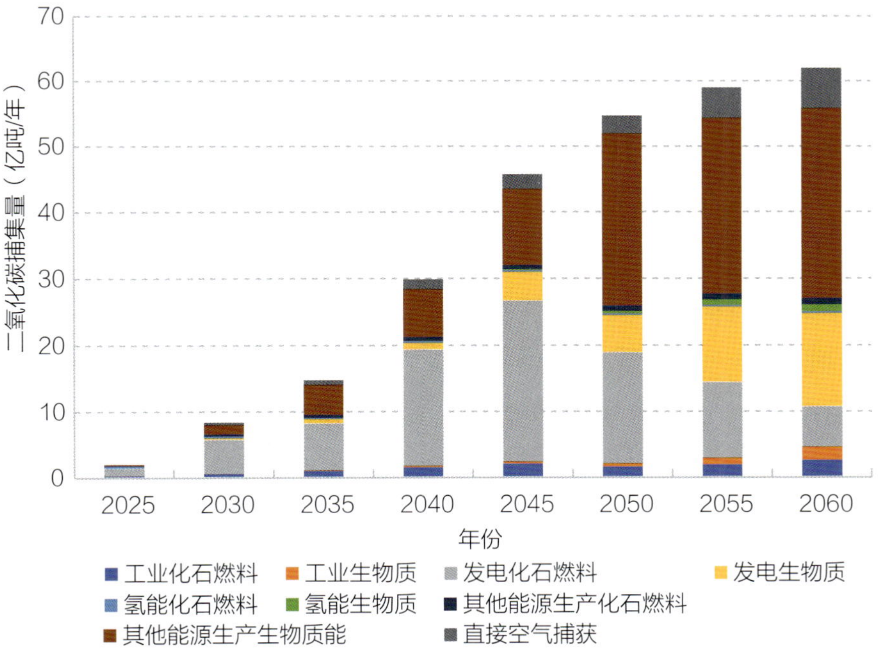

图5.19 全球碳移除总量及结构

5.6 国际合作

务实高效的国际合作是实现能源清洁低碳转型的重要保障。未来各国需在机制建设、绿色金融、国际援助等方面落实行动，通过深化利益融合，拓宽资金渠道，促进全球不同地区、不同发展阶段国家的供给需求衔接，加速推动能源普及与转型发展。

5.6.1 机制建设

合作治理机制。从全球、区域、国家与行业层面，不断推动开放、包容、普惠、平衡、共赢的治理体系建设，保障各国能源治理参与权与发展权，形成国际合作新格局。一是完善多边合作机制。通过政策交流、技术交流、能力培养和公众沟通等推动各方凝聚共识，增加政治互信，降低合作风险，促进形成长效合作机制。二是完善国际协调机制。通过高层次合作解决碳中和进程中出现的具体问题，提出行动方案，促成实质合作。

协作创新机制。一是构建多学科交叉、产学研互动的联合创新机制。在传统能源、电力学科基础上，构建汇集材料科学、化学、力学、系统科学、经济学的综合性大能源学科，建立跨领域研发、跨学科联合的协同创新机制和攻关体系，以绿色低碳为方向推动科学研究与技术创新，培育原创性成果、培养复合型人才。二是强化政府在推动创新发展中的作用。通过提供各种规则、规范和法律，为促进创新发展提供强大推力。三是加大绿色低碳技术成果分享，建立国际协作创新机制。面对日益突出的国际创新发展不平衡问题，各国应在联合国框架下，携手加强国际创新合作、提升创新水平，打破各类限制开放创新的桎梏，坚持合作精神，共同推进零碳负碳技术突破和推广应用。

金融投资机制。促进项目吸引资金、加快落地，搭建金融机构与基础设施投资商、承包商的投融资合作平台，贯彻较高的社会环境标准，促成更多的可持续基础设施项目的落地实施。一是丰富资金来源。构建跨国跨区域清洁能源投资平台，吸引多样化投资主体和多类型投资资金共同参与清洁能源开发、跨境电网互联、智能电网等清洁低碳项目。二是创新融资模式。激发多类型、多渠道融资模式创新，建立全方位、多层次的投融资体系，推广公私合营（PPP）模式、资产证券化、产业基金、担保准备金等创新型融资模式。三是加强金融服务。完善各项

金融产业规划和投资引导，逐步建立远期、期货、期权和掉期等碳金融衍生品市场体系，为投资各方提供避险工具，激发市场活力，增强市场流动性，扩大交易规模。

政策协调机制。从全球层面建立具有约束力的国际协议，促进综合规划协同，为能源转型的实施提供坚强政策保障。一是整体发展路线对接。从全球、区域和国别三个层次着力，注重与联合国、各区域组织和各国的既定发展路线对接。二是能源政策对接。确定各国能源合作的时间表和路线图。三是建立国际履约机制。通过构建有约束力的国际协议履约执行机制，促进各缔约方积极开展碳减排行动、履行碳减排义务。通过制定与完善相关法律法规，明确各利益主体的权利与义务，推动碳减排行动落地实施。

5.6.2 绿色金融

未来绿色金融国际标准将逐步完善，市场开放度提升。2014—2021年，全球绿色债券的发行规模从370亿美元增加到5090亿美元，未来绿色金融体系也将逐步完善。一是信息披露。全球主要金融市场将强制性要求上市公司和发行债券的机构披露环境信息，以强化资本市场向绿色产业配置资源的能力。二是标准统一。未来将争取在国际绿色债券的市场规则（包括界定与分类）方面统一规则和标准，为跨境绿色投资提供便利。三是政府支撑。各国金融监管部门将支持金融企业对所面临的环境风险进行压力测试，提升金融机构对污染性产业风险敞口的关注和对绿色产业的资产配置的偏好。四是能力建设。未来各国将通过经验、数据和分析工具的共享和国际交流，提升全球机构投资者对绿色投资的评估能力。

环境、社会和治理（ESG）投资规模与领域不断扩大。ESG投资将日趋主流化，可交易ESG主题证券指数产品数量不断增长，碳中和与低碳相关主题的证券指数产品增长迅速，银行ESG理财产品发行提速明显，投资者逐渐将ESG投资理念纳入主流投资策略。根据彭博研究结果，预计2025年，全球ESG相关规模将达到53万亿美元。未来ESG领域国际合作的重点包括智能电网、光伏和风力发电、氢能、储能、CCUS等负碳技术。同时，在一些发达国家和新兴国家，人工智能、大数据、云计算等智能技术将成为国际合作的优先领域。

区域电力互联投资需求增大。全球能源转型促进绿色投资需求扩大，其中电网基础设施建设与区域电网互联成为关键领域。到2030年，东盟累计需要近3万亿美元的绿色投资，能源基础设施投资占比达60%。其中，老挝—泰国—马来西亚—新加坡电力一体化（简称LTMS-PIP）成为电网互联领域的重大工程。根据规划，老挝在满足本国用电需求的同时，不断提高外送潜力，力争到2025年每年向邻国出口最大输送功率1.48万兆瓦的电力，其中泰国9000兆瓦、越南5000兆瓦、缅甸500兆瓦、柬埔寨200兆瓦、马来西亚100兆瓦，到2026年投资累计需求将达3670亿美元。

附录A 全球绿色转型年度评述研究方法

本报告以调研收资为基础，采用情景预测、专题研究与结果校核相结合的方式，建立系统性的宏观环境与能源转型分析框架（见图A.1），对2022年全球绿色转型现状进行全面评述。具体地，通过综合研判经济社会、国际局势和政策目标等宏观环境，对全球及重点区域国家的能源供需、能源配置、能源投资、碳市场与电力市场、关键技术等能源转型与电力发展进行分析预测，并结合2022年全球能源发展热点，开展俄乌冲突与能源安全、极端天气与电力安全、绿氢与电制燃料发展等一系列专题研究，全面分析评述全球绿色转型现状。

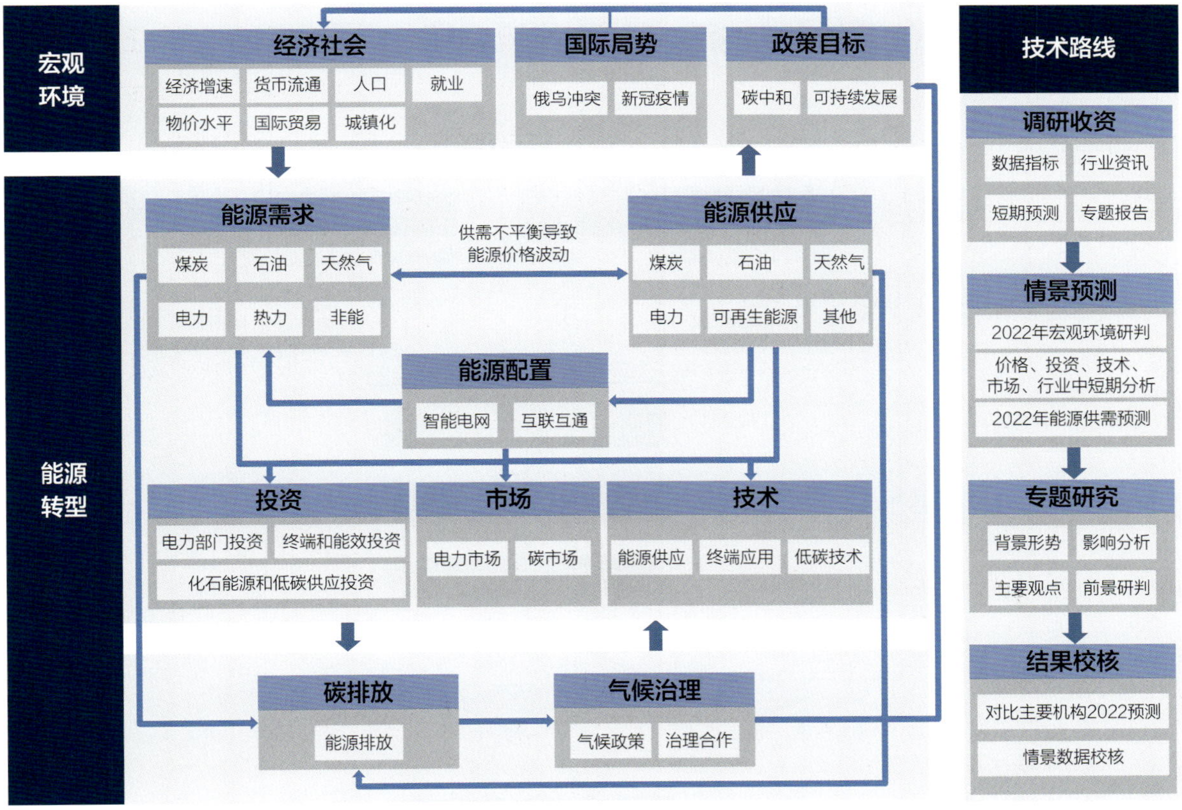

图A.1 研究思路与方法框架

附录B　全球能源互联网发展指数模型与方法

B.1　综合赋权法及权重多情景分析

本报告创新采用主客观综合赋权法进行指数计算，设计多权重组合情景分析，确定最优权重组合。综合赋权法及权重多情景分析流程如图B.1所示。

综合赋权法可以兼顾数据结果的客观性和指标设定的主观导向性。主观赋权采取专家打分法，客观赋权使用熵权法，将主观赋权和客观赋权法结合，可以有效弥补单一赋权的不足。

综合权重为

$$w_j = \frac{(w_{1j})^{\alpha}(w_{2j})^{1-\alpha}}{\sum_{j=1}^{n}(w_{1j})^{\alpha}(w_{2j})^{1-\alpha}}$$

式中：w_{1j}为主观分析法求得的第j个指标的主观权重；w_{2j}为根据客观分析法求得的客观权重；α取值为$0<\alpha<1$。

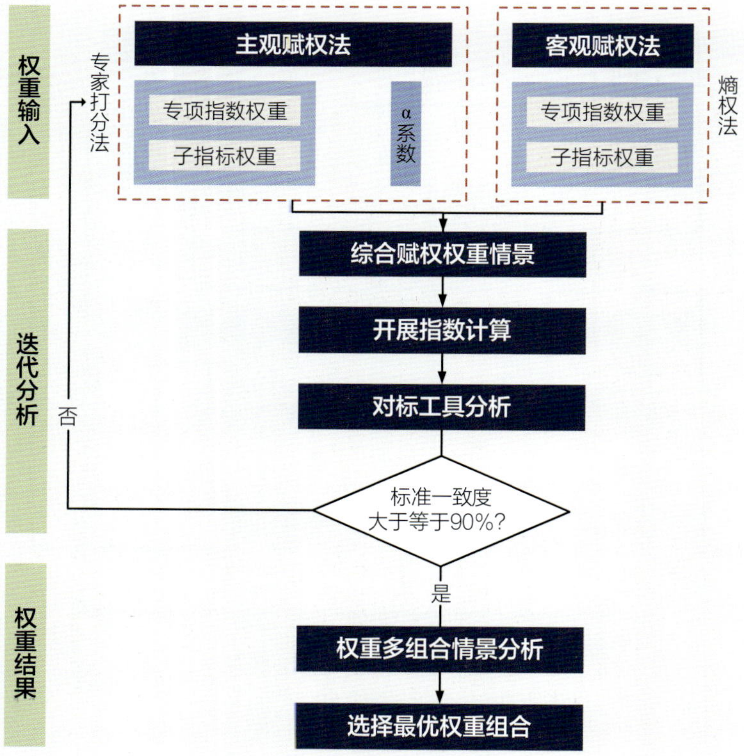

图B.1　综合赋权法及权重多情景分析流程

B.2　对标分析工具

为高效检验指数计算结果合理性，本报告创新建立一套对标分析工具（见图B.2），包括分析模块和校验模块两个部分。核心是将指数结果与对标对象进行国家间排名对比，通过分析国家排名间的档位差距，评估排名结果的合理性。对标对象选择国际主流的三难困境指数和全球能源互联网发展指数（2018）。

B.2.1　校验体系目的

针对指标众多（22个）、数据量大（6000余项）、141个国家间排名对比困难等问题，通过分析国家排名间的档位差距，提高国家排名的合理性。档位差距宜控制在合理范围以内，如介于80%～95%，以此反映指数间战略导向一致，而国家排名略有差异。如低于80%意味着约30个国家排名间差异超过60位；而95%意味着仅有约7个国家存在较大差异。考虑到具体指标不同，部分国家存在差异是合理的。

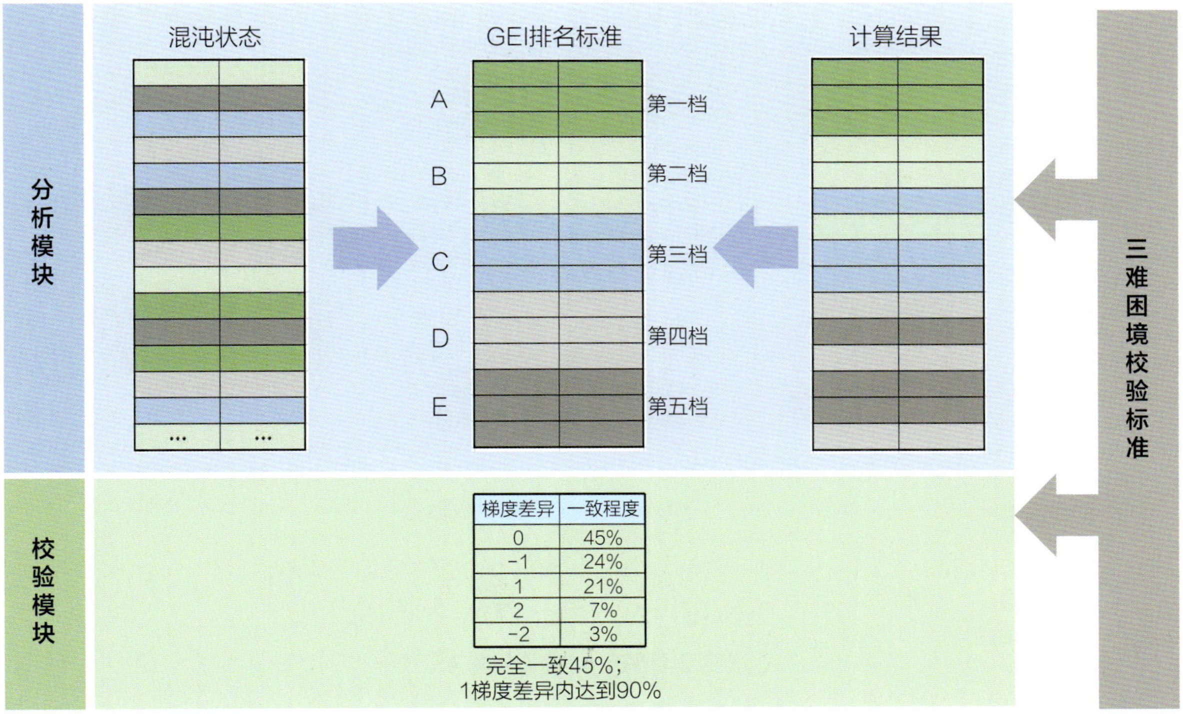

图B.2　全球能源互联网发展指数对标分析工具

B.2.2 原理与思路

定义两组国家排名之间的距离，即国家排名差距矩阵，表征每个排名档位差距的国家数量，用于评估指数国家排名与对标对象国家排名之间的差距。

（1）建立国家分档。考虑宏观对标效果，通过多次试验将国家排名分为五档（见表B.1），即第一档、第二档、第三档、第四档、第五档。

（2）计算国家档位。确定某国 i 在指数排名和对标对象排名中所处的档位 T_{1i}、T_{2i}。

（3）计算档位差距。计算每个国家在两组国家排名所处的档位差距 D_i（即$T_{1i}-T_{2i}$），得到两组国家的排名差距矩阵 $\boldsymbol{A}$。

（4）分析排名差距。通过排名差距矩阵 $\boldsymbol{A}$（见图B.3）中档位差距 D_i 的国家数量占比来分析排名差距。

表B.1 对标对象全球国家排名五档分布[1]

国家名	第一梯队	国家名	第二梯队	国家名	第三梯队	国家名	第四梯队	国家名	第五梯队
瑞典	1	葡萄牙	2	墨西哥	3	洪都拉斯	4	玻利维亚	5
芬兰	1	意大利	2	土耳其	3	阿联酋	4	塞浦路斯	5
瑞士	1	新西兰	2	斯里兰卡	3	缅甸	4	黎巴嫩	5
挪威	1	乌拉圭	2	巴拿马	3	莫桑比克	4	卡塔尔	5
法国	1	日本	2	萨尔瓦多	3	赞比亚	4	沙特阿拉伯	5
丹麦	1	立陶宛	2	危地马拉	3	埃塞俄比亚	4	坦桑尼亚	5
英国	1	拉脱维亚	2	俄罗斯	3	马耳他	4	尼日利亚	5
德国	1	斯洛伐克	2	亚美尼亚	3	柬埔寨	4	伊拉克	5
奥地利	1	澳大利亚	2	秘鲁	3	多米尼加共和国	4	埃及	5
美国	1	巴西	2	阿尔巴尼亚	3	加蓬	4	阿塞拜疆	5
比利时	1	捷克	2	马来西亚	3	塞尔维亚	4	博茨瓦纳	5
冰岛	1	哥斯达黎加	2	波兰	3	塔吉克斯坦	4	伊朗	5
爱尔兰	1	罗马尼亚	2	格鲁吉亚	3	印度	4	尼泊尔	5
加拿大	1	希腊	2	津巴布韦	3	南非	4	突尼斯	5
荷兰	1	以色列	2	马其顿	3	科威特	4	文莱	5
斯洛文尼亚	1	中国	2	尼加拉瓜	3	科特迪瓦	4	蒙古	5
韩国	1	匈牙利	2	纳米比亚	3	哈萨克斯坦	4	塞内加尔	5
西班牙	1	克罗地亚	2	加纳	3	菲律宾	4	牙买加	5
卢森堡	1	智利	2	乌克兰	3	孟加拉国	4	尼日尔	5
爱沙尼亚	1	保加利亚	2	印度尼西亚	3	摩洛哥	4	巴林	5
		黑山	2	泰国	3	毛里求斯	4	摩尔多瓦	5
		巴拉圭	2	厄瓜多尔	3	巴基斯坦	4	刚果（金）	5
		阿根廷	2	新加坡	3	肯尼亚	4	阿曼	5
		越南	2	安哥拉	3	喀麦隆	4	阿尔及利亚	5
		哥伦比亚	2	波黑	3	约旦	4	特立尼达和多巴哥	5
								贝宁	5

$$\boldsymbol{A}=\begin{bmatrix} 0 & 1 & -1 & 2 & -2 & 3 & -3 & 4 & -4 \\ n_1 & n_2 & n_3 & n_4 & n_5 & n_6 & n_7 & n_8 & n_9 \end{bmatrix}$$

图B.3 国家排名差距矩阵 $\boldsymbol{A}$

[1] 资料来源：World Energy Council, World Energy Trilemma Index 2022 Report, 2022.

B.2.3　校验体系功能

对标工具具备识别数据坏点，确定最优权重组合，验证结果合理性三大功能。通过发现数据异常点反向查找数据源错误，确保数据准确可靠；通过设置不同专项指数权重进行权重多情景分析，确定最优权重组合；通过对标分析，验证国家排名结果合理性。

（1）识别数据坏点。针对原始数据源有误、计算过程有误和权重偏差等情况，对标工具可以识别异常情况，反向查找错误进而逐一排除可能性。

（2）确定最优权重组合。设置多种权重组合情景，分别计算满足条件的权重组合方案的档位差距矩阵，选取最符合结果。

（3）验证结果合理性。该排名与两个对标排名档位差距小于等于1的比例均在90%以上，即排名差异在60名以上的国家数目小于14个，结果合理。

B.3　总指数计算方法

B.3.1　计算步骤

（1）基于全球碳中和情景计算每个指标的上下限。

（2）根据新的上下限，计算每个国家的新得分。

（3）将所有国家的新得分进行国家人口加权，得到每个指标的新得分。

（4）将每个指标的新得分进行权重加权，得到专项指数新得分。

（5）将专项指数新得分进行权重加权，得到总指数。

（6）在计算专项指数和总指数时，权重加权与人口加权顺序可调换，用于校验计算结果。

B.3.2　重点国家列表

G20国家列表及关键指标全球比重见表B.2。

表B.2　G20国家列表及关键指标全球比重

关键指标	G20重点国家
总指数	65
人口占比	73%
GDP占比	72%
碳排放占比	72%
能源消费占比	77%

续表

区域	国家（20个）
欧洲	德国
	土耳其
	英国
北美	美国
	墨西哥
东亚	中国
	日本
大洋洲	澳大利亚
中南美洲	巴西
东南亚	印度尼西亚
	菲律宾
	越南
西亚和北非	伊朗
	埃及
俄罗斯和中亚	俄罗斯
南亚	印度
	巴基斯坦
	孟加拉国
撒哈拉以南非洲	埃塞俄比亚
	尼日利亚

B.4　全球能源互联网发展指数国家展示

全球能源互联网发展指数国家展示如图B.4～图B.63所示。

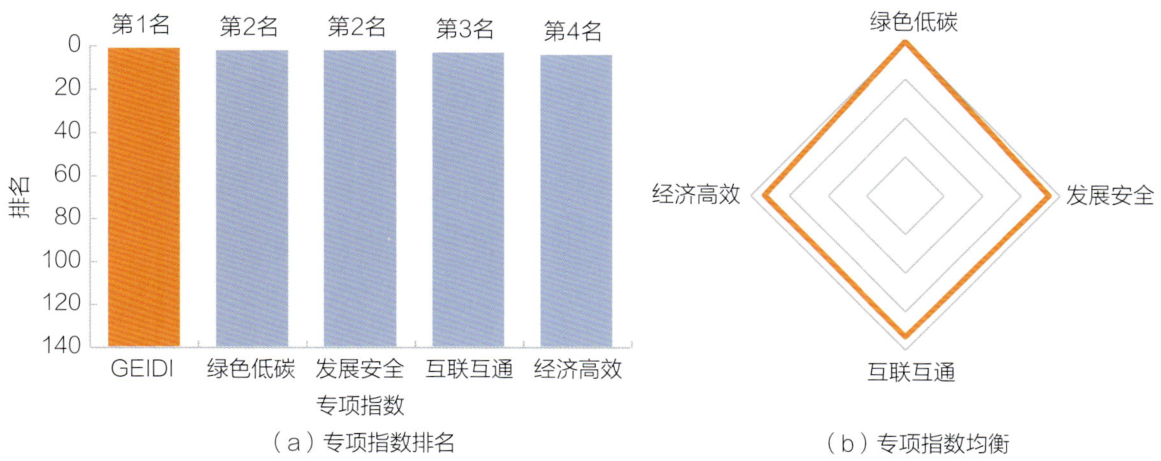

图B.4　瑞典排名及专项指数

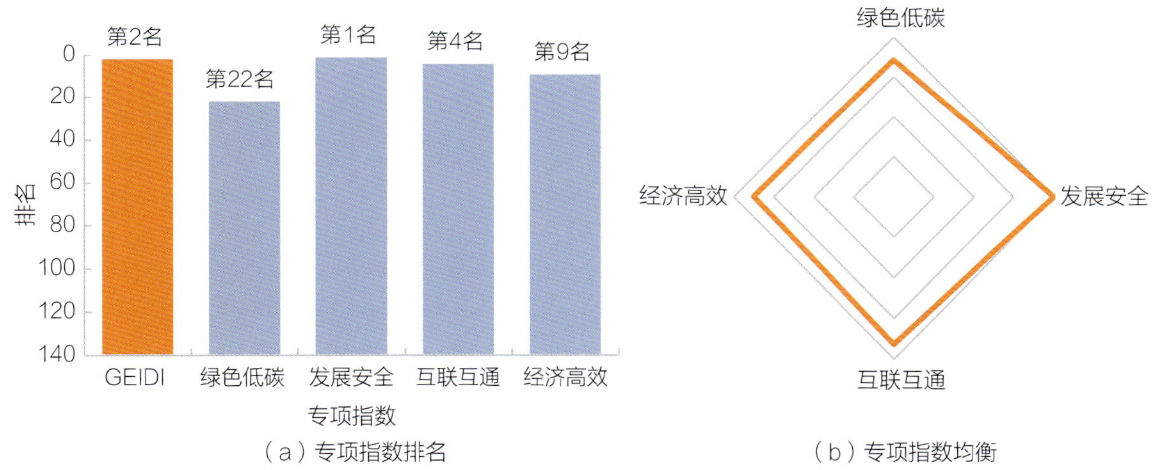

图B.5　芬兰排名及专项指数

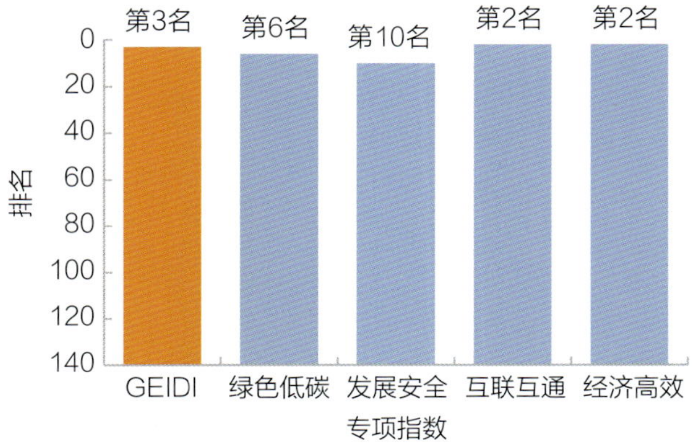

（a）专项指数排名

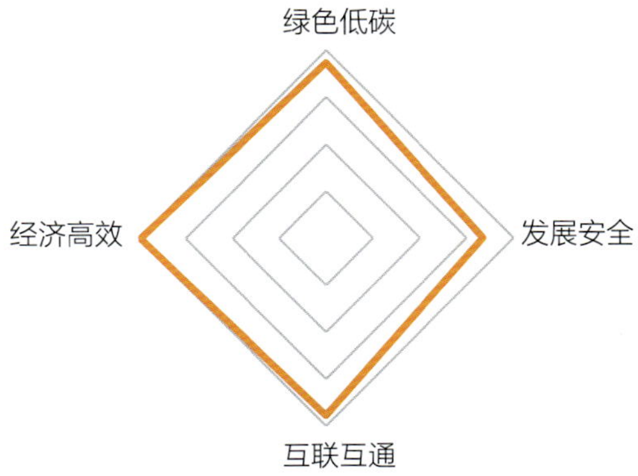

（b）专项指数均衡

图B.6 瑞士排名及专项指数

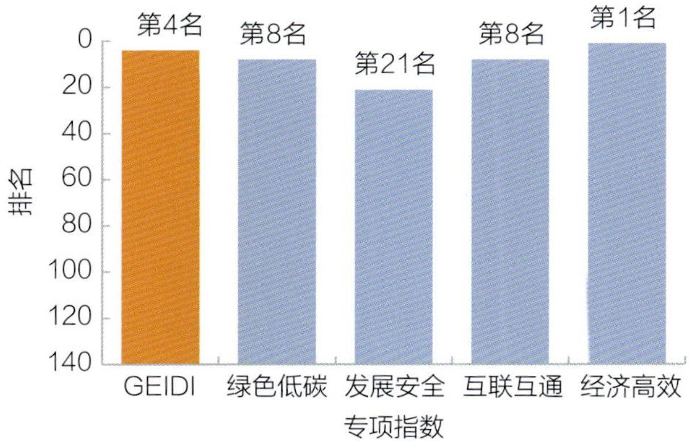

（a）专项指数排名

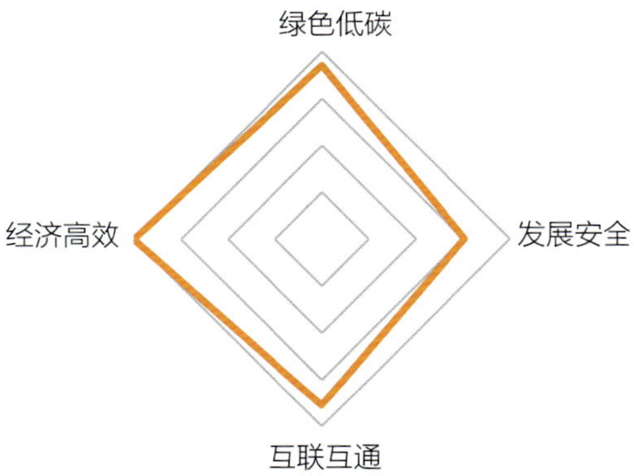

（b）专项指数均衡

图B.7 挪威排名及专项指数

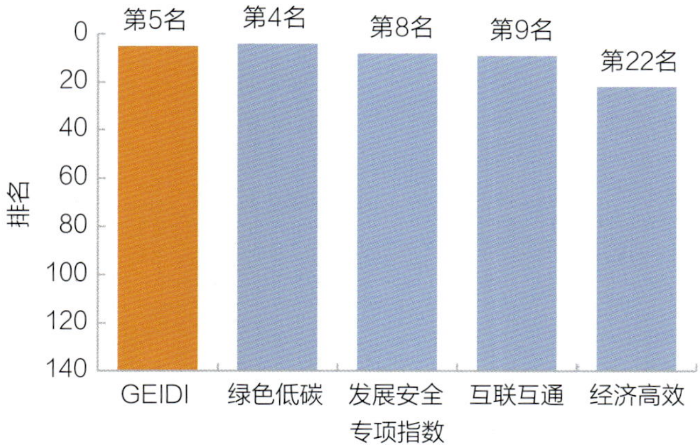

（a）专项指数排名

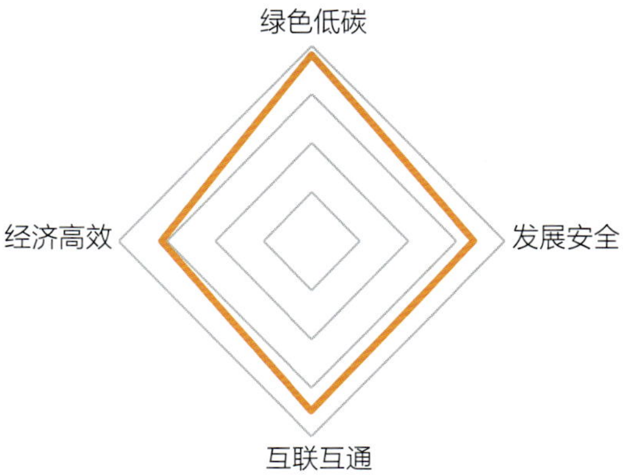

（b）专项指数均衡

图B.8 法国排名及专项指数

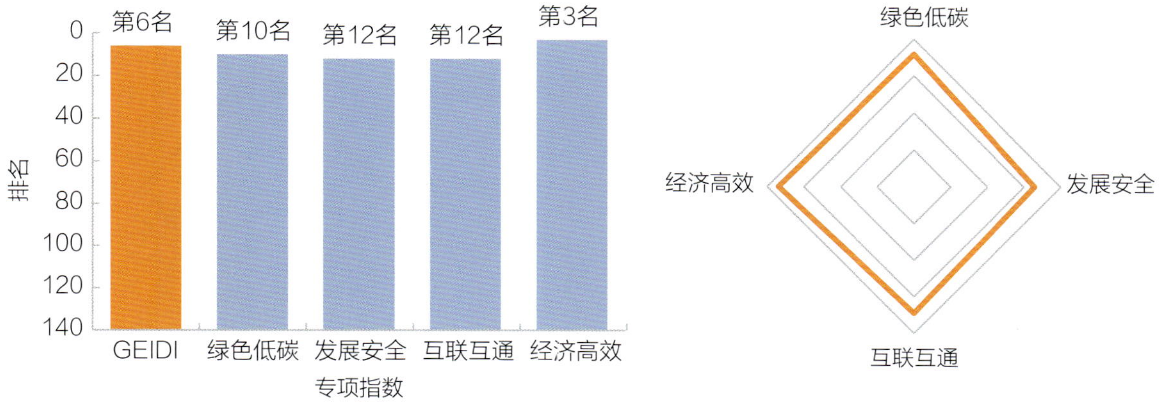

（a）专项指数排名　　（b）专项指数均衡

图B.9　丹麦排名及专项指数

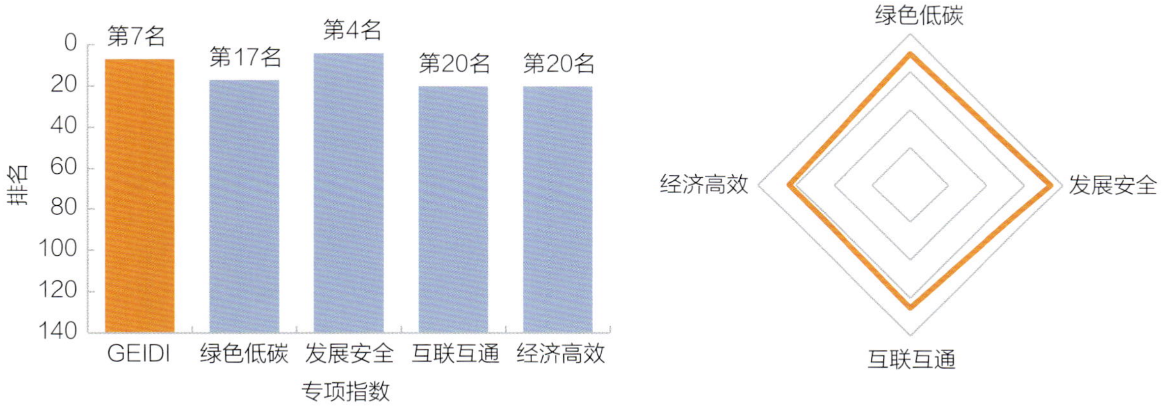

（a）专项指数排名　　（b）专项指数均衡

图B.10　英国排名及专项指数

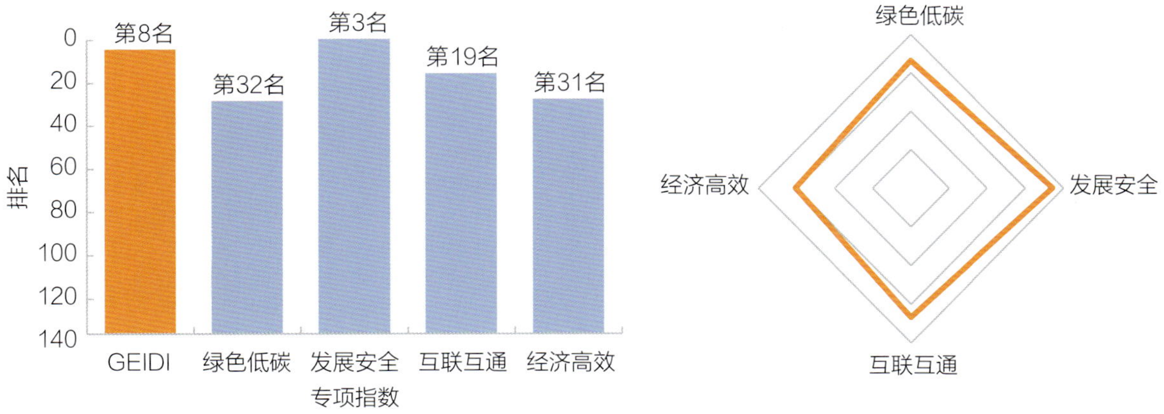

（a）专项指数排名　　（b）专项指数均衡

图B.11　德国排名及专项指数

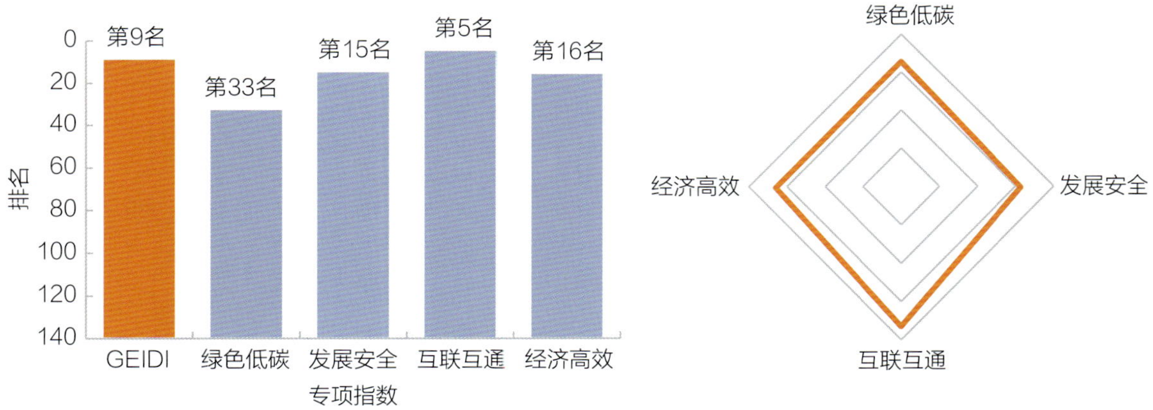

（a）专项指数排名　　（b）专项指数均衡

图B.12　奥地利排名及专项指数

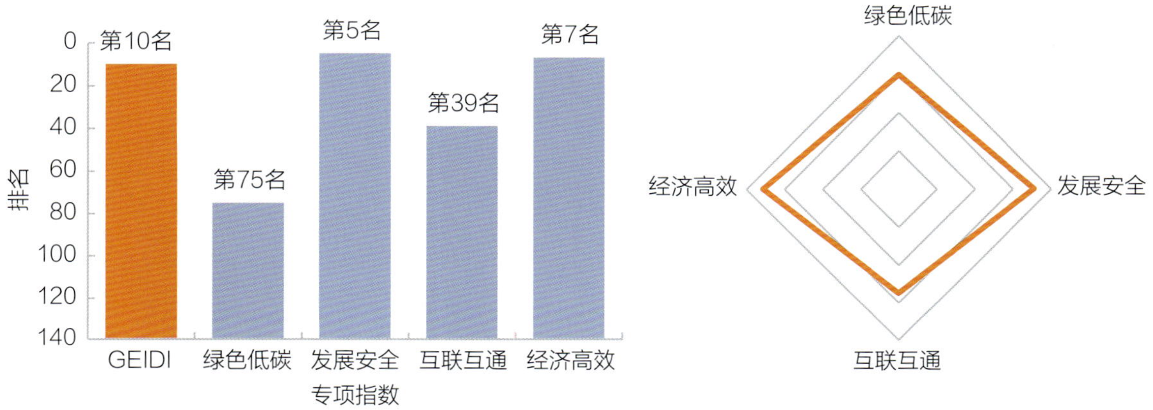

（a）专项指数排名　　（b）专项指数均衡

图B.13　美国排名及专项指数

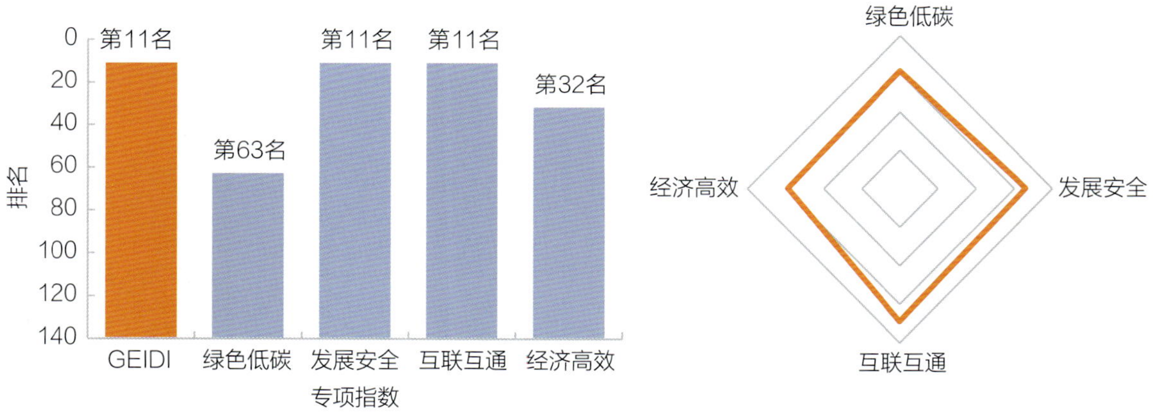

（a）专项指数排名　　（b）专项指数均衡

图B.14　比利时排名及专项指数

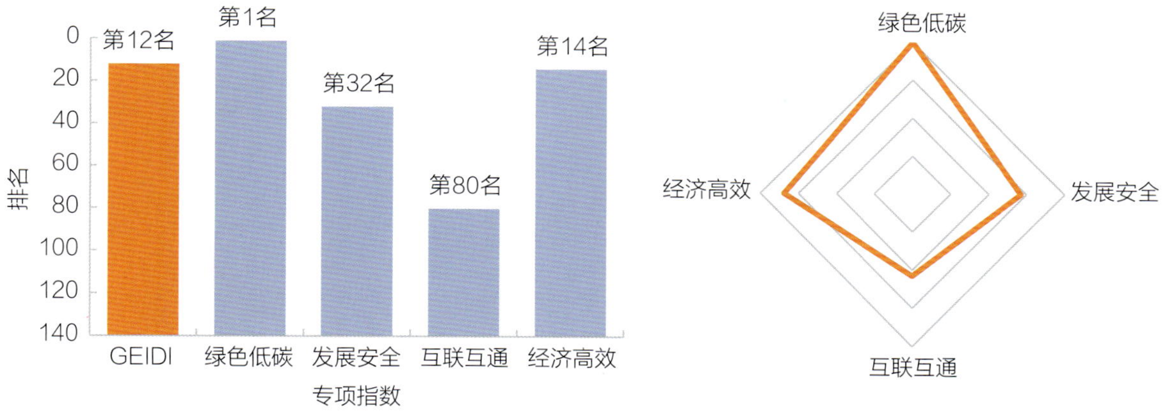

（a）专项指数排名　　（b）专项指数均衡

图B.15 冰岛排名及专项指数

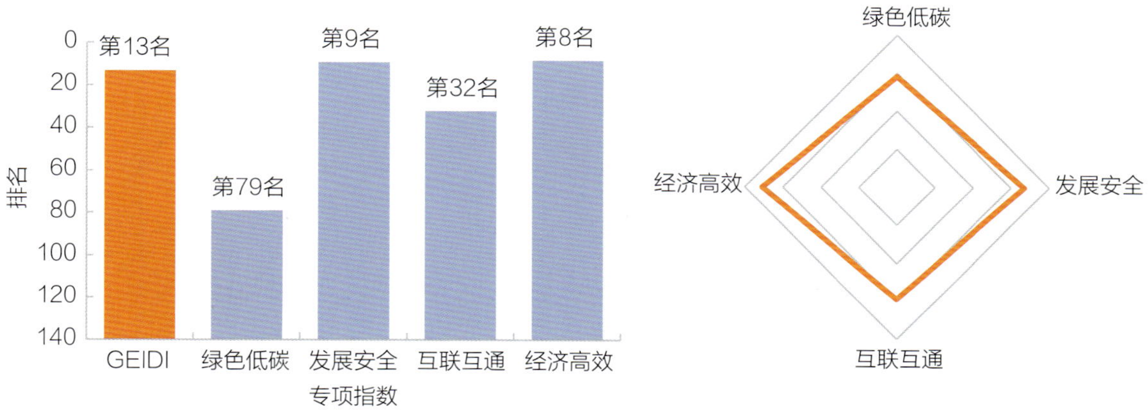

（a）专项指数排名　　（b）专项指数均衡

图B.16 爱尔兰排名及专项指数

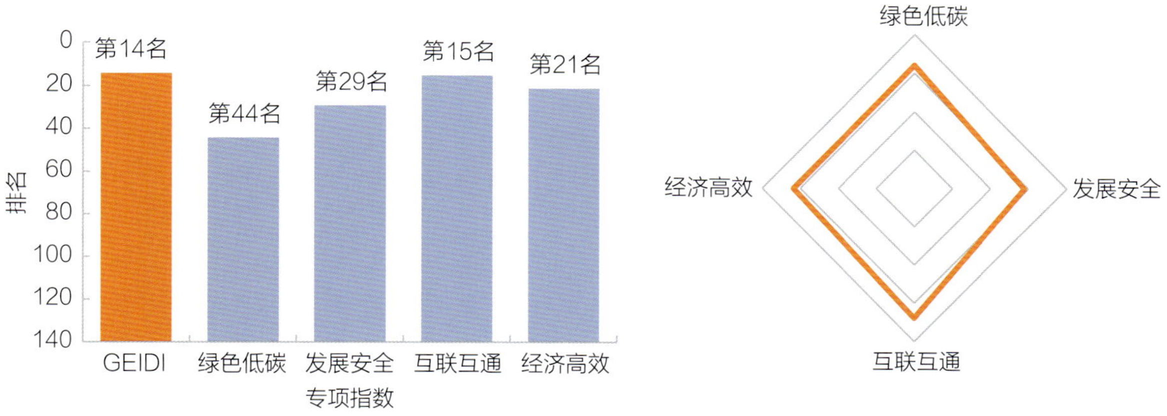

（a）专项指数排名　　（b）专项指数均衡

图B.17 加拿大排名及专项指数

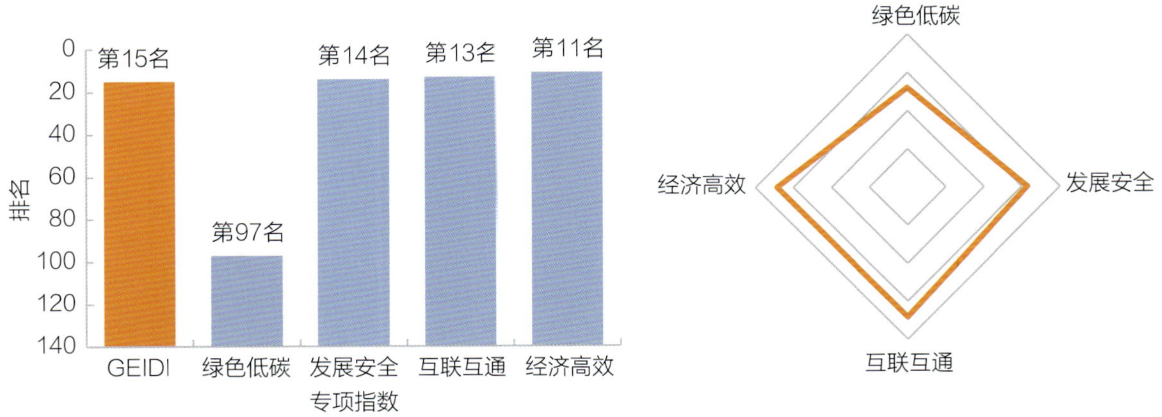

（a）专项指数排名　　（b）专项指数均衡

图B.18　荷兰排名及专项指数

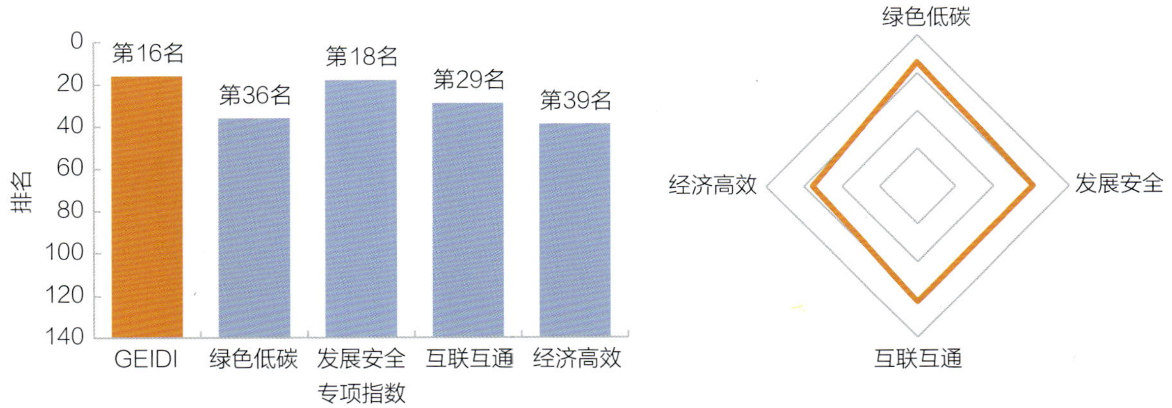

（a）专项指数排名　　（b）专项指数均衡

图B.19　斯洛文尼亚排名及专项指数

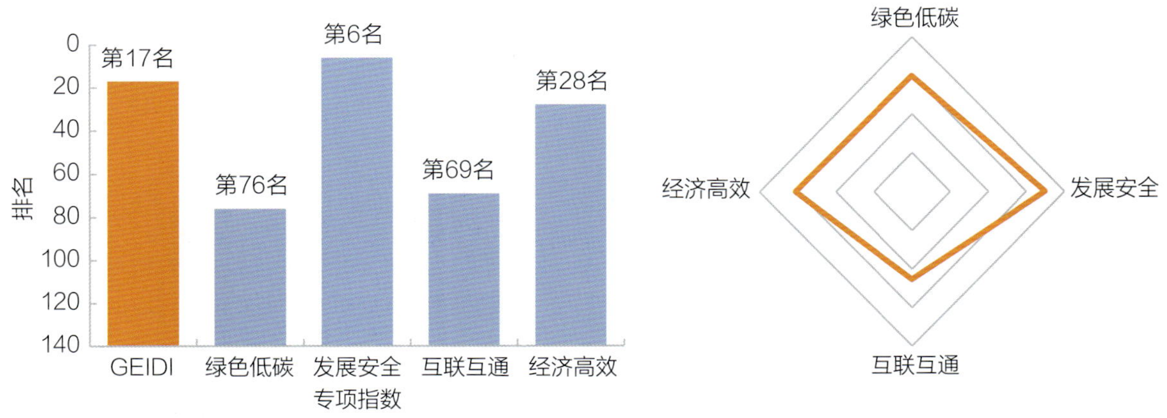

（a）专项指数排名　　（b）专项指数均衡

图B.20　韩国排名及专项指数

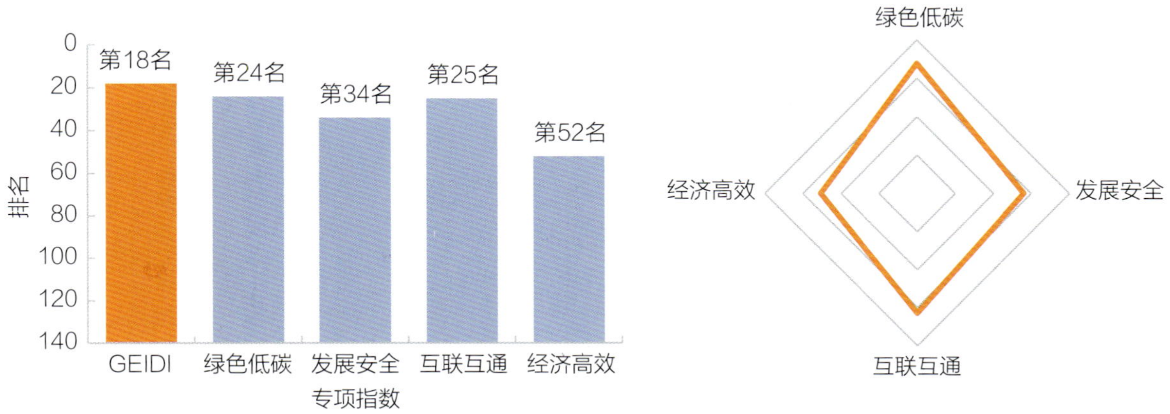

（a）专项指数排名　（b）专项指数均衡

图B.21　西班牙排名及专项指数

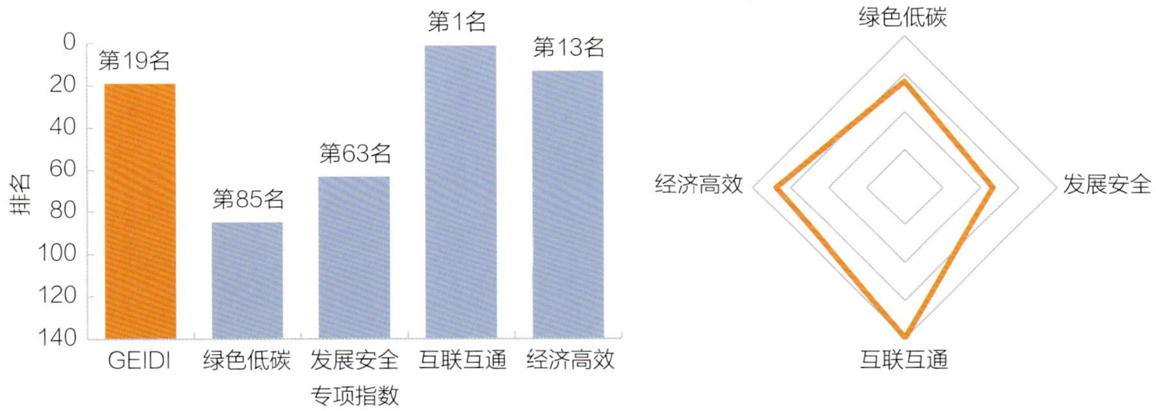

（a）专项指数排名　（b）专项指数均衡

图B.22　卢森堡排名及专项指数

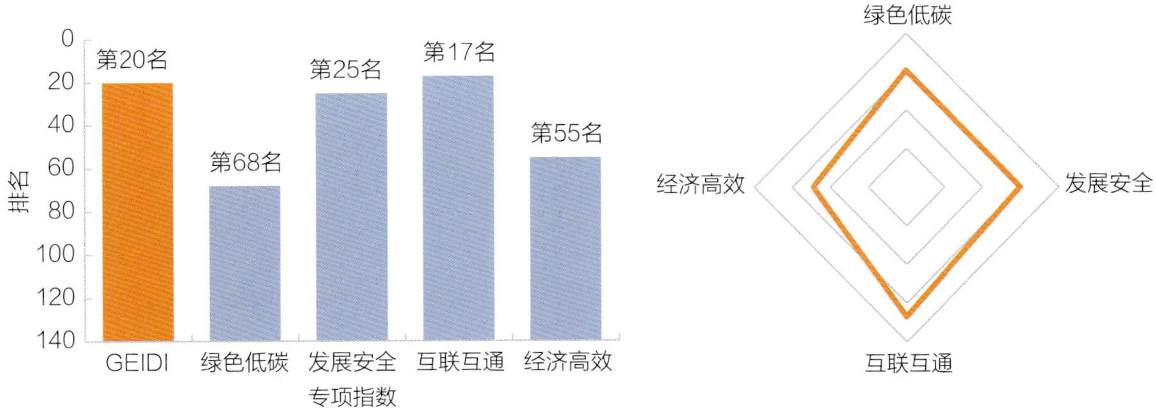

（a）专项指数排名　（b）专项指数均衡

图B.23　爱沙尼亚排名及专项指数

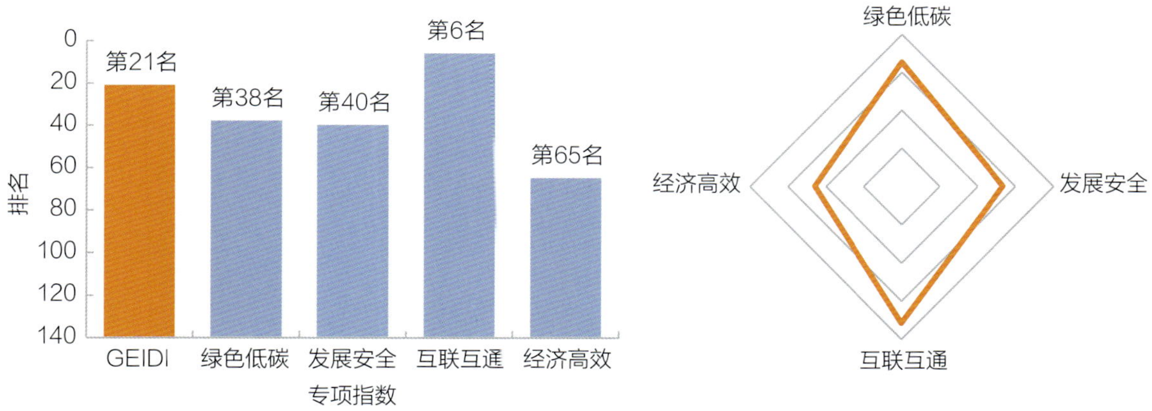

（a）专项指数排名　（b）专项指数均衡

图B.24　葡萄牙排名及专项指数

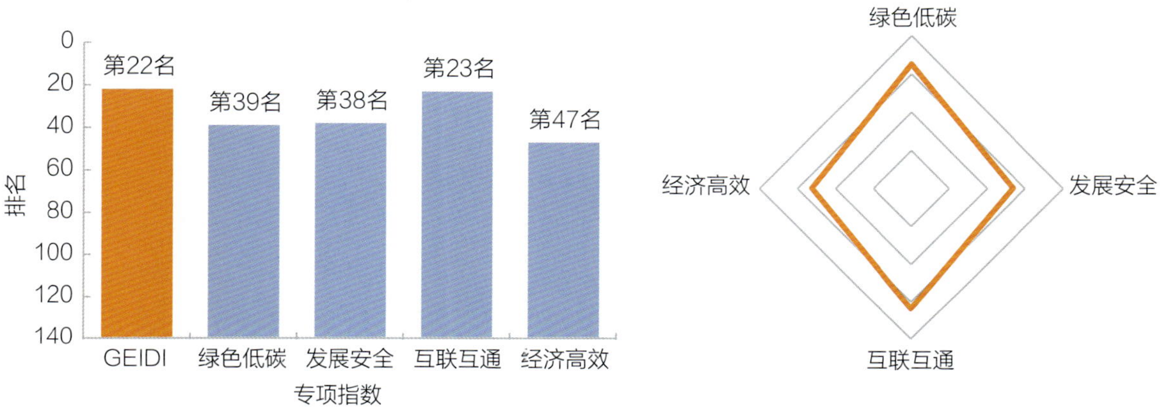

（a）专项指数排名　（b）专项指数均衡

图B.25　意大利排名及专项指数

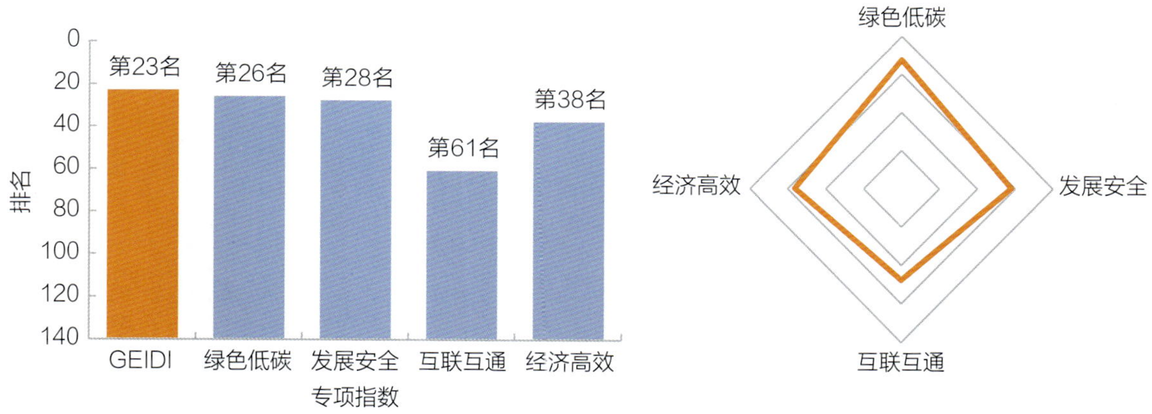

（a）专项指数排名　（b）专项指数均衡

图B.26　新西兰排名及专项指数

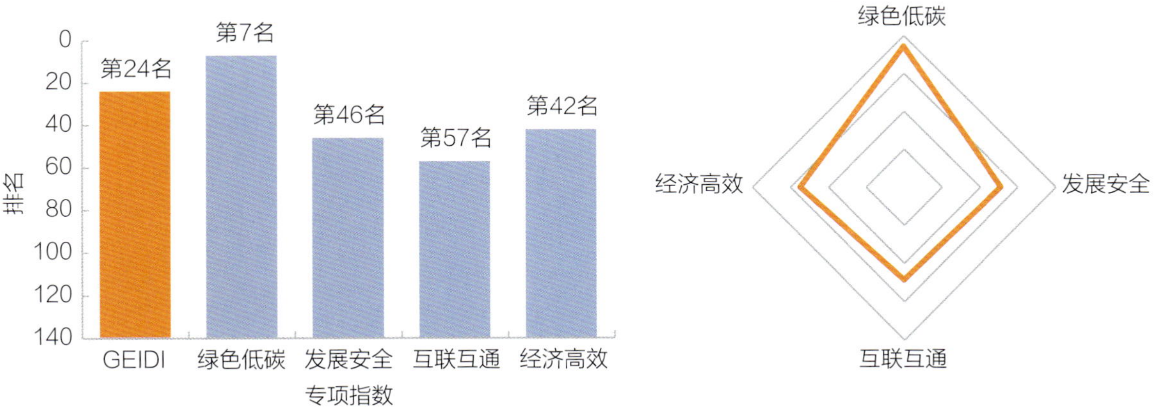

（a）专项指数排名　（b）专项指数均衡

图B.27　乌拉圭排名及专项指数

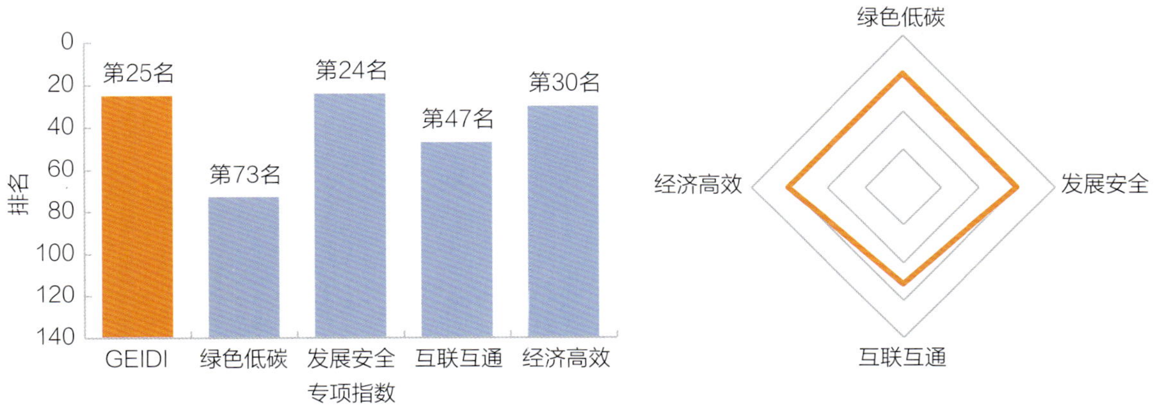

（a）专项指数排名　（b）专项指数均衡

图B.28　日本排名及专项指数

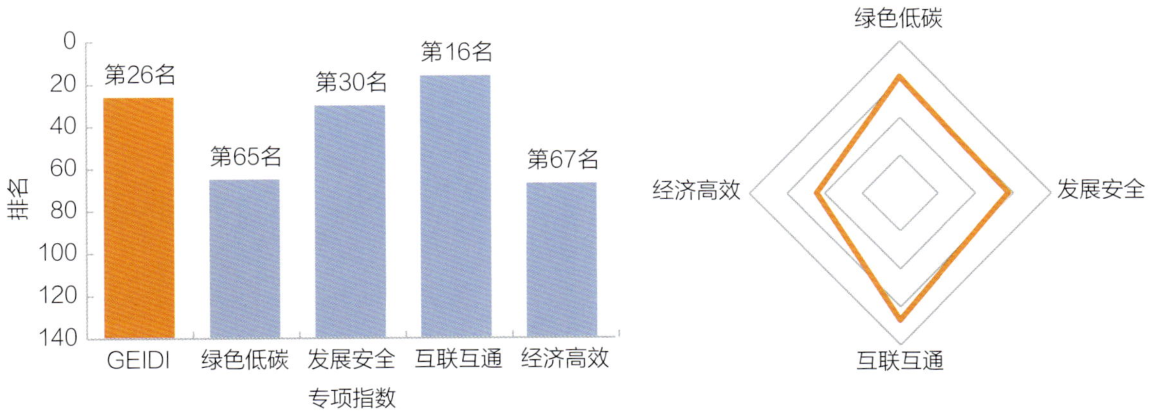

（a）专项指数排名　（b）专项指数均衡

图B.29　立陶宛排名及专项指数

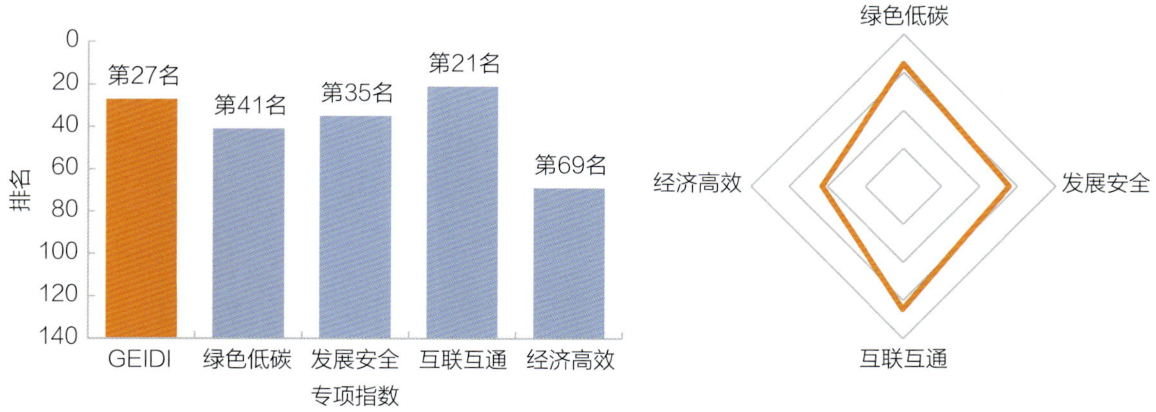

（a）专项指数排名 （b）专项指数均衡

图B.30 拉脱维亚排名及专项指数

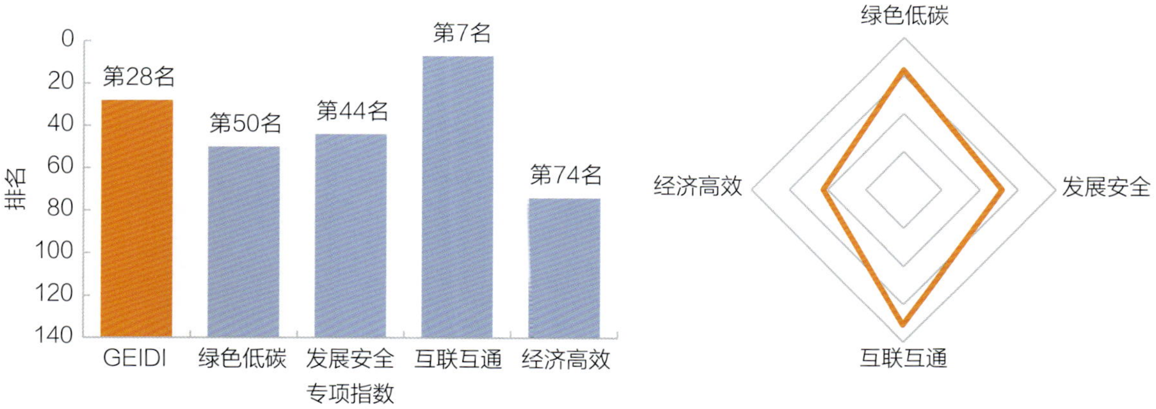

（a）专项指数排名 （b）专项指数均衡

图B.31 斯洛伐克排名及专项指数

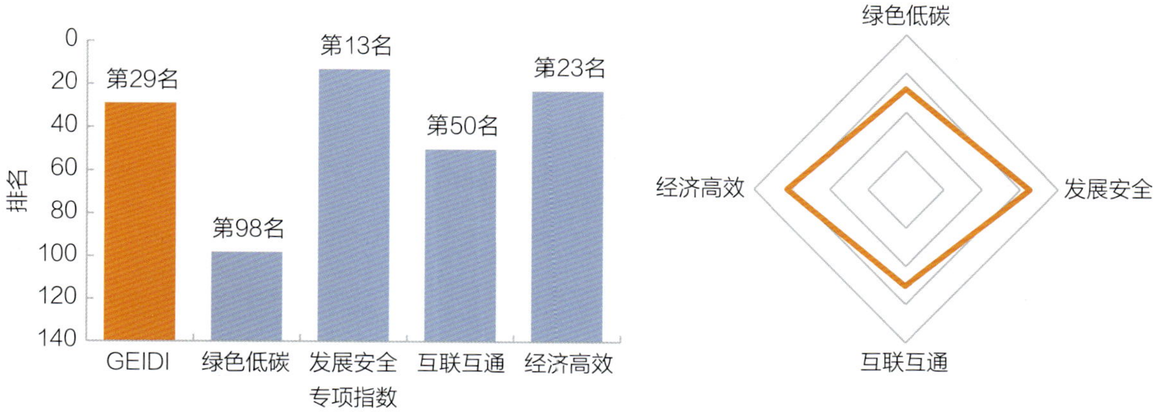

（a）专项指数排名 （b）专项指数均衡

图B.32 澳大利亚排名及专项指数

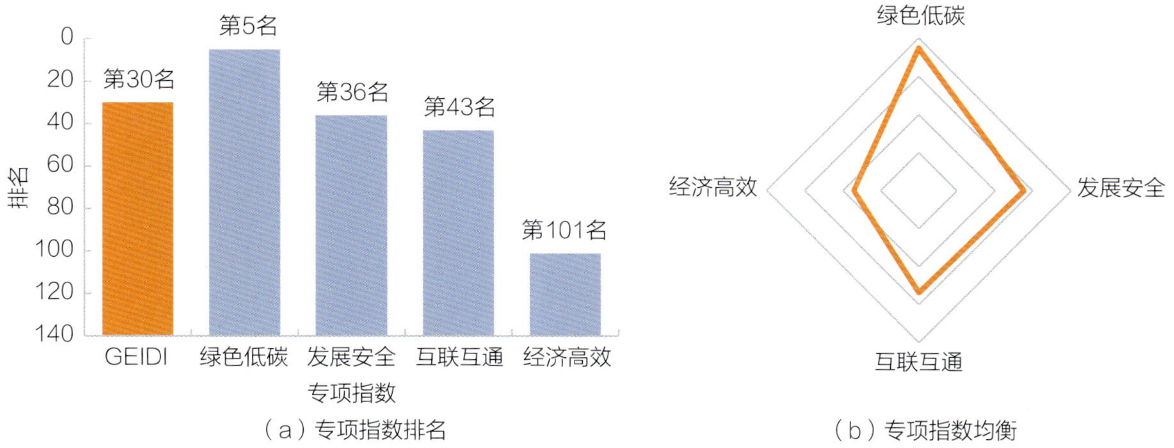

图B.33　巴西排名及专项指数

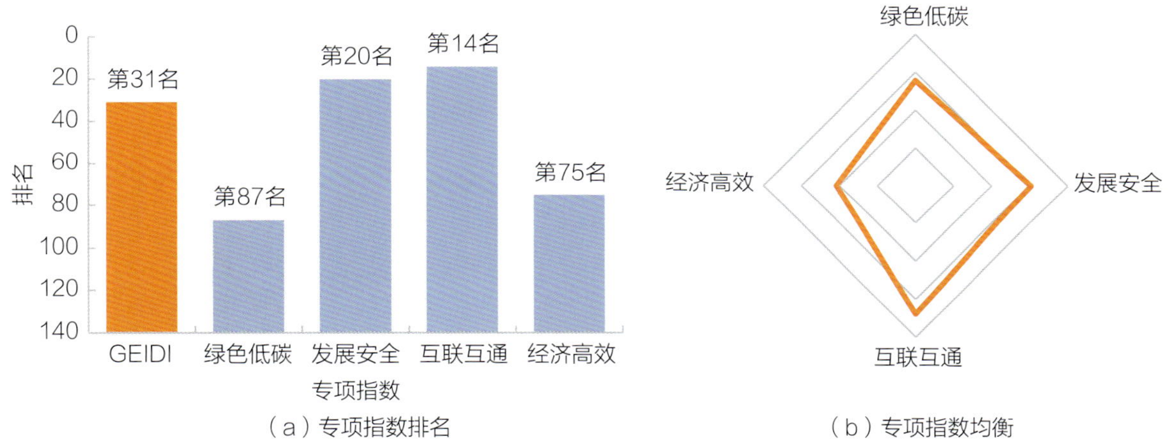

图B.34　捷克排名及专项指数

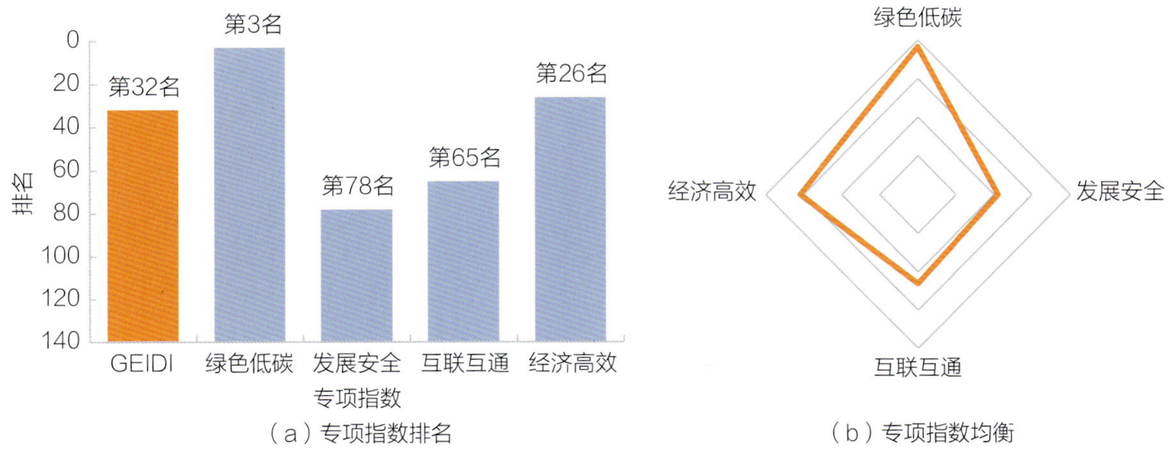

图B.35　哥斯达黎加排名及专项指数

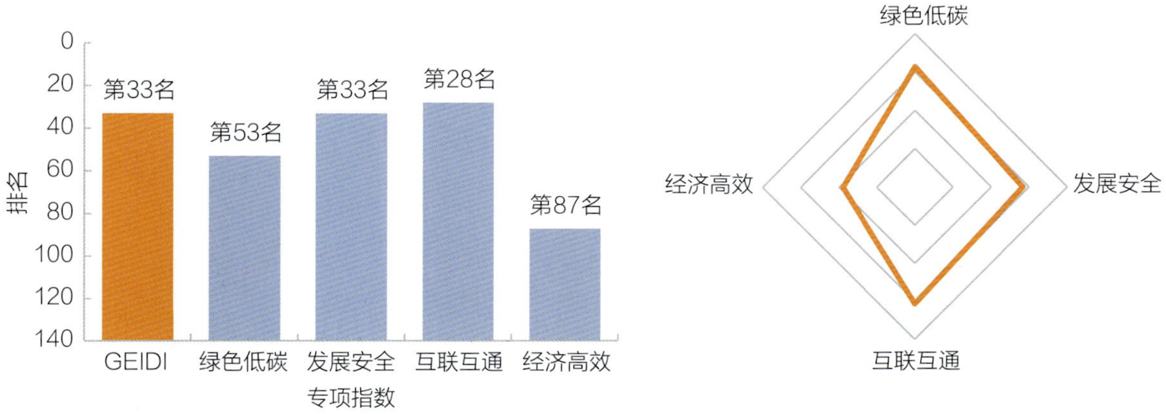

（a）专项指数排名　　（b）专项指数均衡

图B.36　罗马尼亚排名及专项指数

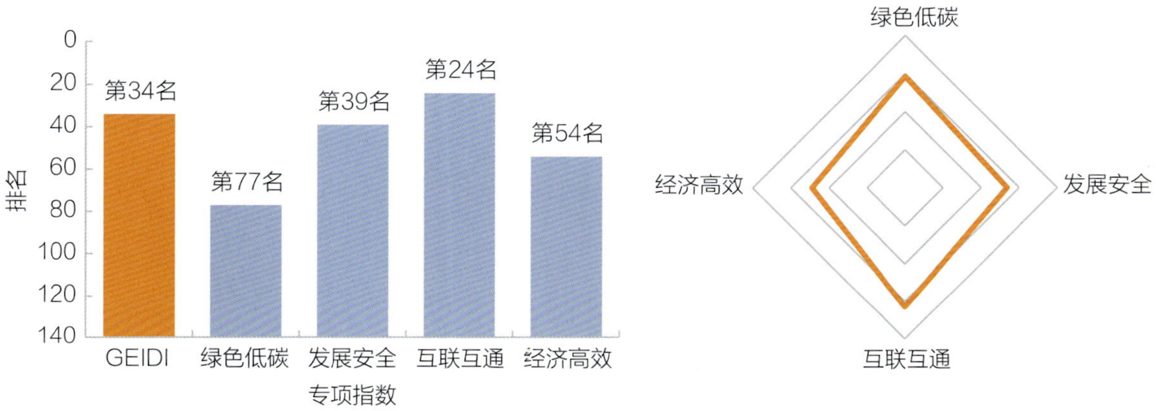

（a）专项指数排名　　（b）专项指数均衡

图B.37　希腊排名及专项指数

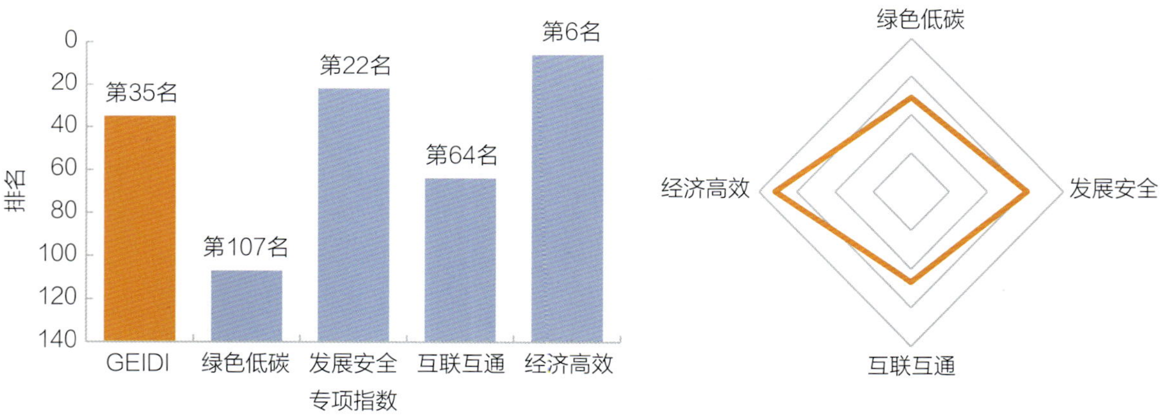

（a）专项指数排名　　（b）专项指数均衡

图B.38　以色列排名及专项指数

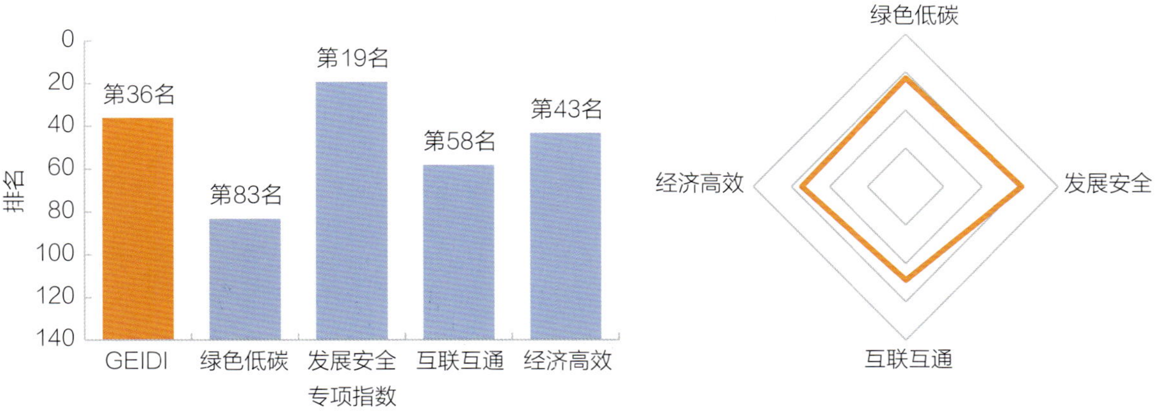

（a）专项指数排名　（b）专项指数均衡

图B.39 中国排名及专项指数

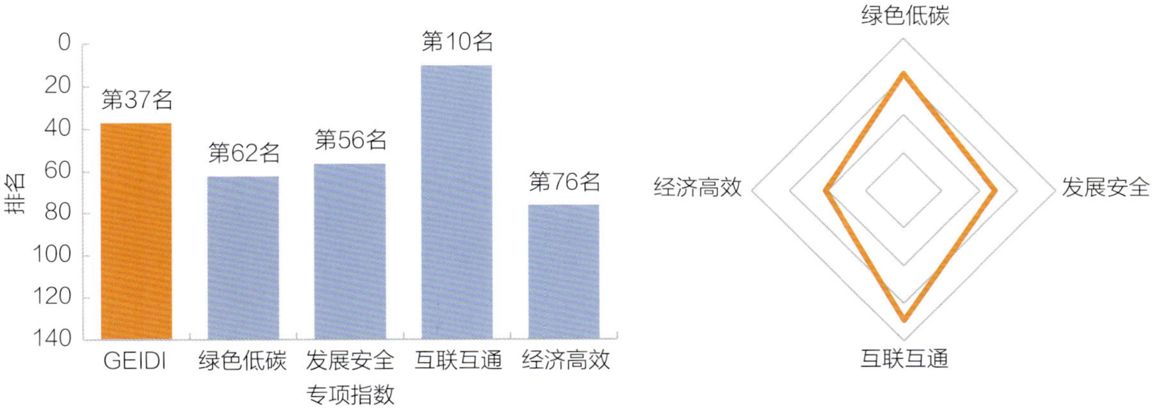

（a）专项指数排名　（b）专项指数均衡

图B.40 匈牙利排名及专项指数

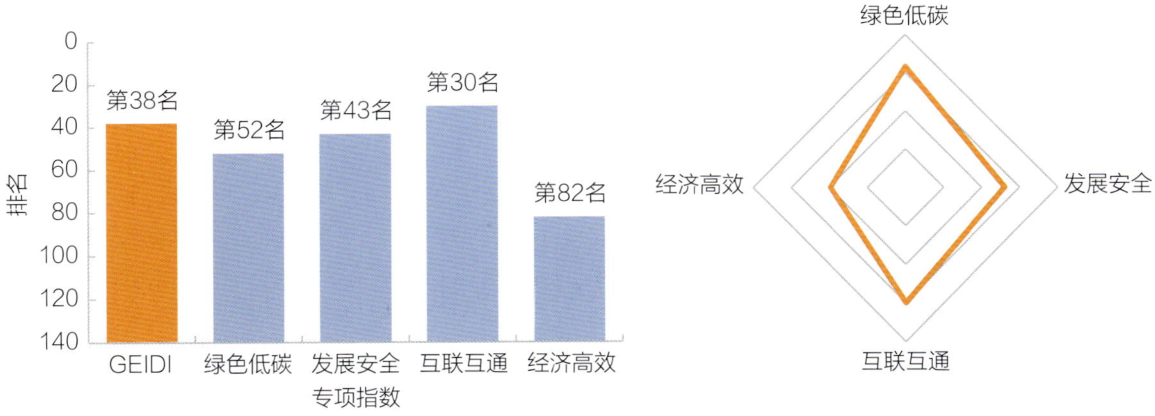

（a）专项指数排名　（b）专项指数均衡

图B.41 克罗地亚排名及专项指数

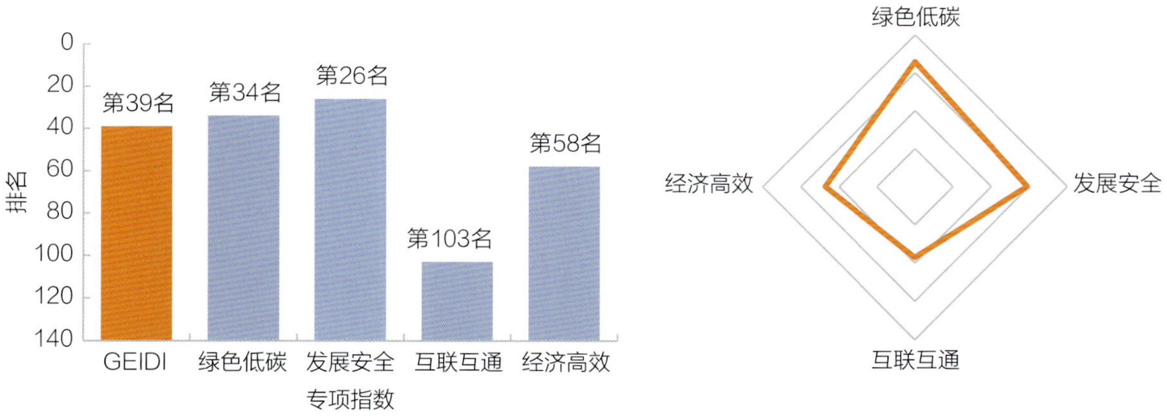

（a）专项指数排名　　（b）专项指数均衡

图B.42　智利排名及专项指数

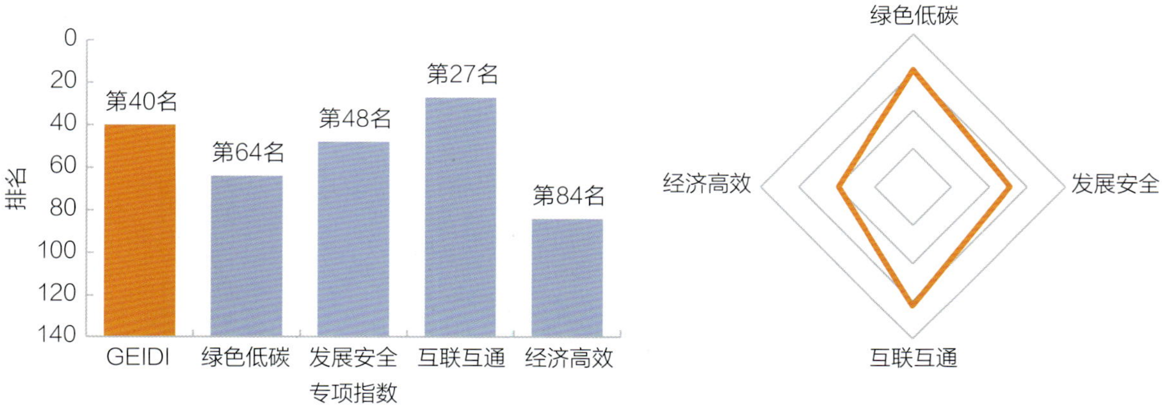

（a）专项指数排名　　（b）专项指数均衡

图B.43　保加利亚排名及专项指数

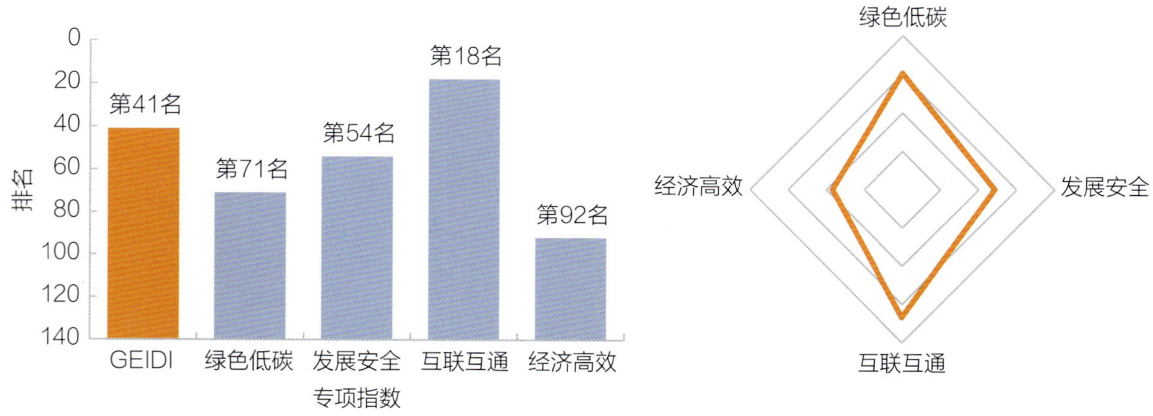

（a）专项指数排名　　（b）专项指数均衡

图B.44　黑山排名及专项指数

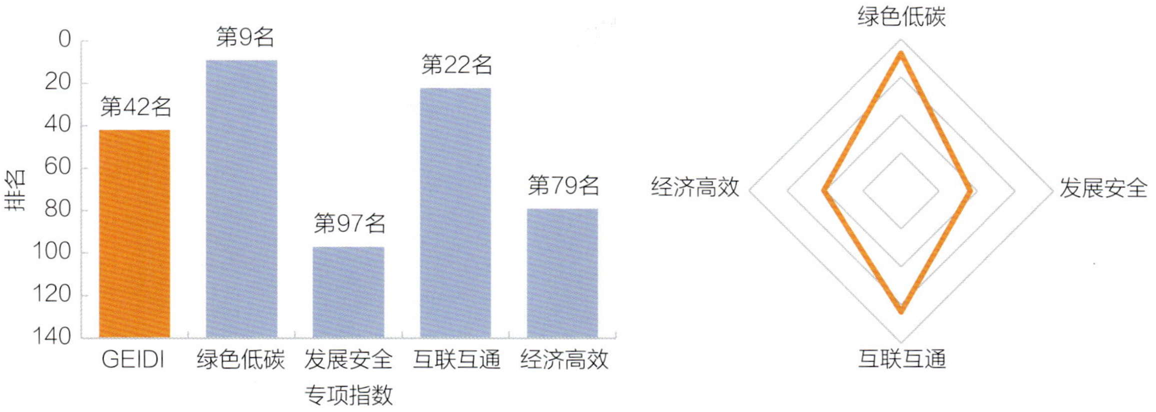

（a）专项指数排名　　（b）专项指数均衡

图B.45　巴拉圭排名及专项指数

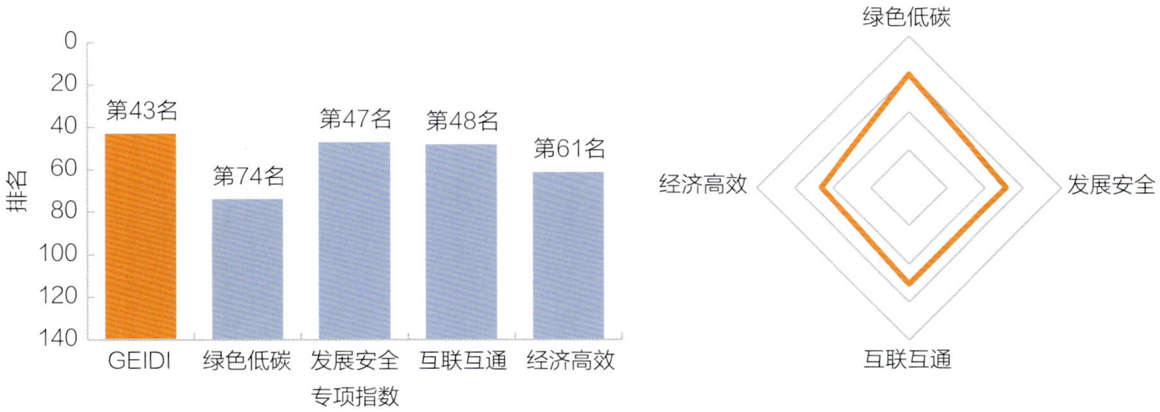

（a）专项指数排名　　（b）专项指数均衡

图B.46　阿根廷排名及专项指数

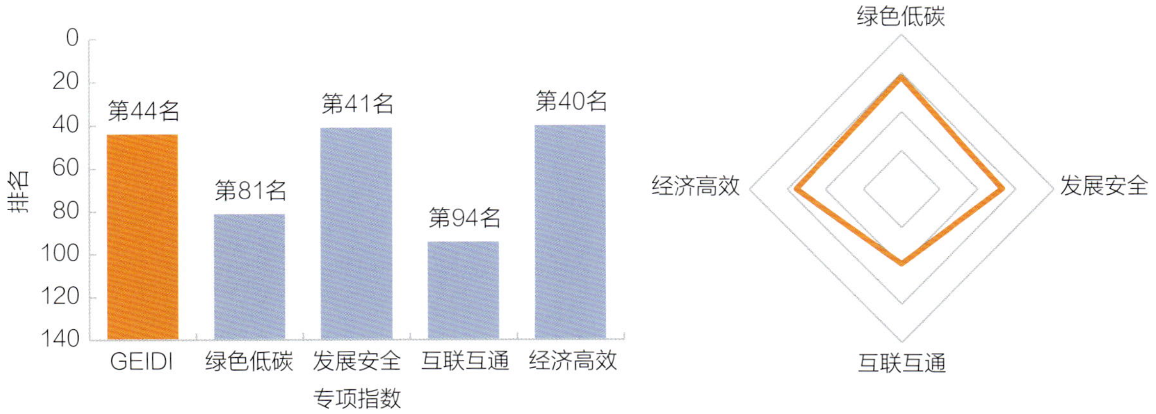

（a）专项指数排名　　（b）专项指数均衡

图B.47　越南排名及专项指数

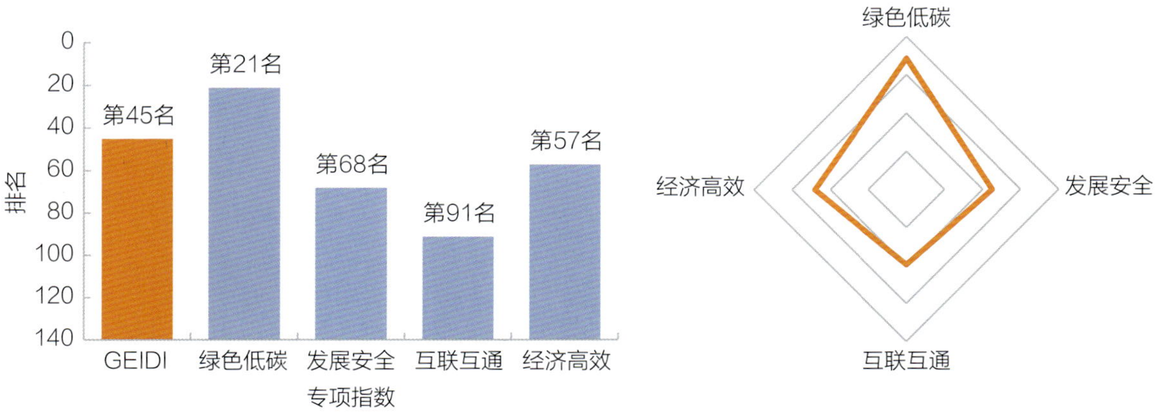

（a）专项指数排名　（b）专项指数均衡

图B.48　哥伦比亚排名及专项指数

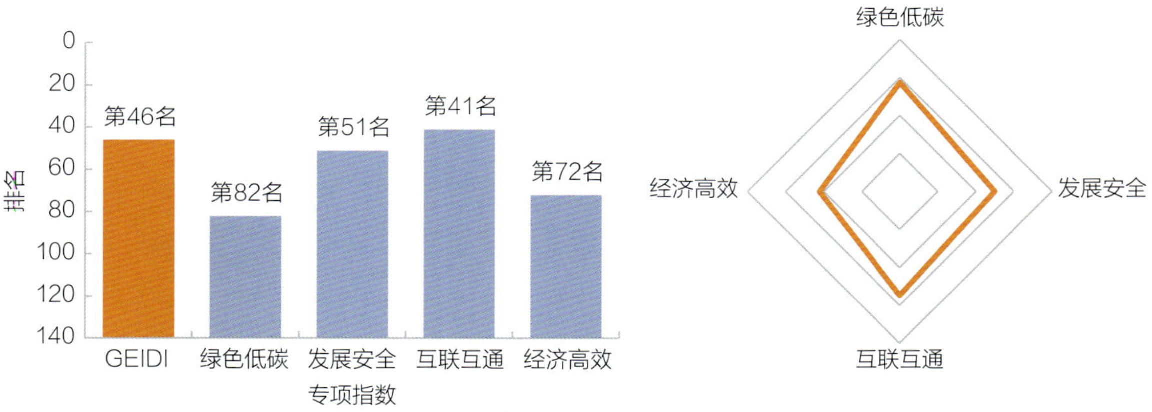

（a）专项指数排名　（b）专项指数均衡

图B.49　墨西哥排名及专项指数

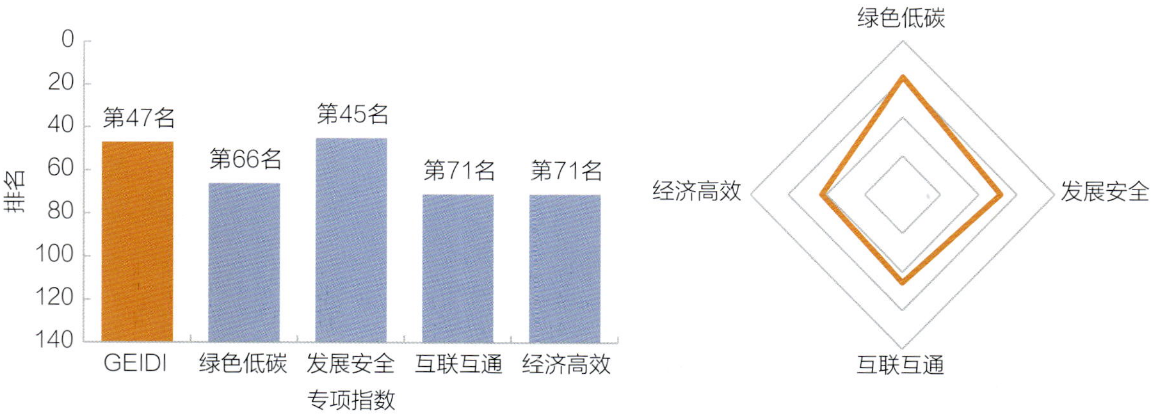

（a）专项指数排名　（b）专项指数均衡

图B.50　土耳其排名及专项指数

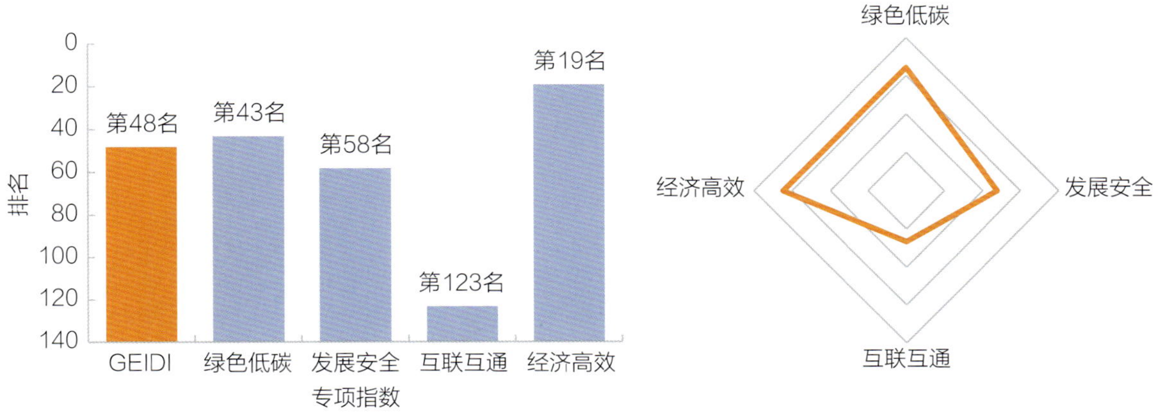

（a）专项指数排名　（b）专项指数均衡

图B.51　斯里兰卡排名及专项指数

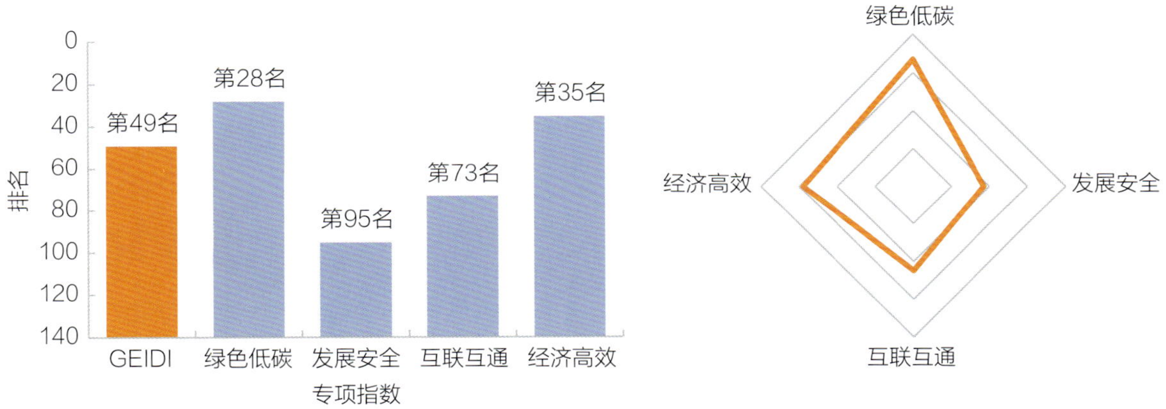

（a）专项指数排名　（b）专项指数均衡

图B.52　巴拿马排名及专项指数

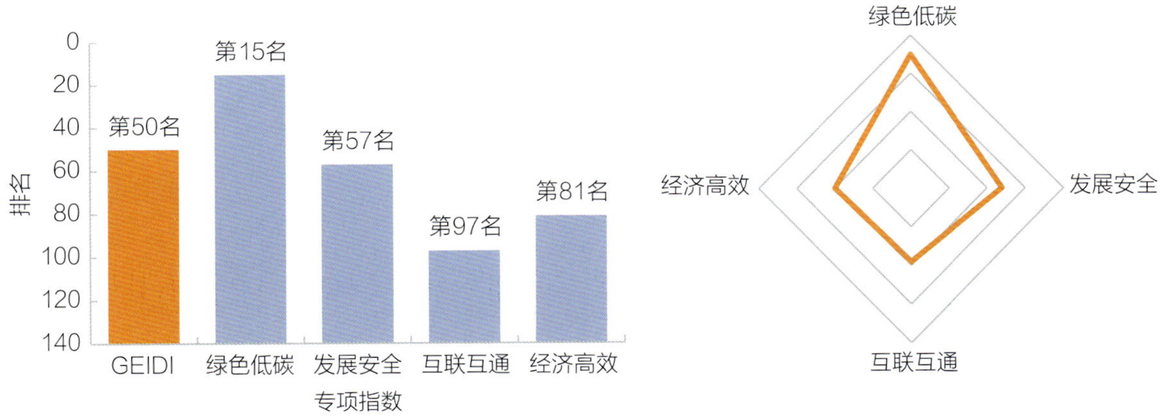

（a）专项指数排名　（b）专项指数均衡

图B.53　萨尔瓦多排名及专项指数

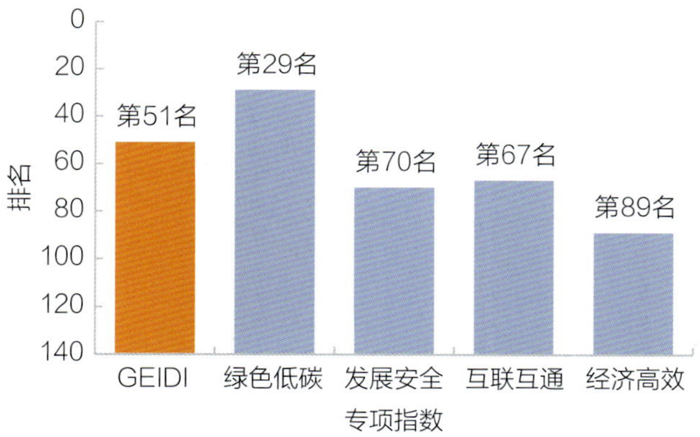

（a）专项指数排名

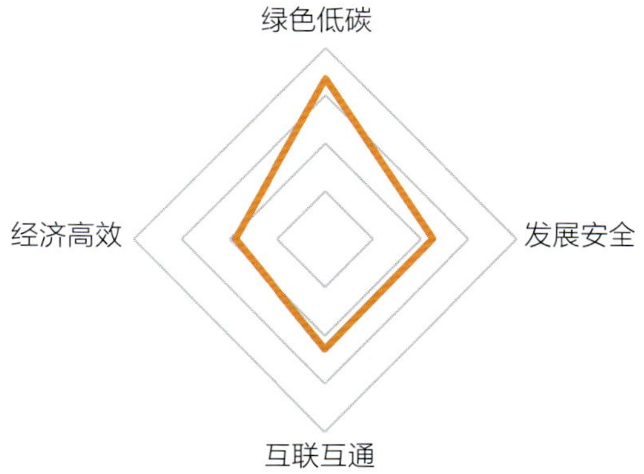

（b）专项指数均衡

图B.54　危地马拉排名及专项指数

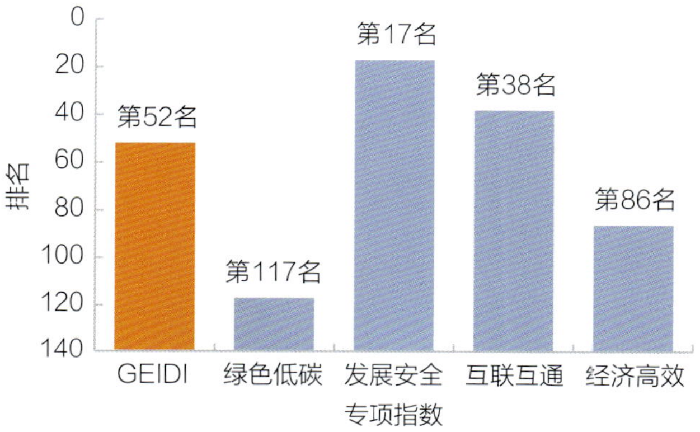

（a）专项指数排名

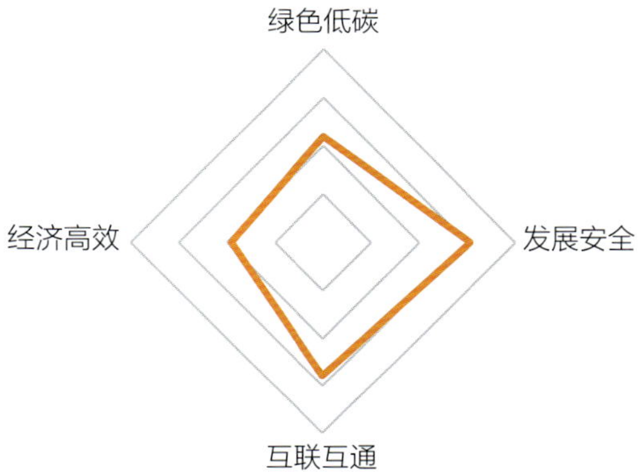

（b）专项指数均衡

图B.55　俄罗斯排名及专项指数

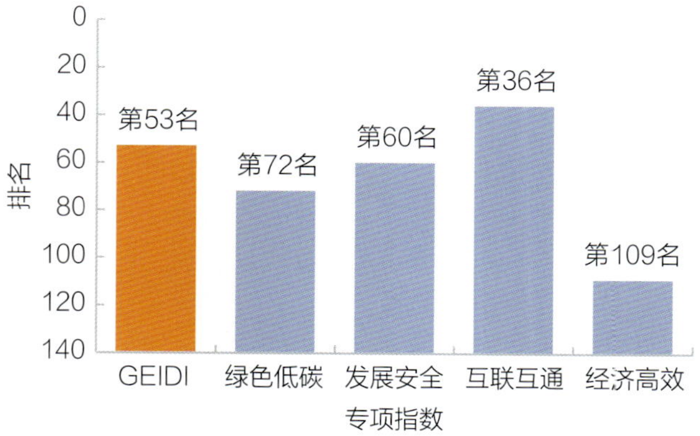

（a）专项指数排名

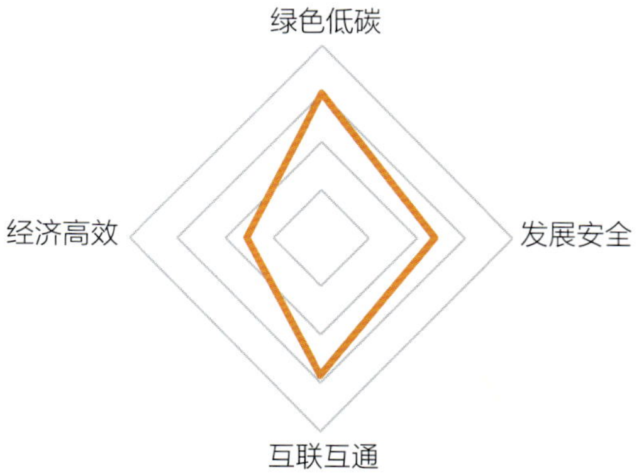

（b）专项指数均衡

图B.56　亚美尼亚排名及专项指数

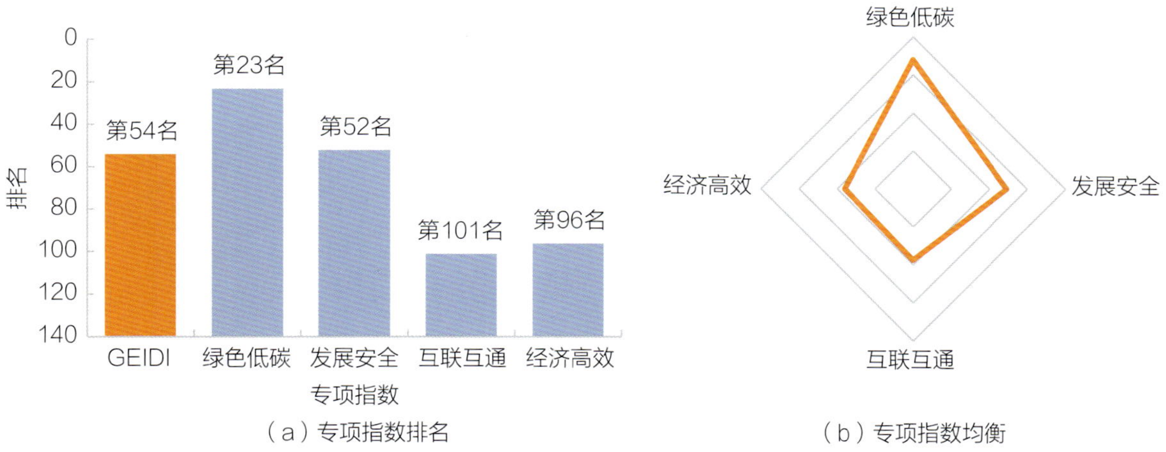

图B.57　秘鲁排名及专项指数

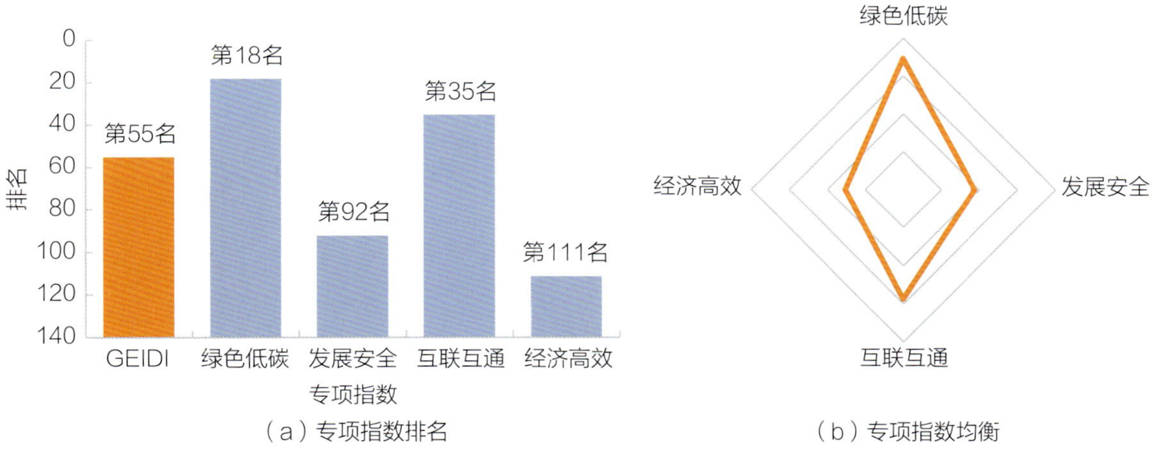

图B.58　阿尔巴尼亚排名及专项指数

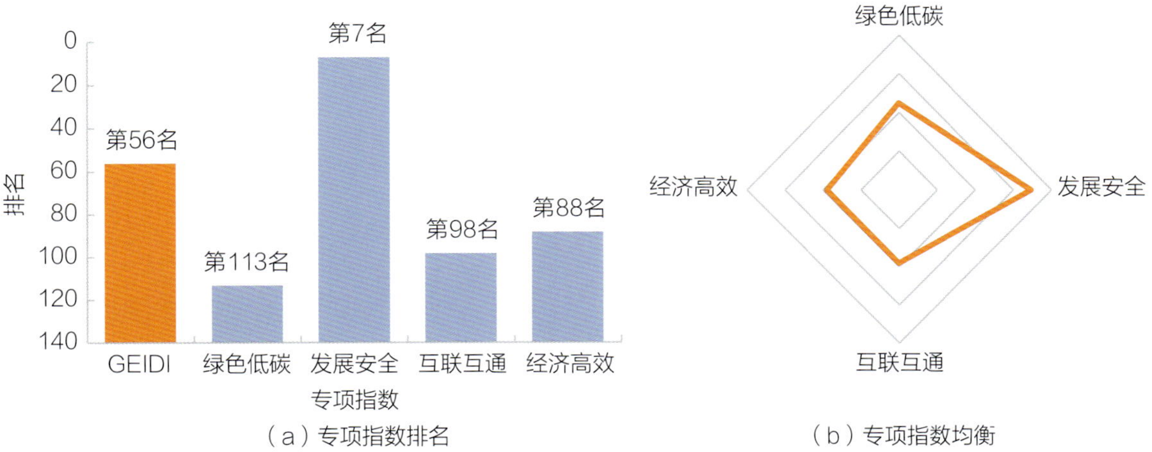

图B.59　马来西亚排名及专项指数

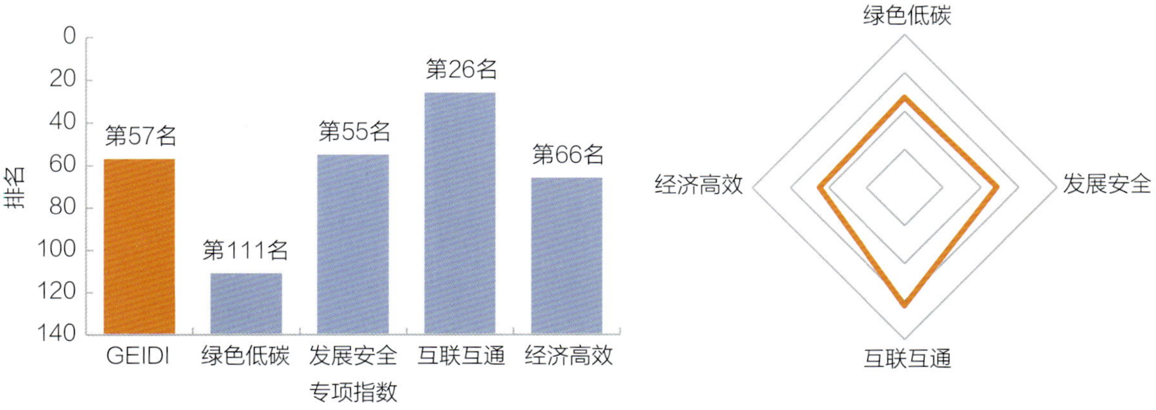

（a）专项指数排名　　（b）专项指数均衡

图B.60　波兰排名及专项指数

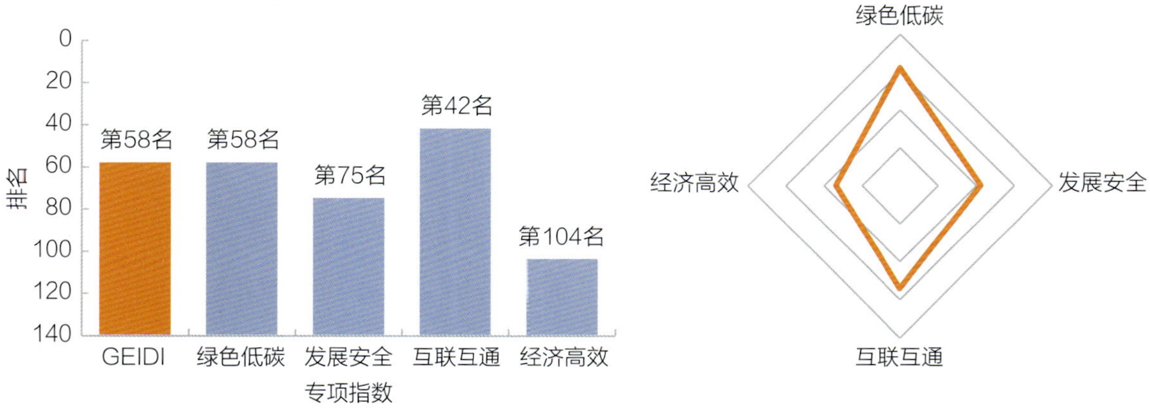

（a）专项指数排名　　（b）专项指数均衡

图B.61　格鲁吉亚排名及专项指数

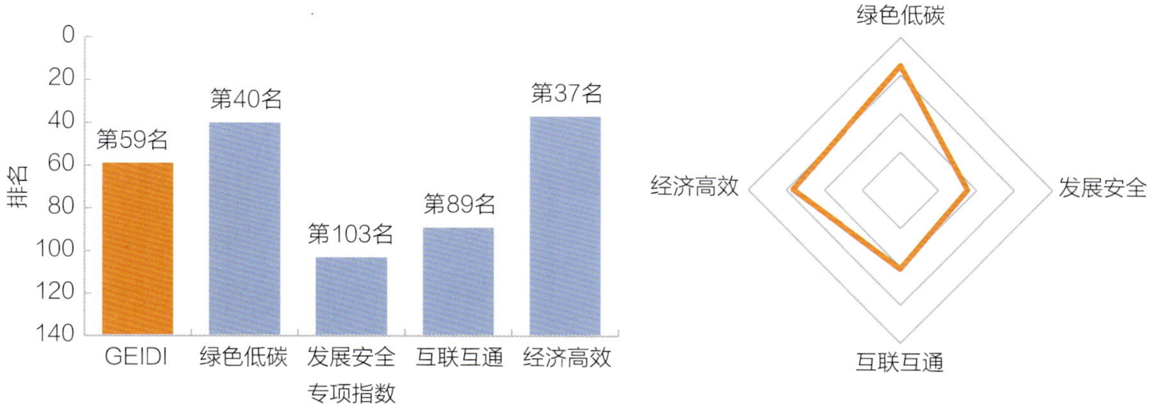

（a）专项指数排名　（b）专项指数均衡

图B.62　津巴布韦排名及专项指数

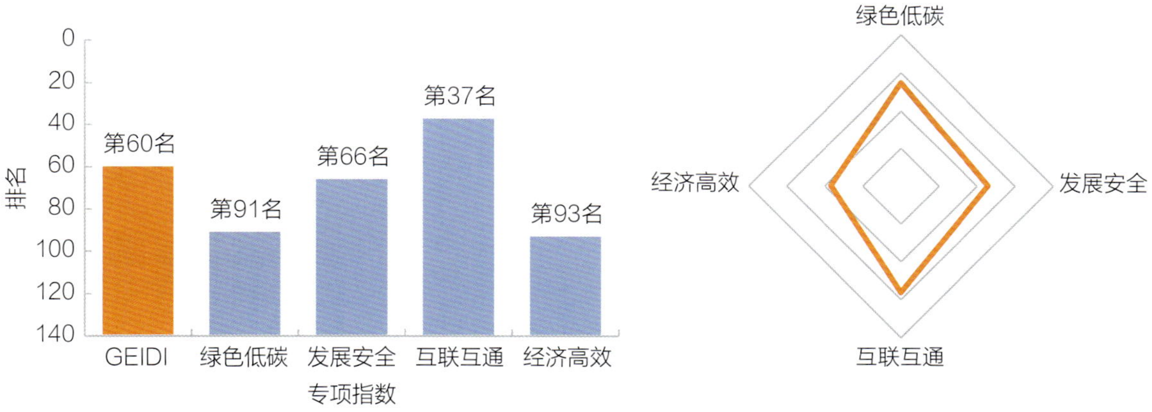

（a）专项指数排名　（b）专项指数均衡

图B.63　马其顿排名及专项指数

附录C 全球能源展望综合评估模型

全球能源展望综合评估用于研究全球能源电力转型、气候变化影响、经济社会可持续发展。全球能源转型发展展望基于可持续发展与气候经济学理论，运用一般综合评估模型研究全球气候变化，构建能源系统和电力系统综合模型，系统全面研究气候-能源-电力-环境-可持续发展战略问题。全球能源互联网发展合作组织与奥地利国际应用系统分析研究所（IIASA）和世界气象组织（WMO）共同开展应对气候变化科学研究，以实现《巴黎协定》温控目标，形成了集能源需求预测、能源系统优化、气候变化影响、综合效益分析的全球气候变化综合评估平台。图C.1所示为全球能源展望综合评估框架。

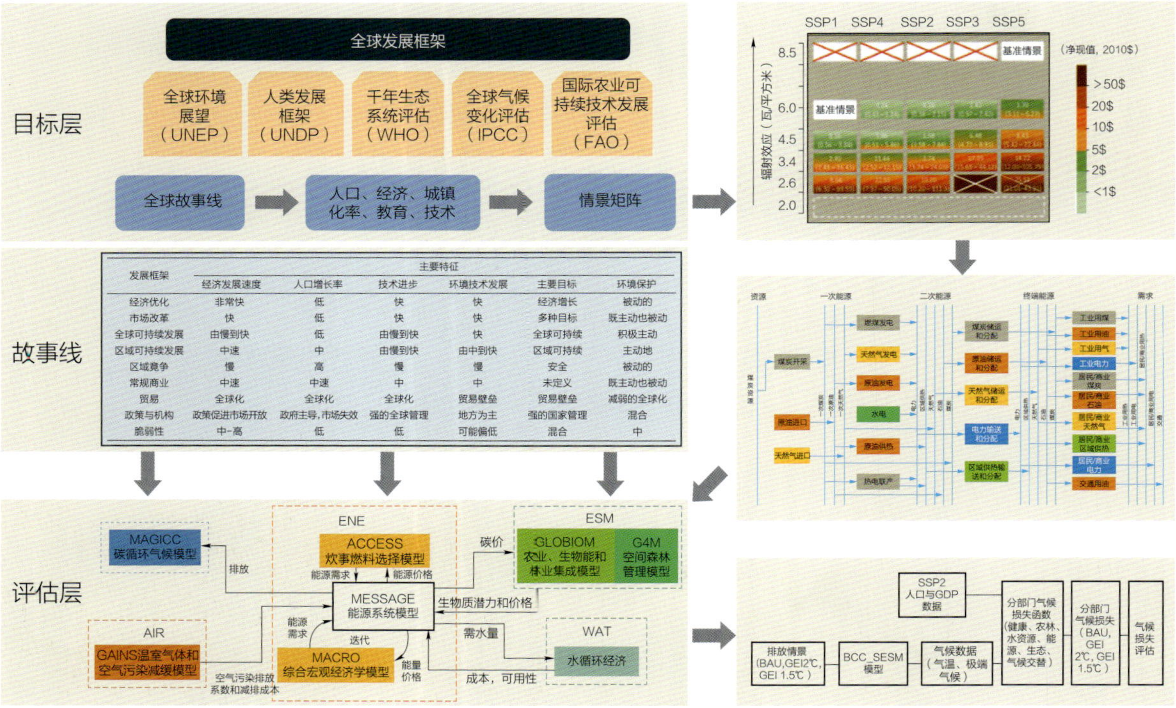

图C.1 全球能源展望综合评估框架